○ 2019年度教育部哲学社会科学研究重大课题攻关项目"彝族古歌整理与研究"（19JZD013）

○ 2016年度全国文化名家暨"四个一批"人才自主选题项目"贵州世居少数民族传统思维与论证研究"

（中宣干字〔2016〕133号）

○ 2018年度贵州省哲学社会科学规划课题"《苏巨黎咪》彝族传统思维研究"（18GZQN13）

李　琦　张学立／著

《苏巨黎咪》
彝族传统思维研究

社会科学文献出版社
SOCIAL SCIENCES ACADEMIC PRESS (CHINA)

导　言

　　现在，逻辑学已发展成一个庞大而复杂的系统，出现了诸多分支。早在 1931 年，亨利希·肖尔兹的《简明逻辑史》在讨论逻辑类型时就指出，我们不能肯定所有逻辑类型都已被讨论，诸如拉斯克的《哲学的逻辑》（1910 年）、E. 曼海姆的《具体概念的逻辑》（1930 年）、弗兰兹·波姆的《美学的逻辑》（1930 年）、H. 皮希勒的《社会的逻辑》（1924 年）等都没有打算对他们所使用的"逻辑"一词进行解释，这足以说明逻辑已经陷入危机，甚至面临解体的威胁。① 这说明，那时已经有研究者觉察到了逻辑多元化发展的趋势。这里的"危机"和"威胁"的意思应是人们对"逻辑"一词的不同理解使得逻辑类型开始增多，以至于传统逻辑观将被打破。的确，20 世纪中期以后，逻辑学的发展逐渐步入一个新的阶段，哥德尔、维特根斯坦、乔姆斯基、莫里斯·梅洛－庞蒂、苏珊·哈克、迈克尔·波兰尼等人的研究为逻辑学的新阶段创造了条件。无论是哥德尔的不完全定理对"绝对真理"的证伪、维特根斯坦的语言游戏说对本质主义的反驳，还是乔姆斯基的心理主义语言学对心理实在性的呼吁，都证明了人工语言和形式系统的局限性，以及重返自然语言的历史必然性。20 世纪 70 年代，认知科学得以形成，它对理性主义的逻辑学甚至近代以来西方理性主义思想提出了挑战。"认知科学由哲学、心理学、语言学、人类学、计算机科学和神经科学 6 大学科支撑，是迄今最大的学科交叉群体，在某种意

---

① 〔德〕亨利希·肖尔兹：《简明逻辑史》，张家龙译，商务印书馆，1977，第 23～24 页。

义上，可以说是数千年来人类知识的重新整合。认知科学的诞生，为众多学科的交叉融合提供了可能的框架，也预示着一个新的科学综合时代的到来。"①

在此背景下，逻辑学迎来了它的新转向，认知逻辑体系逐步建立。"认知逻辑（cognitive logic）是将认知科学的学科框架映射到现代逻辑的背景之中而得到的新的学科体系。"② 它 "主要解决的问题是：给出知识获取、知识表达以及知识扩展和修正的认知模型和方法。实现的路径和目标是：将逻辑学的研究与认知科学、心理学、语言学以及计算机科学相结合，建立以逻辑为核心的跨学科体系，促进逻辑学及相关学科的发展；将逻辑学研究与科学技术的前沿问题相结合，利用逻辑方法解决社会科学与工程应用中的具体问题"③。认知逻辑无论在语言基础上还是在研究方法上都更加重视人（语言的使用者），试图建立一套并非适用于所有人，而只适用于语言使用者的逻辑理论。认知逻辑的出现为逻辑学与心理学、语言学、人类学的结合提供了新的平台。

《人类的心智与认知》（2016 年）提出并凸显 "全学科覆盖，多学科综合交叉" 的认知科学研究，其具体的研究对象按科学标准划分的 "五层级认知理论" 展开（该理论将人类的认知划分为神经、心理、语言、思维、文化五个层级，它们由低级到高级形成 "神经认知、心理认知、语言认知、思维认知、文化认知" 的序列），为文化研究提出高阶认知理论，高阶认知理论源于 "五层级认知理论"，相对于低阶认知，高阶认知致力于研究人类特有的认知，即语言认知、思维认知和文化认知。

不同的学科和学者对思维的理解有所不同。《马克思主义哲学全书》认为，思维方式即 "思维的诸要素、诸层次的相互联系、相互作用而构成的思维样式，思维主体反映、认识和把握思维客体的定型化、

---

① 蔡曙山：《认知科学框架下心理学、逻辑学的交叉融合与发展》，《中国社会科学》2009 年第 2 期。
② 蔡曙山：《认知科学框架下心理学、逻辑学的交叉融合与发展》，《中国社会科学》2009 年第 2 期。
③ 鞠实儿：《逻辑学的认知转向》，《光明日报》2003 年 11 月 4 日，第 3 版。

稳定化的理性认识方式"①。《墨家逻辑与亚里士多德逻辑比较研究》认为，思维方式"可以指长久稳定又普遍起作用的思维方法、思维习惯、对待事物的审视趋向和公众认同的观点"②。《思维方式与社会发展》认为，"思维方式是人的认识定势和认识运行模式的总和……认识定势，指认识活动开始前的一种认识态势，即是主体先存的意识状态，如思维的功能结构、认识图式、认识的心灵状态，等等……认识运行模式，指认识运行的方法、逻辑、线路、公式，等等"③。《思维学引论》认为，"思维方式是不同时代的不同主体在思维过程中继承和改造前人的思想方式的基础上形成的，又为该时代的不同主体普遍采用的，反映和把握对象的一般方式。用现代科学的语言说，思维方式就是主体获取、加工、输出信息的方式"④。《哲学通论》认为，思维方式是人类精神活动的重要内容，对思维方式的研究是人类对自身主体性的一种反思……思维方式具有鲜明的时代特征，是主体和客体双向互动中不可缺少的手段和工具……思维方式是主观性和客观性的统一，其运作过程是由多种因素构成的……思维方式的形成建立在实践的基础之上，是实践活动内化的一个过程，实践活动的发展就会要求思维方式不断地随之而发生变化，会不断地生成新的思想、新的观念、新的思维规范。社会实践不断地为思维方式提供新的内容，思维方式又在实践的基础上不断地开拓新的思维空间，拓展和加深人们对社会生活的认识和理解。⑤ 以上定义虽各有侧重，却有一共性，即均认为思维方式既不是人们头脑中所固有的，也不是人们刻意创造的，而是在漫长的社会历史发展过程中通过人们的实践逐渐形成的，"是历史文化的主观性和客观性的辩证统一"⑥。不同的民族具有其独特的生活方式和文

---

① 李淮春主编《马克思主义哲学全书》，中国人民大学出版社，1996，第650页。
② 崔清田：《墨家逻辑与亚里士多德逻辑比较研究》，人民出版社，2004，第33页。
③ 陈中立、杨楹、林振义、倪健民：《思维方式与社会发展》，社会科学文献出版社，2001，第125、122、119页。
④ 陈新夏、郑维川、张保生：《思维学引论》，湖南人民出版社，1988，第502页。
⑤ 王让新主编《哲学通论》，电子科技大学出版社，2015，第20～22页。
⑥ 张晓芒、郑立群：《如何对待中国古代逻辑思想研究》，《湖北大学学报》（哲学社会科学版）2011年第1期。

化体系，民族思维方式则是各族人民"通过思维实践'共许'的东西"① 和"一切言行的共同的思维'接口'"②。

文化是人类社会在历史实践的过程中所创造出的物质财富与精神财富的总和，是一种历史现象，具有民族性、阶级性和历史的连续性。我国逻辑界对逻辑与文化关系的探讨应兴于张东荪先生的"文化主义逻辑观"，该观点认为，逻辑源于文化的需要，是文化的产物。不同的国家和民族有不同的文化，不同的文化背景下的逻辑自然也是不同的，逻辑不具有先验性、普遍性，不存在"唯一的逻辑"③。针对这一观点，既有金岳霖先生等人的反对（金先生认为逻辑是不受语言文化支配的，只存在一种统一的逻辑④；曾昭式教授认为这种观点是对逻辑学研究对象的误读，抹杀了逻辑学的全人类性，影响了逻辑学的传播和发展⑤），也有崔清田教授等人的批判性继承（崔清田教授的《关于张东荪的"逻辑与文化"》对张东荪的逻辑文化观的合理和不妥之处分别作了分析，⑥ 他认为逻辑与文化之间相互依存和影响，离开了对方，两者都将失去存在的前提；逻辑同时具有共同性和特殊性；文化是一个有机整体，它包含诸多要素，这些要素之间又是相互联系的，既要看到逻辑对文化的影响作用，也要看到文化对逻辑的制约作用⑦）。鞠实儿教授的《逻辑学的问题与未来》对"不同的文明可以具有不同的逻辑"进行了系统阐述，⑧ 并提出"广义论证"的概念，即在特定的文化情景中，隶属于特定文化群体以及相应社会的主体根据语境遵循规则开展的语言博弈，其目的是从前提出发使参与者形成某种命题态度，

① 张晓芒、郑立群：《如何对待中国古代逻辑思想研究》，《湖北大学学报》（哲学社会科学版）2011 年第 1 期。
② 张晓芒、郑立群：《如何对待中国古代逻辑思想研究》，《湖北大学学报》（哲学社会科学版）2011 年第 1 期。
③ 张汝伦编选《理性与良知——张东荪文选》，上海远东出版社，1995，第 387 页。
④ 金岳霖学术基金会学术委员会编《金岳霖学术论文选》，中国社会科学出版社，1990，第 531～556 页。
⑤ 曾昭式：《张东荪多元逻辑观试析》，《商丘师范学院学报》2002 年第 1 期。
⑥ 崔清田：《关于张东荪的"逻辑与文化"》，《贵州工程应用技术学院学报》2011 年第 10 期。
⑦ 崔清田：《墨家逻辑与亚里士多德逻辑比较研究》，人民出版社，2004，前言。
⑧ 鞠实儿：《逻辑学的问题与未来》，《中国社会科学》2006 年第 6 期。

以接受或拒绝某个结论。其特点包括：社会文化性、主体性、目的性、规则性和语境依赖性。① 这一概念为考察不同的文化群体说理方式和思维方式提供了重要途径。张斌峰、王克喜、张学立、郭桥等学者也从不同角度对逻辑与文化的关系问题进行了探索。

基于以上研究，本书认为，第一，文化是一个复合整体，它既包括知识、信仰、法律、艺术、道德、风俗，又包括社会群体在长期的社会实践中养成的语言习惯和思维方式。"逻辑是关于说理规则的理论"②，因说理③主体隶属于特定文化群体而与文化之间关系密切。"逻辑既体现着思维方式，又影响着思维方式。"④ 思维方式有原逻辑或前逻辑的性质，是文化群体认识世界、表达思想时的规则、步骤、程序和手段的体现，与文化有着持续互动的紧密联系。第二，生活在不同文化环境中的群体，其所具有的各种思维的发展路径是不同的，其中一些思维在经历"原始选择—正式形成—普遍接受"以后，逐渐内化为稳定的思维定式（具有群体特征的传统思维模式），引导、制约着该群体的生活实践和社会活动，并作为精神象征代代相传。第三，在以广义逻辑理论为基础的逻辑研究图谱中，必然存在一种依托少数民族本土文化的少数民族逻辑。由于"逻辑相对于文化"，根据中华民族"多元一体"的文化特征，中国逻辑应由各民族逻辑共同构成，即少数民族逻辑真包含于中国逻辑。若根据各少数民族之间的文化差异对其继续划分，将进一步呈现彝族逻辑、苗族逻辑、侗族逻辑、壮族逻辑、布依族逻辑……

彝族是我国西南地区人口最多的少数民族之一，主要分布于滇、黔、川、桂四省区。2010 年第六次全国人口普查数据显示，彝族人口约 871 万。彝族原为我国西南土著部落，亦是我国历史最悠久的少数民族之一，在其发展的过程中经过和古羌人、周边的其他部落以及外

---

① 鞠实儿：《论逻辑的文化相对性——从民族志和历史学的观点看》，《中国社会科学》2010 年第 1 期。
② 鞠实儿：《逻辑学的问题与未来》，《中国社会科学》2006 年第 6 期。
③ 某一历史文化背景下的群体或个体在特定语境中以某种方式进行语言交流，以促使活动参与者认同或反对某种立场或观点。
④ 崔清田：《墨家逻辑与亚里士多德逻辑比较研究》，人民出版社，2004，前言。

来人群持续融合而逐渐形成民族共同体。虽经历了漫长的历史变迁以及民族融合与分化，但各地彝族人始终保持着非常强烈的民族认同感，如他们共有的始祖笃慕和六祖分支的传说。据水西安氏谱系的计算：从笃慕到清朝康熙年间的安胜祖，已有85代。据各地彝文史书载，笃慕娶妻有三房，所生有六子，这六子即彝族六大部落的祖先"六祖"。六个部落从兹兹普乌（今云南昭通一带）各自向外迁徙，在经历了数千年的社会变迁和民族融合与分化之后，逐渐形成既具有自身地域风格和民族特色又具有中华民族共同文化特征的彝族文化，积淀了古老丰富的民族文字和卷帙浩繁的古籍文献。

彝族先民较早创造和使用的古老语言文字称作"爨文"、"古彝文"或"罗罗文"，其中常用字和异体字字数一万字左右。彝族人通过使用本民族文字来记录语言、撰写书籍，进行刊刻和书写，形成了大量的历史文献和文化典籍，内容丰富、种类繁多，政治、经济、社会、历史、军事、法律、民俗、文学、伦理等均包容其间，它们共同记录了彝族在漫长历史长河中形成和发展的各个阶段，共同承载着丰富笃厚的民族文化和独具特色的民族思维，是彝族人民集体智慧的结晶。

新中国成立以后，我国学者在彝族历史、民俗、文学等领域的彝文古籍整理和翻译工作取得了较大进展。20世纪80年代末，贵州省毕节地区彝文翻译组工作人员在威宁县东部发现一部名为《苏巨黎咪》的彝文文献，书名中"苏巨"一词可翻译为"教化人""告诫人"，"黎咪"则有"观点""哲言""箴言""至理名言""关于世界观和人生观的学说"之意，因此书名可整体理解为"教化与箴言"。所谓"教化"，是古代彝族社会"礼法合流"和"教入于刑"的需要，教与刑相辅相成，共同维护社会秩序。"教"是对伦理道德和义务的要求，"刑"则体现为具体措施的强制。所谓"箴言"，是在古代彝族君、臣、师三位一体的政权体制社会中，臣和师向君的谏言。该文献记录了古代数位彝族先贤的"教化"和"箴言"，既是一部关于彝族法律和伦理的重要文献，也是一部记录安邦治国韬略的传世之作。王继超、阿洛兴德等学者用了六年时间对其进行整理和翻译，并作为"彝文文

献经典系列·法律篇"，由贵州民族出版社于 1998 年出版。① 2009 年 6
月，《苏巨黎咪》被列入第二批"国家珍贵古籍名录"。

《苏巨黎咪》记录的事件大多发生于唐朝初期至中叶，所提及的如
额苦迫默（普安部，今贵州普安）、杜阿借（水西阿哲部，今贵州毕节
鸭池河以西）、毕骂额哲（播勒部，今贵州安顺）、勒布额阿抽（诺濮
迁部，今云南永仁、元谋、武定和东川之间）、额洪德乌（磨弥部，今
云南宣威）、德皤额濯（磨弥部）、毕愁阿兜（磨弥部）等有成就的布
摩②谋臣亦大多生活在这一时期。这一时期的彝族属于"笃米"（或称
"笃慕""祝明"等）系统，此时"六祖"后裔"乌蛮"各部崭露头
角，建立了多个部落政权，为了巩固规模、层次各异的政权，安定社
会秩序，与之相匹配的伦理道德规范和法律制度亟须形成和实施，这
无疑为具有安邦治国谋略之士提供了一展抱负的机会，大批的饱学之
士纷纷为各部君长献言献计，出谋划策，各种思想和学说纷纷亮相，
著书立说成为风气。与此同时，各部君长为了维护和巩固本部的世袭
宗法制统治，争相笼络人才，采纳他们的进言和计策，赐予他们极高
的地位、丰厚的财物，让他们各施所才，报答君主。③从文献内容、方
言和叙事特点推断，《苏巨黎咪》应为磨弥部的一位拥有很高声望和地
位的谋臣所著。该文献经过数代传抄，先转至阿都乃索布摩（阿芋路
世袭布摩）手中，后传给云南宣威和贵州威宁妥底家支的布摩，一直
保存至今。④《苏巨黎咪》包含大量的说理和论证，既是彝族传统思维的
重要体现，又是彝族传统文化的深刻诠释。

本书将高阶认知理论和广义论证理论运用到少数民族传统思维研
究中，在以逻辑学为主的多学科研究视域下提炼《苏巨黎咪》中的彝

---

① 王继超主编《苏巨黎咪》，贵州民族出版社，1998，第 3 页。
② 布摩是彝族祭司的总称，是彝族原始宗教祭祀仪式的主持者、祭司和知识传播者，
　　通晓彝族经典、彝族文字，在彝族古代社会位居君、臣之下（或与臣并列），与君、
　　臣一同在彝族阶级社会中形成君、臣、师三位一体的政权构架，是彝族古代政权的
　　重要支柱。彝族各支系都有自己的布摩。随着布摩群体的扩大和发展，作为政权支
　　柱的布摩逐渐向职业化演变，职业化演变后的布摩也称毕摩，其一般职能为主持祈
　　求庇佑的各种祭祀：禳解崇福、占卜吉凶、主持结盟、传授知识等。
③ 王继超主编《苏巨黎咪》，贵州民族出版社，1998，第 3 页。
④ 王继超主编《苏巨黎咪》，贵州民族出版社，1998，第 3 ~ 7 页。

族传统思维及特征，结合民族学（人类学）、语言学的研究方法，探索彝族自在的思维生成机制，系统分析彝族语言与思维、彝族文化与思维之间的关系，以期为构建彝族"语言—思维—文化"认知体系提供一得之见。

全书分为"第一章　《苏巨黎咪》的内容、性质和价值""第二章　彝族传统思维和论证""第三章　彝族传统思维的生成：语言、思维与文化""第四章　彝族传统思维在当代的继承、发展与价值""第五章　结束语"五个部分。其中，第一章在对《苏巨黎咪》的主要内容和重要思想进行系统梳理的基础上，揭示了其民族性、时代性、论理性、传承性及其蕴含的文化价值、历史价值、理论价值和现实价值。第二章根据《苏巨黎咪》的内容将其中的论证归纳为论"君长"、论"臣子"、论"布摩"、论"百姓"、论"伦理与道德"、论"知识与实践"、论"人生观与价值观"七个部分。在对其论证进行归类整理后基于原述分阶段对其中的传统论证进行分析，并将其传统思维提炼为以家支观念为基础的亲族思维、以忠君观念为核心的等级思维、以因果报应为依托的修善思维、知识与实践相结合的求真思维、以维护"硕"①为前提的互偿思维，以及人与自然和谐相处的共生思维，总结论证和思维特征。第三章基于语言、思维与文化的内在联系，通过表征的彝族语言（文字）和彝族精神文化、行为文化、制度文化把握内隐的彝族传统思维，探寻彝族传统思维生成机制。第四章是本研究的最终落脚点，即通过考察彝族亲族思维、等级思维、修善思维、求真思维、互偿思维、共生思维在当代的继承和发展，进一步挖掘其在当代处理人与社会、人与自然、人与人之间关系的基本方式，提炼其对于构建彝族地区社会主义和谐社会的忠义爱国、法德兼治、生态伦理、和谐共生价值。

---

① 彝语共六大方言，此处及下文的彝语音译"硕"为凉山彝语，即彝语北部方言。

目　录

第一章

《苏巨黎咪》的内容、性质和价值

第一节　内容与思想

一　主要内容和观点

　　彝族作为中国西南最古老的民族之一，为中国历史和文化的形成与发展做出过巨大贡献。他们在数千年的历史长河中，发明创造了古老的彝族文字，记录下了浩瀚如烟的宝贵史实，留下了卷帙浩繁的典籍文献。这些典籍文献记录了彝族发展的进程和历史，他们一次次地逐鹿西南，开疆拓土，一代代地问鼎西南，建立政权，既有卢夷、蜀、滇、夜郎、罗殿、南诏一类成建制，并号为"天子之国"的政权形态，又有若干"以什数"的"西南夷君长"政权形态，还有唐宋时期"乌蛮"三十七部政权这类格局，或称"革"，或称"谷"，或称"诏""勾""蔺""尼"，等等，不同规格、不同层次政权形态的形成，都迫切要求强化政权这部国家机器，为巩固"国家"这一形态，安定和维持社会秩序，就必然产生与之适应、与之匹配的一系列对伦理道德的要求、规范和法律制度。它既带有传统性，又具有普遍意义，这是历史及其时代的要求。

　　彝族社会历史运转到唐朝中叶这一时期，属于"笃米"系统，即"六祖"后裔的"乌蛮"各部在历史舞台上崭露头角，从大渡河、金沙江畔到点苍山之麓、洱海之滨，从哀牢山、红河流域至滇池周围，从两盘江流域至更广大区域的乌蒙山区，建立了一个个部落政权。此种时势，英雄辈出，历史机遇造就了一大批具备安邦治国谋略的饱学之士，历史的大舞台为他们提供了一展雄才大略的机会，于是他们纷纷走到台前，为各自的君长筹划谋策，献计献策，以能言巧辩之舌游说各部君长，希望实现他们的政治主张。同时，为维护和巩固对本部世袭宗法制统治的需要，各部君长争相笼络，起用这部分人才，对他们的计策、进言加以采纳，委他们以重要的权位，或赐予丰厚的财物，对他们礼遇有加，令他们感动，为报知遇之恩不惜肝脑涂地。

以毕愁阿兜、额苦迫默为代表的布摩谋臣，在他们关于治国安邦的主张中，开宗明义就对各部的君、臣、师等社会各等级阶层成员的德才修养、伦理道德与社会责任、义务提出规范要求，并总结出成功的经验、失败的教训，希望部政权的最高决策者——君长在安邦治国时引以为戒，重视决策谋略，善于思索判断，重视知识，注意唯才是用。除此之外，还对社会各级，包括慕魁臣子、布摩、摩史、布妥、素总、骂色、弄恒、赤纣、武士、唯约等的职责义务、行为准则、道德规范提出要求。从为人、持家到对待父母、公婆、兄弟、朋友、宾客、邻里再到社会活动、参政议政，由浅入深地对社会道德、家庭伦理、思想教育提出要求，并系统地论述了"如何对待知识和实践""如何树立人生观与价值观"等问题。① 据此，本研究将《苏巨黎咪》分为论"君长"、论"臣子"、论"布摩"、论"百姓"、论"伦理与道德"、论"知识与实践"、论"人生观与价值观"七个部分。

其一，论"君长"。君长的职责是《苏巨黎咪》最重要的内容之一。该文献开篇就提出："作为君长，要有仇叩皮耐的风范，君长的形象，必须保持。"（第1页）"君长的使命，侍奉社稷为上。"（第24页）并用大量的篇幅讨论了君长的德才修养和待人之道。在德才修养方面，以娄娄勾部、阿外惹部、东部外族天子、西部的皮罗阁、纪俄勾（乌撒）、古口勾（磨弥）为例，列举了联姻、祭祀等事件，说明

---

① 王继超主编《苏巨黎咪》，贵州民族出版社，1998，第4~6页。（以下凡引此书只在文中相应处注明页码）

"何为谋略",并对谋略的重要性进行论证;以仇叩皮耐为例,告诫君长要善于思索;以虎皮权杖作比喻,告诫君长要学习知识、眼光要远;等等。在待人、用人之道方面,《苏巨黎咪》就君长对待臣子、布摩、百姓的方式展开了详细论述。对待臣子和布摩,不仅强调用人为贤、知人善任、人尽其才,还指出既要树立权威又要上下团结;对待百姓更不能专横跋扈、施以重税、限制发展。

其二,论"臣子"。《苏巨黎咪》对臣子的职责和使命有所要求:"作为慕魁臣子,当效法毕余毕德,臣子的职责,必须尽到。"(第1页)"慕魁臣子重要使命,悟古理为上。"(第24页)并从忠诚、服从、礼仪、正义、才德等角度对臣子品行进行规范,对不同官职的臣子提出具体要求。

其三,论"布摩"。《苏巨黎咪》对布摩的职责和使命也有所要求:"作为布摩,当效法始楚乍姆,布摩的职责,必须尽到。"(第1~2页)"布摩的重要使命,理顺宗谱为上。"(第24页)并对布摩提出了知识渊博,诚心祭祖;条理清楚,做事规范;脚踏实地,祭祀清白;善于思索;满腹经纶,经验丰富等要求。

其四,论"百姓"。《苏巨黎咪》对百姓的要求是:"黎民百姓的使命,懂农牧规律为上。"(第24页)并将"服从君长"和"交完租赋"作为百姓最基本的义务,在此基础上对下等百姓的三种行为进行说明。

其五,论"伦理与道德"。主要从家庭伦理、政治伦理和个人的道德修养三个方面对彝族人的伦理道德进行了详细规定。《苏巨黎咪》先从祖宗秩序、家庭关系、寨邻关系的角度论述了彝族人的家庭伦理观,又通过要求人们顺从君长、重臣和布摩展现了政治伦理观,再以"善者善终,恶者恶报"为中心告诫人们要有教养,不可行骗偷盗、不可不通情理、不可存心不良、不可搬弄是非、不可贪婪昧心、不可锋芒毕露、不可造谣生事、不可不服教育等,对人们应当具备的个人道德品质作了严格规范。

其六,论"知识与实践"。"天地之间,各种本领中,有知识为大……"(第21页)《苏巨黎咪》以"知识的重要性"为论点,通过对诸多贤人、能人事迹的叙述来说明"有知识的人有修养""有知识的人能成事""有知识的人有作为"等道理，告诫人们要尊重有知识的人，并进一步对"学"与"教"的问题进行论述。在实践方面，则主要对人们提出遵规矩、守传统、重谋略、敢决策、守时间等要求。

其七，论"人生观与价值观"。关于"人生观与价值观"，《苏巨黎咪》先对"值得片刻者与值得万世者""贫贱者与气魄者""令人羡慕和佩服的事""人生中的灾难""韬略、理想和表现""对女子的要求""对美的追求"等问题进行阐述，又对人生各阶段的职责和义务作了详细论述。

二 重要思想和理论

（一）政治伦理思想

1. 君民一体

《苏巨黎咪》认为君民不可分，因为"一个部族像一张弓，百姓就如弓背，君长是弓弦，臣子是箭袋。武士和兵卒，是箭杆箭头，各司其职，作用有时间。君长英明，百姓有前程，若君长无能，百姓就背井离乡。君长恶则百姓迁，主子恶则奴仆逃"（第 65~66 页）。因此，君长要想治理好国家，号令五方，就必须信任和团结臣子、布摩、百姓，做到上下齐心。君长"不亲近奴仆，不宠信下人，这种说法并不正确。上方有九支奴，无一不忠诚。下方有四姓奴，无一不忠诚"（第 246~247 页）。"地位显赫的人办事，经千百人议论，经十人思考，经五人定夺，由一人决策。孤单的人办事，至半已疲劳，易难俱怕。所有的人，个人的努力，到不了山脚，百人的努力，可攀至山中，千百人合作，能攀越山顶，是行得通的。"（第 263~264 页）并且，"上下级之间，老年人成群，不乏有高人，何不与之切磋，与之问计？为了国家，号令五方，需要一致。开诚布公，在四方杀牛，善待四方民众，犹如母待子，团结紧如绸"（第 269~270 页）。并在此基础上阐述了君长与臣子、布摩、能人、武士、百姓的相处之道。

对于臣子、布摩、百姓而言，最基本的要求则是"忠诚"和"顺从长者"（第 41 页）。《苏巨黎咪》指出，"君长和重臣，布摩三者是人杰"（第 42 页），所以"要忠于他们，如奴仆遵命，似妇女持家。要忠于他们，顺从如牛马，把他们忠于"（第 42 页）。又因"君为大令如天高"（第 54 页），所以要求"贤臣尽职守"（第 15 页）、"慕魁臣子待君长，如露天的大石头，不移动一般"（第 44 页）、"布摩待君长，要尽职尽责。如腹中挂鼓，像待天地父母，如媳待公婆"（第 45～46 页）、"武士待君长，情同水与鱼，像岩与鹞鹰"（第 42 页）、"随从待君长，态度要谦逊"（第 40 页）、"百姓对待君长，诚实是第一，租税是第二，君长的恩惠，大山样的重"（第 48 页）。可见，当时的彝族社会已显现出"君民一体"的政治伦理思想特征。

2. 以德治天下

综观《苏巨黎咪》全书，无论对君长、臣子、布摩还是对百姓都提出了道德要求，尤其对君长的个人道德修养进行了严格的规范，且基于彝族特有的历史文化背景对这些要求和规范进行了较为系统的论证，如通过列举东部的默遮扯勒、赫海珠舍家的米彼德诺、阿芋陡家的苏能德彻、纪俄勾家的那周阿吉、濮妥珠益家的额哲阿吉几位雄冠六方的君长，指出他们之所以受百姓尊敬，使能人顺从就是因为"信义"在他们心中占有举足轻重的分量。并且告诫君长应具备仁爱之心，要通情理、有度量、克制欲望、重视宗谱、勤政爱民等，只有具备以上品德，才能成为明君。以上要求充分体现了彝族先民"以德治天下"的政治伦理思想。

"君民一体"和"以德治天下"展现出《苏巨黎咪》中蕴藏的"德政"思想，且明显带有被中原诸家思想浸染的痕迹。这说明，在《苏巨黎咪》的成书时期，彝汉思想的互相渗透已达到一定程度，各族人民共同的精神传统正逐渐形成。

（二）民间伦理思想

1. 善者善终，恶者恶报

彝谚云："向善者得善终，向恶者得恶报。"（第 39 页）向善是彝族社会对成员的基本要求，表现为不可心狠行恶、不可背信弃义、不可存心不良、不可偷盗行骗、不可搬弄是非、不可贪婪昧心、不可祭祀不周、不可不通情理等。《苏巨黎咪》以迫维启阿太、恒索启阿欧、德歹祛阿恒三人为例，告诫人们不可心狠行恶、不可背信弃义、不可存心不良（第 113～116 页）；以君长麻戈帛、臣子朴阿娄、布摩杜额壁为例，告诫人们不可偷盗行骗（第 103～105 页）；以支尼目柔、阿诺姆诃为例，告诫人们不可搬弄是非口舌；以米祖格孟维一家为例，告诫人们不可祭祀不周（第 117～119 页）；以弥立武俄为例，告诫人们不可贪婪昧心（第 119～125 页）；以启德阿博为例，告诫人们不可不通情理（第 107～111 页）。其论证过程大致为：迫维启阿太、恒索启阿欧、德歹祛阿恒三人心狠行恶、背信弃义、存心不良，所以均被雷所劈；君长麻戈帛、臣子朴阿娄、布摩杜额壁都作假行骗，所以麻戈帛死于雄鸡之距、朴阿娄让风吹死、杜额壁被野火烧死；支尼目柔、阿诺姆诃搬弄是非口舌，所以一个被吊在悬崖上，一个被山神、岩神、水神惩罚至神志不清；米祖格孟维一家祭祀不周，所以鸡被鹰抓、猪被狼伤、牛被虎咬、子被鹰抓；弥立武俄贪婪昧心，所以疯癫后死去；启德阿博不通情理，最后倾家荡产不得好结果。以上论证体现了彝族先民"作恶者必遭恶报"这一原始观念。

"善者善终，恶者恶报"的因果报应观和伦理思想在新中国成立前的彝族社会具有强大的社会规范功能，是维持其社会秩序的重要力量之一。①

2. 孝敬父母，礼敬祖先

彝族人孝敬父母的传统道德观以家支观念为基础。他们认为亲族成员之间相互依存，亲族关系"如线头线尾，延伸到天上，牢固而不断"（第 20 页）。任何民族都具有自己评判道德和行为的标准，彝族人兴礼仪、尚道德，将道德作为区分"人"和"兽"的标志，认为"不仁者非人，堪与兽为伍"（第 58 页）。而决定整个家庭道德面貌的关键正是亲族关系，他们认为"一代人通理，九代人效法"（第 50 页），"祖暴裔不昌""舅贤甥不劣""父慧子不愚""夫贤妻安乐"②，并由

---

① 孙伶伶：《彝族法文化——构建和谐社会的新视角》，中国人民大学出版社，2007，第 166～167 页。
② 朱崇先：《彝族典籍文化》，中央民族大学出版社，1994，第 78 页。

此发展为"该知晓族史，应亲敬舅家；要崇拜祖先，要孝顺父母"①的观念。

彝族人的"孝"主要体现在两个方面："生孝"和"死孝"。"生孝"即对在世父母的敬重和奉养之孝。因为父母在生育子女的过程中费心费力，所以子女应牢记父母的恩情，报答父母。为人子女，不仅在生活上要关心和体贴父母，更要在父母年老以后赡养和照顾父母，千方百计地让父母安享晚年。"死孝"则是对已故父母和祖先亡灵的祭祀之孝。在彝族社会，父母去世时，子女不仅要为父母筹措费用，宰牲口，举办十分隆重的丧葬仪式，还要请毕摩为父母念经开路。子女举办的隆重的丧葬仪式一来是为了证明他们是孝子孝女，二来也起到了对其他社会成员尤其是家支成员的示范和教育作用。

"仁""义""德""责"是彝族社会最基本的道德原则和行为规范。《苏巨黎咪》载，不仁者有三种，第一种就是"长与幼不分……父子生隔阂……兄弟徒有名"（第 57～58 页）。义的标准是："为幼的进言，为长者入耳。"（第 58～59 页）家庭和睦也是品德好的内在要求："家庭和睦寨邻亲，寨邻和睦是第一，寨邻和睦地方安宁，地方安宁是第一，地方安宁风气好，风气好是第一。风气好了讲品德，品德好是第一。"（第 87 页）责任有三件，第一件就是"在祖宗灵位边，要循规蹈矩，忌讳乱讲。祭祀要公平，阴阳如松柏有别，理顺祖灵筒，祖宗如鹿群，地盘如青松，牌位如英雄排列，上下犹白虎躺卧，天地头脚端正，谱系如碧水流畅……"（第 59～61 页）可见，"孝敬父母，礼敬祖先"作为衡量"仁""义""德""责"的重要标尺在彝族传统道德评判中的基础性作用。

3. 遵规守纪，稳重谨慎

《苏巨黎咪》要求彝族人在生活中遵规守矩，处事稳重谨慎。这里的"规矩"主要包括社会规范、长者命令和家族传统。彝族先民认为，"传统好的人有作为，传统好的人知识足"（第 362 页），"有教养的人优秀，有家规的人听话，有谋略的人实在"（第 363 页），因此把遵守

---

① 朱崇先：《彝族典籍文化》，中央民族大学出版社，1994，第 75～76 页。

规矩作为个人行为规范的基本准则之一。《苏巨黎咪》不仅劝诫君长在掌权发号令时，要听从老人讲的道理，还以恒阿德为例，告诫布摩办事要规范，条理要清楚，并分别以乌撒君长家、阿哲君长家、阿芋陡家和纪阿太家为例进行了详细阐述：乌撒君长家，住在嘎那妥姆时，虽然摩史阿列施展出自己的才能和本领，奠酒献茶，希望君长显赫、百姓昌盛，却因背离了规章，偏离了宗旨而使乌撒君长家惹到了麻烦；阿哲君长家虽然祭了祖，祖祠也建好了，祖灵的秩序清楚，有条不紊，却在安顿祖宗后，没把纲纪理顺，所以发生了长幼不齐心、君臣互不通的情况；阿芋陡家也因有章不遵守、有制不执行、纲纪不统一，而导致政权不巩固、君王无威望的情形；纪阿太家则不然，他家的阿皮伯俄，订严密纲纪，以纲纪为本，故此地方得到发展，政令亦无阻碍。

不仅如此，《苏巨黎咪》还强调"行事要稳重"，尤其在说话时，切忌"嘴快"，因为"先发言，然后再思考，话出口收不回，九年悔不转。先考虑，然后再发言，显得有教养，九代人得益。思考后开口是第一，懂行开口是第二，回忆后开口是第三，就是这样的"（第11～12页）。不仅"开口"要稳重谨慎，"观察"和"考虑"也要稳重谨慎。《苏巨黎咪》认为，稳重是所有彝族人都应具备的品质，尤其是对于君长、臣子和布摩。要求君长既要胆子大，又要注意观察，不能偏听偏信，要稳重（第220～221页），认为"为君为臣，先议后行，方为上等人"（第243页）。《苏巨黎咪》将稳重分为三等：一是"贤君发号令，如水中捞鱼，十股网相连，一股都不松，一股都不乱，如春天太阳，照射在四方"（第9页）；二是"贤臣作决断，如深山猎麂，利用高山大岩，设置包围圈，尽管在山野，猎物逃不了"（第9～10页）；三是"贤布摩祭祖，如使大船桨，如理乱麻，正本清源，开口说的话，就接近真理"（第10页）。

4. 尊重知识，注重实践

从《苏巨黎咪》中不难发现，彝族人对于知识有着强烈的追求。《苏巨黎咪》不仅指出"天地之间，各种本领中，有知识为大……"（第21页）还强调，自"哎哺产生后，就重视知识"（第326页），还以"知识的重要性"为论点，通过对施阿武、布约那吐、卓铁夫友、乍祝铁黑、杜楚翁娄、雅备宾叔、毕愁阿兜、皤娄阿纣、德皤额濯等诸多贤人和能人事迹的叙述来说明"有知识的人有修养""有知识的人能成事""有知识的人有作为"等问题，并通过笃勒愁汝、支嘎阿鲁、撮矮阿颖等四十七位贤人都重视知识来论证只有重视知识的人才能成为贤人。

"布摩"作为彝族社会的知识阶层和社会文化的主要传播者，具有极高的社会地位。彝族人对知识的崇尚和对布摩的尊敬密不可分。"君有权威大如云，王有势力深入地，布有渊博的知识。"[①] 并形成了彝族社会君、臣、师三位一体的政治体制。布摩不仅可以"操纵天上兵，持空中矛戟，卸天边马鞍"，还在祭祀、调解纠纷中发挥着举足轻重的作用。布摩作为经师，诵读以民族历史和道德观为主要内容的经文。即便是君长，也不可随意伤害布摩。《苏巨黎咪》以尼乃博嘎的陡俄阿野（君长）为例对此进行了说明："杀弥立大汝的，是阿额列歹的子孙，名叫陡俄阿野……陡俄阿野家，七代不成人，根本的原因，是杀了布摩无人除害。"（第177～178页）故此，《苏巨黎咪》告诫人们"勿伤害布摩，害布摩者没结果，死后无归宿，犹在沼泽地，蛇把鸟侵犯，狗犯绵羊不兴旺"（第178页）。

彝族人既尊重知识，也强调知识在社会实践中的运用。《苏巨黎咪》认为，仅有知识而不注重实践是不行的，而且将知识运用于实践中时必须做到遵规矩、守传统、重谋略、敢决策，《苏巨黎咪》对此进行了详细论述，如通过乌撒君长家布置祖祠的事强调遵规矩的重要性；以彝外族君长辩论为例来说明守传统的重要性；以"行船"比喻"思考的过程"强调要重视谋略；通过阿娄阿列虽有知识却不作决策，导致嫡长的位置被阿诺布娄操纵的事强调决策的重要性。并认为在"学"和"实践"的过程中，还应注意判断是非、合理利用时间、发现别人的长处、总结经验等；在"教"的过程中，则因"聪明从愚蠢中教出，没有不懂事的人，没有无过错的人"（第401页）而认为所有人都是

---

① 毕节地区民族事务委员会编《彝族源流》（第5～8卷），贵州民族出版社，1991，第28页。

"可塑"的。

5. 吃苦耐劳，勤俭节约

劳动是人特有的社会实践活动，彝族人常通过史诗形象地区分人和动物。彝族史诗《梅葛·农事》载："山坡杂树多，根本不能盘庄稼，人类拿刀子，要把树砍完。兔子争了先，先去砍树枝，砍也砍不倒，……百兽都砍了，百兽砍不倒。百鸟都砍了，百鸟砍不倒。人类砍杂树，先把刀磨好，拿刀来砍树，几刀便砍倒！……要放火烧荞地了。野兽来烧火，还是烧不着，鸟类来烧火，还是烧不着，最后来决定，还是人来烧。"后来，人们又进行撒种、薅锄等，使"玉米长得像马尾，荞子长得像葡萄"，这让鸟、兽看了十分佩服，"从此就是人类盘庄稼"①。因此，只有人类才有生产劳动的能力，其他动物是没有的。

劳动是人们创造物质和精神财富的活动，彝族人认为，"勤劳是美德，勤劳是根本"②。只有勤奋不惰、夜以继日地劳动，才能够丰衣足食，获得幸福。被认为是彝族"根谱"的创世史诗《梅葛》中为格滋天神耐心、勤恳造地的彝族四姐妹的形象，早已成为彝族人教育子孙的道德典范。彝族先民对吃苦耐劳的美德歌颂道："种田的农夫，耕作要劳苦，晚睡要早起，干活要出力，穷富由天定，饥饱随自己。人穷志不穷，勤奋来耕种，人不哄地皮，地不哄肚皮。闲时不偷懒，忙时多流汗。精耕又细作，不愁苍天粮，五谷大丰收，吃穿不用愁。"③ 因此无论男女老少，都应该勤奋劳动。即便是适度的休息也是为了更好的劳动："君为发号令而睡，臣为了谋断而睡，布摩为祭祖而睡，黎民百姓的睡觉，是为了生产劳动。"（第 245 页）这些充满智慧的话语是他们在长期的社会实践中对吃苦耐劳及其与家庭兴盛之间的关系的揭示，具有深刻而丰富的道德内涵。对于懒惰，《苏巨黎咪》则指出，"淫秽与懒惰为伍……懒惰与贪婪为伍……贪婪与下贱为伍……下贱

---

① 云南省民族民间文学楚雄调查队搜集翻译整理《梅葛》，云南人民出版社，1959，第71~78 页。

② （彝）漏侯布哲、实乍苦木等：《论彝族诗歌》，贵州民族出版社，1990，第 134 页。

③ 红河哈尼族彝族自治州民族事务委员会编《彝族叙事长诗》，云南民族出版社，1984，第 119 页。

与野心为伍……野心与分离为伍……”（第 296～297 页），“蠢人的子孙，像一条犟牛，在等待卸犁，要动不动的。游手好闲……”（第 83 页），只有下等人才“做出放牧的样子，却不扛牧羊鞭，做出犁地的样子，却不理锄头。什么也不做，学狗叫，游手好闲，态度傲慢，妄自尊大”（第 318 页）。在规范妇女行为时，《苏巨黎咪》把妇女分为三等，“第三等懒妇，种子当饭吃，碗里终无饭。懒妇就这样”（第 28～29 页）。即便是在择偶时，也把吃苦耐劳作为重要标准，而对懒惰嗤之以鼻。

在彝族社会，节俭既是一种美德，也被人们视为幸福的源泉。彝谚云：“勤劳节俭户，岁岁有余粮。”“珍惜衣常新，节俭食常美。”①“吃粮要节约，穿衣要俭省，若非好坏掺着吃，难度过一年。若非新旧换着穿，难度过一生。”（第 205 页）人们把奢靡浪费视为恶行，认为这种恶行会导致如“牛馋跌断腿，人馋摔破脸”② 的不幸。《苏巨黎咪》不仅劝诫君长“要克制欲望。求衣食心别厚，日后自主有作为，贪婪占据心灵，容易被衣食主宰，衣食很贫乏，君长也被困扰，受贫困煎熬时，应当很乐观，把握住志气”（第 213 页），还通过罗纪因骄奢淫逸而得病去世等事件论证了节俭的重要性。

彝族先民告诫人们：幸与不幸并非命中注定，而是取决于自己的选择。他们相信“富贵由命是假，勤劳致富是真”，《劝善经》在解读“掳掠致富”时亦言：“带领兵马，抢掠人家，掠人金银畜粮致富的，后来会灭绝的；富有的人，是劳动积累致富，就会长久的。”③《苏巨黎咪》则通过阐述弥立武俄、麻戈帛、朴阿娄、杜额壁等人的经历反映出彝族先民对行骗偷盗、好逸恶劳、贪婪昧心、投机取巧等恶劣行为谴责和不齿的态度。

---

① 李先茂等搜集整理翻译《彝族昔古贤文》，中央民族学院民语所彝族文献编译室，第 75 页。

② 云南省社会科学院楚雄彝族文化研究所古籍研究室编《彝文文献译丛》，1993，第 81 页。转引自高树群《彝族传统道德及其现代转型研究》，云南民族出版社，2012，第 48 页。

③ 赫章县民族事务委员会汇编《彝族民间文学资料》（第一辑），1988，第 204 页。

（三）生态伦理思想

《苏巨黎咪》中蕴含着彝族先民丰富的生态伦理思想。这些思想在他们对自然的崇拜之情中得以体现。自然崇拜是彝族原始宗教的三大主体之一。[①] 落后的社会发展水平决定了彝族人长期将大自然及其现象视作万事万物的主宰，并由此衍生出对拥有巨大意志力的天、山、地、火、水、石等自然神灵的崇拜。其中天神的威慑力最大，天神无所不知，能够公正地判断人世间的是非，向天神说谎的人必遭天惩，天神代表着公平、正义及完美的人格。其余的神各有不同的管辖范围和职责，只要做了不好的事或者对神不尊重、不周到即是不道德，会遭到神的惩罚。

《苏巨黎咪》记载，默遮阿默家有人患风寒时，用六头猪，到有山神的山、有山神的坳去祭山神，风寒就好了（第158～159页）；有一个不服德楚额举教育的人，叫作阿诺姆诃，德楚额举得山神鲁朵、岩神斯里、水神迷觉相助，使阿诺姆诃受到了惩罚，"神智（志）不清楚，到愁普珐吐岩上，呆在那里了"（第118～119页）。即便是在祭祀时，也不能只管自己的祖先而不顾自然神灵。该文献还记载了这样一个故事：有个叫布格丽阿旨的人，做了一个祖灵桶，没想到刚过了三天，家里公鸡被鹰抓，到了第六天，家里的肥猪被狼咬死，到了第九天，家里的壮牛被老虎逮去。布格丽阿旨非常惶恐，于是去求祖灵桶明示："灾难深重的原因，是尊贵如虎的祖宗您，被冒犯所致吗？"在祖灵桶里面，传出铃声似鸟鸣："并非因为安置我，也不是把我冒犯！把我安置三天后，水神向我要饭吃，我只好动鸡；到了第六天，岩神向我要饭吃，我只好牵猪；到了第九天，山神向我要饭吃，我只好牵牛，原因就这样。"（第134～135页）由此可见，"祭祀周到"要求不仅要对自己的祖先祭祀周到，更不可以遗忘自然神灵。

自然神灵的人格化既体现了彝族人对道德监督力量和审判力量的需求和渴望，还是彝族人生态伦理思想形成的重要因子。在其作用下，

---

① 彝族原始宗教的三大主体为自然崇拜、鬼神崇拜、图腾崇拜。

彝族先民的生态伦理意识得以萌发，并由此形成了很多爱护环境的好习俗。《苏巨黎咪》中有一名叫鲁蒙奢色的女子将脱下的脏衣服拿到大河里洗，使龙喝了脏水，导致神怪罪祖宗，祖宗怪罪神座，神座加害主人家，因此遭受了劫难。（第 150～151 页）彝族人还要求不能在出山泉水的水塘里洗手洗脚，而要把水接出来洗，洗完后不能将脏水倒入水塘中；不能在饮用水井里洗脸；不能将垃圾倒入河中；等等。

第二节　性质与价值

一　民族性及其文化价值

新中国成立以后，我国学者在彝族历史、民俗、文学等领域的彝文古籍整理和翻译工作虽然取得了较大进展，但鲜少出现政治、法律、伦理等领域的彝文古籍整理或翻译成果。《苏巨黎咪》作为一部关于彝族法律和伦理的重要文献，于 20 世纪 80 年代末被发现于贵州省威宁县东部，2009 年 6 月被列入第二批"国家珍贵古籍名录"。

该文献从维护君长统治利益的角度出发，告诉君长怎样治理天下、怎样使用人才、怎样统治民众，告诉慕魁臣子、布摩、摩史、布妥、素总等应尽的职责义务和行为准则，从为人、持家到对待父母、公婆、兄弟、朋友、宾客、邻里，再到社会活动、参政议政，由浅入深地对社会道德、家庭伦理、思想教育提出要求，并系统地论述了知识与实践、人生观与价值观等问题，体现了古代彝族独具特色的伦理道德观、价值观以及宗教信仰等精神文化，民风、民俗等行为文化以及在具体社会实践活动中所形成的作为社会规范的制度文化，具有鲜明的民族特征和文化价值。

二　时代性及其历史价值

《苏巨黎咪》成书于唐朝中叶，其内容与当时彝族的政治、文化发展密切相关。唐朝时期的彝族发展为"笃米"系统，此时"六祖"后裔"乌蛮"各部崭露头角，公元 7 世纪至 9 世纪，彝族先民"乌蛮"

联合白族先民"白蛮"建立起南诏奴隶制政权，其统治以现在的云南西部白族自治州为中心，范围涵盖云南东部、四川南部和贵州西部。南诏是彝族发展过程中的重要阶段，该时期，彝族与唐王朝保持着密切的政治、经济和文化联系。南诏多次向唐王朝纳贡，并立誓"子子孙孙永为唐臣"。彝族人民和中原人民间出现了很多经济文化交流，建立起友好的关系。

这一时期，彝族共同体的形成使彝族人对自身族属的认同感高度提升，彝族与唐王朝的交往和交流使儒学等思想不断流入，加之彝族统治者为了维护其统治对诸多道德观念和行为规范极力推行，使得道德原则在彝族社会的影响迅速扩大，彝族传统道德的内容和形式不断丰富，之前各部落间不尽相同的个人道德要求也逐渐融合成基本一致的社会道德规范，为彝族传统思维结构的完善提供了有利条件。《苏巨黎咪》对该时期社会规范的系统阐述既是对此特殊历史时期彝族社会生活的文化呈现，也是对其传统思维结构完善的关键时期的思维呈现，具有特殊的时代特征和历史价值。

三 论理性及其理论价值

《苏巨黎咪》之"苏巨"意为"告诫人""教化人"，"黎咪"意为"观点""哲言""箴言"。该文献包含了大量"说理"①，具有极强

---

① 说理分为"现代文化群体说理"、"其他文化群体说理"和"跨文化群体说理"。"语境"包括两个方面：一是"说理"的参与者在某社会组织或机构中的地位；二是"说理"所发生的具体的社会文化环境。"说理"的主要特征表现在：第一，社会文化性。说理的参与者一般隶属于某一文化群体，以特定的目标出发点，在既定的社会语境中进行说理。第二，说理的目的。参与者借助说理的方式对某个论点或某种立场进行辩护或反驳，从而提升或降低他人对此论点或立场的接受程度。第三，说理的语言。语言是说理活动的媒介和途径，说理的语言包括自然语言、肢体语言、图像语言和具有象征性的其他事物。第四，说理的规则。控制说理的规则是说理参与者所隶属的文化群体所接受或推崇的社会生活准则，它们保证说理活动顺利有序地进行，确保说理结果被以上社会群体所接受，并且只有符合这些规则的社会活动才能够被称为说理。第五，说理的结构。根据说理规则，参与者根据各自的目标和背景进行表达和回应，在表达与回应的互动过程中，各主体的语言交流逐渐展开，最后终止于某个观点或立场（鞠实儿：《论逻辑的文化相对性——从民族志和历史学的观点看》，《中国社会科学》2010 年第 1 期）。

的论理性。"说理"是人类最为普遍的社交活动，是隶属于某一文化群体或多个文化群体的主体在某种语境下通过语言或文字进行交流，以促使参与者接受或赞同某种立场的过程。说理具有博弈结构的特征。需要指出，说理活动并不要求所有的对话者都在场，有可能是某一主体根据其假想的受众和受众的反应所进行的文字表达，只要在表达的过程中以提升或降低受众对某一论点或立场的接受程度为中心，就被认为符合说理的博弈结构特征。《苏巨黎咪》是隶属于唐朝中叶彝族社会文化群体的布摩谋臣从维护君长统治权威出发，基于当时彝族社会普遍接受的社会生活准则，在特定社会语境中开展的说理活动，具有说理活动特征。

"逻辑是关于说理规则的理论"①，而逻辑学的首要研究目标就是提供可靠的说理工具。因说理主体隶属于特定文化群体，且其本身又是一种社会活动，所以涉及文化特征、主体动机、社会环境和社会组织等一系列用形式语言难以描述的性质。为了对说理进行严格、深入的研究，鞠实儿教授提出"广义论证"的概念，并借助这个概念对说理的过程进行刻画。他指出，广义论证就是在特定的文化情景中，隶属于特定文化群体以及相应社会的主体根据语境遵循规则开展的语言博弈，其目的是从前提出发使参与者形成某种命题态度，以接受或拒绝某个结论。其特点包括：社会文化性、主体性、目的性、规则性和语境依赖性。这一定义用传统论证概念中的"前提—结论"二分法体现出说理活动中的逻辑特征。显而易见，广义论证既不同于有效性取决于自身形式结构的形式论证，也不同于将文化作为固定的常量，且只关注现代文化背景下的说理活动的非形式逻辑经典著作中的非形式论证，其外延应包括体现他文化说理方式的广义论证。② 可见，以隶属于彝族社会文化群体的布摩谋臣为主体，以维护君主权威为目的，以彝族社会普遍接受的社会生活准则为规则，并依赖于彝族社会语境的《苏巨黎咪》中的说理活动，就是体现他文化（彝族传统文化）说理

---

① 鞠实儿：《逻辑学的问题与未来》，《中国社会科学》2006 年第 6 期。
② 鞠实儿：《论逻辑的文化相对性——从民族志和历史学的观点看》，《中国社会科学》2010 年第 1 期。

方式的一种广义论证，应包含于广义论证的范畴之中。

四 传承性及其现实价值

文献是文化传承与发展的根本。应该说，彝族文化中最精华的元素集中在几千年以来文献的传承中，现有彝文文献材料涵盖政治、经济、社会、历史、军事、法律、文学、伦理等方面，它们记录了彝族在漫长历史长河中的各个阶段，承载了丰富笃厚的民族文化和独具特色的民族思维，是研究彝族文化的重要依据和宝贵材料。

作为一部关于彝族法律和伦理的文献，《苏巨黎咪》蕴含的传统思维长期以来从价值导向上为彝族人社会生活提供支持，至今继承并发展于彝区，以彝族人普遍认同的方式对他们的行为进行着约束，其中蕴含着诸多与社会主义道德和法治建设相契合的思维元素。如亲族思维中蕴含的顾全大局、团结互助、尊老爱幼、孝敬父母等观念不仅仍存在于当今彝族地区，还在社会主义的更高层次上得到了发展；互偿思维作为彝族习惯法赔偿制度的深层元素至今仍在遏制坑蒙拐骗、卖淫嫖娼等不良行为以及处理纠纷中发挥效力，其结果符合彝族人的心理预期，在维护其原有社会秩序和人际关系中发挥着不可或缺的作用；人与自然和谐统一、爱护环境、保护生物以及将开发自然和保护自然有机结合等的共生思维是构建新生态伦理价值体系的理论资源。这些积极元素为发掘彝族传统思维的当代价值提供了可能。

第二章

彝族传统思维和论证

　　本章根据《苏巨黎咪》的内容将其中的论证归纳为论"君长"、论"臣子"、论"布摩"、论"百姓"、论"伦理与道德"、论"知识与实践"、论"人生观与价值观"七个部分。由于《苏巨黎咪》中的论证以隶属于彝族社会文化群体的布摩谋臣为主体，以维护君主权威为目的，以彝族社会普遍接受的社会生活准则为规则，并依赖于彝族社会语境下具有说理功能的社会互动，它没有类似于亚里士多德三段论、墨家"辟""侔""援""推"或因明三支论式等的理论，也不具有其他可形式化的论证结构，加之其论证过程较长和各论证交错展开的特点，本章在对其论证进行归类整理后运用广义论证、历史分析与文化诠释的方法基于原述分阶段对其中的传统论证进行分析。

第一节　彝族传统论证及其特征

一　彝族传统论证

（一）论"君长"

　　君长职责是《苏巨黎咪》最重要的内容之一。该文献开篇提出："作为君长，要有仇叩皮耐的风范，君长的形象，必须保持。"（第1页）"君长的使命，侍奉社稷为上。"（第24页）并用大量的篇幅讨论了君长的德才修养和待人之道。

　　在德才修养方面，要求君长"要有谋略""善思索""重视知识"

"有主张""遇事果断""胆大心细""不唯刚为上""度量要大""通情达理""克制欲望""不可暴虐""要讲信义""重视宗谱""祭奠要勤""听老人言""重视稼穑、礼仪分明、练兵习武",并分别对以上观点进行论证。以"君长要有谋略""君长要善思索""君长要讲信义"为例,其论证过程如下。

1. 君长要有谋略

> 娄娄勾部,有谋有略,好比白马套缰绳,知道把握分寸。阿外惹部,有谋有略,如懂渔猎者,演示渔猎的动作。东部外族天子,有谋略,好比理着打结的银绳,经过大平坝,到大山巅峰,高瞻远瞩。就是这样的。西部的皮罗阁,有谋有略,如白色骏马,卸鞍后见其本色。外面能看见,里面能看见。是这样的呀。纪俄勾(乌撒),有谋有略,熊在远处时,不放出猎狗,不召集猎人,熊在近处时,不让猎狗上,而把猎人召。破狩猎常规,出其不意用兵,如海中蛟龙,使海浪翻腾,就是这样的。古口勾(磨弥),有谋略,如鼓声悦耳,会击鼓的击鼓,会听的来听,精通的去实施。……阿默尼部,如冬季备耕,尚有一月时,牛还闲着时,就布(部)署耕种,就已经做了,田地赤裸裸,任鸡狗践踏,如此可不行!(第70~74页)

第一阶段:罗列了娄娄勾部、阿外惹部、东部外族天子、西部的皮罗阁、纪俄勾(乌撒)、古口勾(磨弥)等诸多有谋略的君长或部族。其中,在对纪俄勾(乌撒)和阿默尼部的论述中,用具体事例说明了他们的谋略何在,如纪俄勾(乌撒)有谋略体现在"狩猎"、阿默尼部有谋略体现在"备耕";而对娄娄勾部、阿外惹部、东部外族天子、西部的皮罗阁、古口勾(磨弥)等其他君长和部族的论述则主要通过"比喻"的方式进行,如将谋略比作"白马套缰绳,知道把握分寸""懂渔猎者,演示渔猎的动作""理着打结的银绳,经过大平坝,到大山巅峰""白色骏马,卸鞍后见其本色""鼓声悦耳"等。这一阶段旨在通过列举一些在彝族人心目中有分量的君长或强大的部族告诫当时的君长"明君都有谋略",即对"君长为什么要有谋略"的问题进行解答。

> 所出谋略，爱民施大恩，似大水清澈，离不了细流，从前老祖宗，就如此兴起，传统要承袭，天下才太平，对四方民众，要像母亲待子女，这样的结果，百姓就服服贴贴（帖帖），就受众人拥护。平息事态时杀牛，骏马钱财，轮不到别人，别人纷争四起，轮不到自己出马，动不上干戈。祭奠还愿，也无人可及。（第75～77页）

> 在录嵯莫嘎地方，与阿外惹联姻结盟；在董姆法娜地方，同益吉部结嫡庶弟兄；在峨吐洪凯地方，与德家联姻修好。一旦这样做，争端的可能性小。祭祀还愿，从根部理起，威势与收获，好比冬天降大雪，落到低洼的地方。掌权管理各族，发挥各部的优势，一旦这样做，扩地盘稳基业，受人民拥护而掌权，开明威望高，没有一个人报（抱）怨，助手和下人，没人有意见。以德感化愚顽，用诚心化解成见。君长门庭若市，酒肉殷勤款待，喝上百桶酒，吟诗文声传出君长府，武士待遇好，唯君命是从，出战连胜众人，就是这样的。（第77～79页）

第二阶段：从"爱民施恩""平息事态""祭奠还愿""联姻结盟""掌权管理""仁德""诚心"着手，告诉君长"有谋略的君长应怎样做""这样做的好处是什么"。

> 作为君长，不可胆小，依靠谋略，不可有不满足的心。谋略不实在，作为君长，由慕魁臣子作主，凡事都势利，就受制于人，就让人架空。（第216～217页）

第三阶段：从反面告诫君长依靠谋略时应注意的"不可不满足""不可受制于人"等问题。

2. 君长要善思索

> 为君不加思索而发言，好比仇叩君长运红铜，得不到部下谅

解。……君长思索后发言，虽然有出入，好比仇叩君运红绸，部下会谅解。（第 92~93 页）

　　谈论战事，考虑不周而出言，好比参天大树，树枝不断地枯萎，考虑周到而发言，寿命就长，且修得道了。（第 94 页）

第一阶段：以"仇叩君长运红铜、运红绸"和"谈论战事"为例，提出"君长要思索后发言"。

　　思考后发言，所讲符合情理为妙。未思考而发言，不合情理者，君令行不通，好比沟壑深。下属传达的命令走样，好比箭曲射不成，奈何不了野兽，如猎狗被水淹，猎人失去目标，手中只有弓。下情不通畅，犹船去天际，如愚顽的鸟，叫得起劲却无用，听了就像耳边风，是这样的啊。（第 320~321 页）

第二阶段：通过传达命令的事例，从反面论证"不可不经思考而发言"。

　　反复思索，反复省悟才妙。利用别人的才能，自己的才高一筹。采纳别人的智谋，自己的智谋高一等。自如灵活，非等闲的智谋，如风经过高山顶，困难吓不住，无所畏惧，像水流刚有所容，不流则平静，应当是这样。（第 321~322 页）

第三阶段：说明"反复思索"要善于利用和采纳别人的意见，要做到自如灵活，无所畏惧。

3. 君长要讲信义

　　有超群六人，拓地声势大。六位高明的君长，雄冠于六方。东部的默遮扯勒高明，启用举足陀尼，信义重于山，让能人顺从，易如耕耘般，信义如此啊，权令如缰绳，他却不去揽。赫海珠舍家，米彼德诺高明，芒布人都服，说出口的话，或一片山林，或一壁大岩，或一条大河，说了就作数。权令如缰绳，他却不去揽。阿芋陡家，苏能德彻厉害，说出口的话，如舌尖的盐，咸到了舌根，说了就作数。权令如缰绳，他却不去揽。纪俄勾家，那周阿吉高明，乌撒人都服。说出口的话，就像好放的牲畜，喜欢外面的草，说了就作数。权令如缰绳，他却不去揽。说他教育德毕的后代，明白自己的职责，有自知之明，说出口的话，即使赴汤蹈火，也在所不惜，说了就作数。权令如缰绳，自己不去揽。濮妥珠益家，额哲阿吉，他说出的话，如天上雷鸣，像地上闪电，有求必应，说了都算数。权令如缰绳，额哲阿吉，一心要去揽。他一时得志，把对手除掉。在皮能地方树权威，濮妥家得天下，是这样的啊。（第 197 ~ 201 页）

在这一论证中，《苏巨黎咪》分别以东部的默遮扯勒、赫海珠舍家的米彼德诺、阿芋陡家的苏能德彻、纪俄勾家的那周阿吉等六位明君为例，通过"明君都讲信义"，告诫当时的君长要讲信义。在此论证中，基本没有列举这六位明君讲信义的事例，而是运用大量的"比喻"，将他们的信义比作"山""山林""大岩""大河"，将他们说出口的话比作"盐""雷鸣""闪电"等，并指出他们正是因此树立权威，得民众服从。

在待人、用人之道方面，《苏巨黎咪》就君长对待臣子、布摩、百姓的方式展开了详细论述。如对待大臣和布摩，不仅强调用人为贤、知人善任、人尽其才，还指出既要树立权威又要上下团结；对待百姓不能专横跋扈、施以重税、限制发展；等等。以"不可屈从别人，而要使八方服从自己""要用贤臣良仆""勿听一人言，要问众布摩"为例。

1. 不可屈从别人，而要使八方服从自己

为君为臣的人，屈服最不好。如松不离叶，自己属从别人，只剩下乞求，犹污垢积厚。能人的后代，丢了所有威风，屈从于别人，志让人夺去，仅剩一口气。低贱的人，把权威树立，长自己志气，会成为奇人。别人屈从自己，才是优势啊。就是猫头鹰，都希望别人屈从自己。自己屈从自己，就是上等人。本领通天的安孟余，使八方服从自己，是这样的人。（第 250～251 页）

第一阶段：提出"君长不可屈从别人，而要使八方服从自己"的主张，即"立论"。

> 古口勾，维遮阿默家，出一位君长，名叫厄铺鲁举，见识广博，知识渊博，是出众之人。在宫中，有位叫局阿史的，为人小心谨慎，出言也文雅，在宫庭（廷）内外，都唯命是从。厄铺鲁举说："我的阿史呀，我的部下里，有德有才者，言听计从者，请问阿史他是谁？有德有才者，究竟在哪里？"额洪德乌说：你的布摩臣僚，言听计从者，你问得好啊！你的慕魁臣子，当以阿芋陡家，臣子为样榜。慕魁臣子要精干，若遇无能者，断不了外事，就有违初衷，决不得内事，就倒置本末。凡事都请示，如早晨骑饿马，政令无巨细，大事认人作主，小事看不起，这是怪慕魁无能。切不可这样！娄娄勾（播勒）家，正因为如此，慕魁霸道，凡事不依理，好高骛（鹜）远，依慕魁之见，播勒三代君长，都不得善终，这是怪慕魁不贤啊！……（第 251～257 页）

第二阶段：通过君长厄铺鲁举和局阿史的对话，对慕魁臣子提出不仅要精干，更要凡事请示的要求，并举出娄娄勾（播勒）家的反例，即慕魁霸道、自作主张，而君长凡事都依慕魁之见就是播勒三代君长不得善终的原因。

> 维遮阿默家，有好建树，励精图治，居于人之上。重视稼穑，世代承传，掌握稼穑，种植有方。人未必亲躬，只发出严令，君长府就门庭若市。吃大片的肉，吃上百坛酒，武士待遇好，武士受优待，骏马得饲养，众臣众布摩，讲话都文雅。不求作恶之人，忌讳助恶人，不苛刻聪明人，不苛刻佣人和妇女。如此引导有方。

大度贤明的君长，举行完美的祭祀，蓄养着快马，有好的传统。君长贤明，言辞也优美，行为也高尚，好比悦耳的鼓声，在周围传扬，祭奠还愿，好比大河流水，汇成大海一样。奖励得当，政令很规范，亲戚友邻团结，犹如麂子的叫声远扬。当此之际，一声号令，众人都服从。一人讲话，千人都响应。就是这样的。（第257～259页）

第三阶段：以维遮阿默家为例，告诉君长使众人服从应做到重视稼穑、优待武士、言辞优美、行为高尚、祭祀完美、奖励得当、政令规范等，即阐释"如何才能使众人服从"的问题。

为君为臣，有屈从性，是无出息的，像松不离叶，自己屈从别人，如果是这样，犹过路的青鸟，只闻得其声，却徒有虚名。到了子孙辈，做他人傀儡，由他人主宰，自己的理想，见识只及妇女！掌权持纲纪，由周围的人，是这样的人。别人屈从自己，办事才有利。那安蒙余部，别人屈从他，替他人考虑，自己有自由，就能居高位。安蒙余通天，把八方主宰，为一国之主，名副其实，替别人打算，做得周到啊！（第271～273页）

第四阶段：先通过对比的方式，从正、反（自己屈从别人、别人屈从自己）两方面告诫君长不可有屈从性，再举例告诉君长在别人屈从自己的同时，也要替他人考虑，只有这样才能真正做到主宰八方。

2. 要用贤臣良仆

臣仆贤良，就有天时地利。多有事例，远处有九贤良臣仆，近处有四贤良臣仆。慕俄勾家，毕育厄伟贤良。赫海珠舍家，布踏额孜贤良。纪俄勾家，益迁阿租贤良。濮妥珠益家，阿恒纠朵贤良。都是大贤人。君长无需（须）亲躬，令如车轮转，君王无须监督，谋断犹如滚线团。既能文，又能武，既精明，又能干。（第267～268页）

第一阶段：先以"臣仆贤良，就有天时地利"立论，再列举慕俄勾家的毕育厄伟、赫海珠舍家的布踏额孜、纪俄勾家的益迁阿租、濮妥珠益家的阿恒纠朵四位贤臣支持论题。

> 尚须叙述：多鲁达识家道，问他的经验，这多鲁达说："就靠占鸡股骨，鸡股好家道好，占鸡股骨作判断。"精通谋略者，叫局依阿仇，问他的经验，局依阿仇说："占卜鸡股骨作判断，鸡股骨好家道好。"持家有方的人，谋略的基础也形成。同有知识有探讨，与有预见者切磋。必须这样做。（第 273～274 页）
>
> 阿外惹家，召集大布摩谋臣，商议一番后，臣子进府中，迎君长入席，臣按位置坐，以礼待布摩，领尼德夫人，住进华丽宫。贴身的佣（用）人，也进入家中，驯服烈马，拴在成排的马厩里。武将执兵器，臣子执权杖，供贤妻粮吃，供贵子马骑，额苦迫默一时称雄，有四部人纳贡，制订长幼秩序，彝人能言善辩，执纲纪发号令。个中的原因，引导愚顽者开化，为阿恒纠朵所为，进谏得法者，是阿苦鲁汝。这是慕魁臣子贤，懂道理的例子啊！（第 274～276 页）

第二阶段：告诫君长要多和多鲁达、局依阿仇这样有知识、有谋略的人切磋；描绘阿外惹家君长额苦迫默称雄时的景象，指出其称雄是贤臣阿恒纠朵、阿苦鲁汝的功劳。

> 不仅仅这桩事，那录阻录卧家，听信恶言，杀牛取草，专门这样做。笃则鲁租，锋芒毕露，铸成了大错。在近处莫欠债，债台会高筑，会受制于人，巨细均过问，好比早上骑饿马。事必亲躬，贵为一代君长，民众多不从，是怪慕魁不贤。切莫去效法。（第 278～279 页）
>
> 娄娄勾部，播勒得天下。他家的做法是，启用的慕魁，名叫布铺阿吉，此人工于心计，贪得无厌，权欲大，只讲大道理，传

统制度,被他抛开了,反复无常如同鸡冠。在额直珐坠岩,穷途末路,恐惧死亡,没得到善终,这是慕魁不贤的下场。(第279~280页)

第三阶段:以录阻录卧家、娄娄勾部为反例,告诫君长切不可效法二者用不贤的慕魁臣子。

  且说古口勾,维遮阿默家,有番君臣相聚,厄铺鲁举,作高雅辞令,坐在大堂上,臣民阿洪德乌,示文雅篇章,上下级之间,应付差事。厄铺鲁举,领鲁举阿史,问有德行者在何处,教诲人的良言,他要去听取。到额洪德乌,居住的大帐,额洪德乌,开口就说道:二位大驾,光临敝人处,诲人的良言,请认真地听。一部的领袖,是一位君长,然后才是慕魁,榜样要好啊!(第276~277页)

  维遮阿默家,建树好,展宏图,耕种田地,播种稻谷,掌权统治民众。所重用的人,无一是庸者。国土的四面,没受到侵犯。用阻吉号令四方,无处有障碍。尽得香的吃,只管动勺舀。君长府门庭若市,吃柴块样的肉,喝上百坛酒。剑光亮闪闪,武士受优待,武士被敬重,骏马被蓄养,待遇顶优厚。君臣站出来,左右默契传君令,下属召(招)之即来,从君长之命。下属默契传下令,英雄能人召(招)之即来,是这样的啊!……(第289~291页)

第四阶段:通过维遮阿默家的事例告诫君长要重用贤臣。

  宫中为君者,把一方治理,发号施令,尼德须多谋,依靠有名望的人。君令由臣子执行,道路按造择开通。(第314~315页)

第五阶段:对第二、三、四阶段进行总结。

  慕魁臣子无能,君长昏庸就不好。臣子贤良,办事就公道。

> 四部毕启，五支陇邓，是阿哲尼的，下属各部。政通人和，是因臣子贤明。录叔笃任，送录则阿租，上了大路，调转马头，在益那濯娄停下，与录则阿租，作饯行。"四部毕启，五支陇邓，我的臣民追随你。"录则阿租，作了称赞："阿哲尼部，政通人和，治理有方啊！乌撒家，阿赤阿洪，是贤明的慕魁臣子啊。"如行天马，似骏马的腿。……（第390～395页）

第六阶段：以阿哲尼下属的四部毕启、五支陇邓为例，说明臣子贤良是政通人和的必要条件。

3. 勿听一人言，要问众布摩

> 默遮阿默家，有人患风寒，由突目布诊断：要用六头猪，到有山神的山，有山神的坳去杀，必须这样做。由直娄布诊断：以林木设神关，禳解就好了。洪德乌的建议是："经两路布摩诊断，既然如此，就依突目布，到六方杀猪，试着去做吧，嫁祸与飞禽，我的主意，是这样出的。或者就依直娄布，摆设席位，有热闹气氛。飞禽与人，把距离拉远。不依一人之言，听各位布摩的意见，不经一人之手，要经过各位能人，有路数之后，设神位神座，宛若鸟巢拉满树枝，献上耀眼的绸锦，用牛马作祭牲，猪羊作祭牲去消灾，用长的草绳，放到有山神的山下。"这是额洪法乌氏，道的肺腑话，开的金玉口，且通情达理，是这样的啊。（第158～160页）

第一阶段：引用洪德乌为默遮阿默家诊断风寒的建议，提出"不依一人之言，听各位布摩的意见，不经一人之手，要经过各位能人"。

> 娄娄勾，播勒君长家，为举行祭祖，由亥索布出主意，布置席位，造热闹气氛。直娄布之见，要周到献祭，依礼设神座。两布摩各持一见。布摩祭祖，由主人家定夺，根据内行人，毕骂额哲的意见，若依亥索布所言，布置席位，造热闹气氛。普遍设灵位，占猪蹄不够规格，分门户也不利，有悖于初衷。若依直娄布周

到献祭，依礼设神座，好比惹家制的矛，总有一条不如意，就像恩博铸的剑，也总会有不锋利的。勿听一人言，要问众布摩。勿经一人手，要经众能人。请各家有德行布摩，要从头权衡，权衡首尾弊端，言行一致。替祖灵除隐患，让祖灵有生机，往上把谱续，从中理顺乱谱。把细拧成粗，疏的补为密。美不胜收，必须这样做。就按毕骂额哲，所说的，逐一去实施。（第161～163页）

布太雷翁氏，老得像皑皑白雪，仍如西边挺拔的棕树。阳光明媚的地方，有三家书香门第，为一家所传。说他居其一。为天地庇佑的人，要替将来设计，要为将来打算，富贵荣华无止境，应当这样做。他为四家人祭祖，四家都顺利。这是因为，毕骂额哲有主见，布摩做的灵验。（第163～166页）

第二阶段：以娄娄勾的毕骂额哲为例，告诫君长要懂得权衡利弊，不可盲目听从布摩的意见。

尚须叙述：慕俄勾家，洛那阿可，患上了眼疾，视力不清了。就请额启布史，为洛那阿可，来治疗眼病。用一匹白马祭太阳，用一头黑牛祭月亮。又专门去嘎娄地方，祭祀先祖妥阿哲。本以为洛那阿可，眼病好得了，要出面见人，依然办不到。孟德布建议："在祠堂中间，设松桃神位。"他说完之后，亥索布建议："在神台中间，插松桃神座，眼病必然好。"阿诺额迁建议："依亥索布之见，在祠堂中间，按秩序设松桃神位，眼病理应好，祭祀还愿非因人而异。又依孟德布之见，插松桃神座，就看好不好！一地两样天，一方两种地，其实都一样，勿以一人言，听各位布摩说，勿经一人手，要经众能人，在祠堂中间，设日月神座，眼疾就好了！"这是阿诺额迁，开的金玉口，道的肺腑话。阿哲部众人，都认为这样。（第166～169页）

第三阶段：通过慕俄勾家洛那阿可治眼疾的事例，告诫君长仅靠一位布摩不能解决问题，要听取和采纳多位布摩的建议。

（二）论"臣子"

《苏巨黎咪》对臣子的职责和使命有所要求："作为慕魁臣子，当效法毕余毕德，臣子的职责，必须尽到。"（第 1 页）"幕魁臣子重要使命，悟古理为上。"（第 24 页）并从忠诚、服从、礼仪、正义、才德等角度对臣子品行进行规范，对不同官职的臣子提出具体要求。以"臣不可自作主张""臣不可无知、吝啬"为例，其论证过程如下。

1. 臣不可自作主张

做臣子者难，见者容易做者难，像媳妇待公婆，那样听话，像弟弟待兄长，那样信话，需要如此啊。为臣者公正，始终如一是第一，所作所为，发表意见，需要如此啊。（第 208~209 页）

对臣子的要求是：反应要灵敏，嘴才要好，如箭在弦上，天地不分时，利箭射日月，如猛虎伴树，为臣要忠诚。这是对臣子的要求。（第 221 页）

第一阶段：将臣子对待君长比作媳妇待公婆、弟弟待兄长，强调臣子不仅要灵敏，更要忠诚，始终如一。

手下人自作主张，主人不过问，有这种例子：把灵盘上的红线，绾到灵台后面，本要建祠堂，要安置灵位，灵盘上的肉，要用现宰的，准备齐之后，要用青丝线，备了青丝线，手下人作主张，灵台上要用鸡肉，准备了鸡肉，说亡灵走失，就招亡灵来，因手下自作主张，修不成祠堂，设不成灵位。到了冬三月，灵位边动刀兵，出现刀光剑影。为灵盘发生纠纷，为灵盘出现争夺。因手下作主，主人不过问，怪的是这样。（第 227~229 页）

第二阶段：以手下自作主张导致祠堂修不成、灵位设不成为例，告诫臣子不可自作主张，否则会引来灾祸。

天君的座位瞿塔邓，天臣的座位哲博姆，布摩的座位栋娄拉。

天君地王，集中在一宫，由狩度氏作开场，狩格作宣诵，摩狩氏结尾，讲天文，道地理，犹参天松树，从枝叙到叶，就像这样，说地理，却讲成天象。策举祖不悦，狩氏三人，被六将九勇士逮捕，戴上铜铁镣，浑浑噩噩，昏昏沉沉，如雾笼罩，天地不明，造成了混乱，手下自主坏了事，是怪这样啊！（第229～230页）

第三阶段：以手下自作主张讲天象使策举祖不悦，最终造成混乱的神话故事为据，继续对"臣不可自作主张"这一论题进行论证。

手下人守规矩，也有例子啊：天君的玄鸟乌默采，察世间的人，揣摸（摩）人们的所想，观察人们的行为。为这事，到了曲祝吕的家，祝吕刚好不在家，出门打鱼了。却受高规格款待，杀牲礼仪重，祝吕伍阿默，当哥的虽然不在家，就由她作主。因为如此，世间的人，在南边打铜，动听的声音传天上。在北边织绸，生辉的绸影映上天。中部的弄恒，修牛羊圈栏，牧成群的马，得天地照顾，善良的心胸中装，凡事都有请示。玄鸟乌默采，把所见所闻，禀告策举祖，举祖满意了，高兴了，要头绪有头绪，要根本有根本，所有有条理的根本，所有能发展的根本，都赐给六祖，举祖优待手下人，大山般的物产，叶子一样的做出，飞鸟不渴得水饮，素羊像山花一样，走兽不饥而得食，这是手下人从命，主人虽未过问。却办得满意。（第231～233页）

第四阶段：以天君的玄鸟乌默采到人间观察人们行为的神话故事为据，从正面教导手下要守规矩，要多请示，听从主人的意见和命令。

下等的臣子，不依命行事，只贪图钱财，养猎人猎狗，备强弓利箭，不考虑官宦本职，忘记自己的义务，无信无可言，是这样的啊。（第316～317页）

第五阶段：在第二、三、四阶段之后，议论的焦点回到"臣子"，把不依命行事、不牢记自己义务的臣子定义为"下等的臣子",通过对这类人的否定凸显出对他们行为的不齿。

2. 臣不可无知、吝啬

> 那慕俄勾家,阿诺额禹,才是好榜样。能说会道,主持正义,是这样的人。同志士仁义交谈,像坝子样坦荡,像园中浇水,常滋润一般,是这样交谈的。同外族交谈,如江水滔滔,汇入大海一般,是这样交谈的。与百姓交谈,像春天的太阳,照遍了四方,像皓月高悬,是这样交谈的。同亲戚交谈,像彩霞满天,像吹芦笙遇知音,如此交谈的。同自己的君长进言,像白尾鸽子,歇进了窝巢,就是生动啊。同朋友交谈,像超越顶峰一样,如此交谈的。同家族交谈,像绸子全部展开。同子、媳交谈,像照谱按笙眼一般。同百姓交谈,如浇灌树木,使恶者向善,记自己的情。同奴仆交谈,如同把牛牵,不误入竹山,不误入壑谷。高高在上,把属下号令,实在是这样。出口成章,礼仪完美,当属阿诺额禹,要向他学习。(第 282~285 页)

第一阶段:以慕俄勾家的阿诺额禹为例,描述阿诺额禹与志士,外族,百姓,亲戚,君长,朋友,族人,子、媳,奴仆的交谈,告诫臣子要以他为榜样,做到会说话、讲礼仪。此阶段和前面的诸多论证一样主要运用比喻论证的方式。

> 芒布家的里阿杜,慕俄勾家,名叫杜阿吉的,担任布妥的翁阿素,阿芋陡家,名叫阿列阿乃的,他们共四人,相约一道买丝绸,与勒布阿抽相遇。勒布阿抽问道:"尊敬的四位,相约买丝绸,在遥远的异乡,它才可买到!"慕勾杜阿吉:"你这大布摩,既然得相逢,要请我们客!"就取一些茶,送勒布阿抽。这四位君臣,为买丝绸齐心协力,同甘苦,患难与共结伴行,天高地远的朋友。遥远的异乡,为尊贵客人。生意做成快返回,慕勾杜阿吉,与他担任慕魁臣子的,名字叫杜欧,马匹盘缠,准备一整套。翁

阿素，他的慕魁臣子，是阿布禹里，用银毡载盘缠。列阿乃的臣子，叫陡俄布那，背所需盘缠，却不备驮马，勒布阿抽不高兴，怨他慕魁臣子愚昧，吝啬钱财，结伴买丝绸，叫啥依蒙举的街市，还没到达时，列阿乃和里阿杜，就借口卸马歇脚。有放牧耕耘图的，为杜阿吉买得。生花的鞍子，为里阿杜买得。朋友因而反目。他们四人，回到了家中，告诉笃则鲁租，朋友之间，反目的经过。这是怪臣子无知，吝啬钱财啊。（第 178～182 页）

第二阶段：通过芒布家的里阿杜、慕俄勾家的杜阿吉、担任布妥的翁阿素和阿芊陡家的阿列阿乃四人买丝绸，却因所带臣子无知、吝啬而导致四人反目的事，说明臣子无知、吝啬钱财对君长的危害，告诫君长不能用无知、吝啬的臣子。

　　君贤臣有德。臣子无知，吝啬钱财，是无出息的。要叙述的是，额哲布嘎氏，见一对白雄鹤，惶惶不安。在松枝之间，三夜无安宁，松树被雷劈。额哲布嘎说：飞禽有灵性，飞禽知先兆，得白雄启发，豁然开朗了。额则布哲，距大限到来，剩一年零二十五天，在这个时间，额哲布嘎，安排自己的后事，准备自己的后事。来到阿初额吉家。阿初额吉的慕魁，是阿吉阿诺。说他虽有心计，却是鹤鹃手下小鸟，只招待一餐，只杀一个牲，只送一件礼，额哲布嘎不高兴。这是慕魁无知，吝啬钱财啊！额哲布嘎，安排自己的后事，来到慕俄勾，洛那阿可家。阿诺额禹说：这是威望高的人，有造就的人，有知识的人，就以贵宾礼款待，杀九十九条牛，所备的坐骑，挑选最好的，九十九张豹皮，都是顶好的，九十九件礼品，都是上等的。受馈赠之后，额哲布嘎，就开口说道："您让年轻的，熟悉我的著作的，崇拜我的学说的，这样一位把我送！"就让明白人决定，阿诺额禹作决定。备善走坐骑，嘱阿可举娄，送额哲布嘎。来到米雅洛谷，这个地方，额哲布嘎，调转马头，驻足歇下来，就开口说道："从前的今天，左右友邻，都曾经风光。古时候，陇邓柯之女，柯雅咪蚩，嫁到巴底妥太，生妥氏三弟兄，妥芒布居左，妥阿哲居右，阿琪是幼支。妥琪为人差，宛如鹤高飞，在空中盘旋，尚存此传统。实存在纠葛，争纷是事实。先另立门户，骑一匹白马，作骂色领兵，这妥琪的兵，若发生战事，善战求得胜，知您的才能。"阿可举娄，明察秋毫，认为说得对。"以后的战事，又从何处起？"额哲布嘎说："后由芒布挑起，刚刚一周年，两大岩之间，勿阿纳两子，真的起纠葛，确实开了战。芒布的头领，出动六百兵马，额吉鲁立为将，发动了进攻，全部战死了，怪慕魁臣子无能，吝啬钱财啊。芒布人傲慢，过去傲慢，现在仍傲慢。阿哲人谨慎，从前谨慎，如今仍谨慎。"洛那阿可，告诉阿初额吉，芒布洛安四头领，受到宠信啊，彼此都不仁。我家阿哲琪，规矩又体面，受影响很深，因此不仁，芒布四洛安，阿可鲁纳时，狂得仅剩一洛安。这是慕魁臣子不贤，吝啬的下场。阿哲孟德琪，同阿初额吉，两人都不仁。而阿诺额禹，虽然是黎民，地位卑微，不仅无不仁，且是贤臣慕魁，是宽容之人。（第 182～191 页）

第三阶段：首先提出"臣子无知，吝啬钱财，是无出息的"，从额哲布嘎氏为自己安排后事的事例以及他在米雅洛谷告诫阿可举娄说的话中不难看出，此处的"无出息"并非臣子无出息，而是指用无知、吝啬臣子的君长得不到发展，因此在该阶段，仍为从君长的角度进行的论证。

（三）论"布摩"

《苏巨黎咪》对布摩的职责和使命也有所要求："作为布摩，当效法始楚乍姆，布摩的职责，必须尽到。"（第 1～2 页）"布摩的重要使命，理顺宗谱为上。"（第 24 页）并对布摩提出了知识渊博，诚心祭祖；条理清楚，做事规范；脚踏实地，祭祀清白；善于思索；满腹经纶，经验丰富等要求。相较于对君长、臣子德才修养的论证，其对布摩的论证结构更加简单，以"知识渊博，诚心祭祖""条理清楚，做事规范""脚踏实地，祭祀清白""不可侵占众人祖灵地"为例，其论证过程如下。

1. 知识渊博，诚心祭祖

对布摩的要求是：掌握哎哺、采舍知识，犹如大柜锁得牢。

对叙谱祭祖，如钥匙开锁，要清白洁净。要推心置腹，要毫无保留。这是对布摩的要求。（第 221～222 页）

下等的布摩，不从事祭祖，严肃的场面，作男欢女笑状，把典籍文献，意思理解错，是这样的啊。（第 317 页）

《苏巨黎咪》认为，"知识渊博，诚心祭祖"是布摩的基本素养。以上论证共两个阶段，首先通过两个比喻对布摩提出要求，其次将祭祖不严肃（不诚心）、不懂典籍文献的布摩定义为下等布摩，以此凸显知识和诚心的重要性。

2. 条理清楚，做事规范

就手段而言，能人来探索，布摩就像大马的嘴，手段好比辔头，办事犹如执火把，每件事都完善，每件都规范。贤如恒阿德，传播有方，条理清楚明白，犹清雨如注。富贵深似江，主人家昌盛，犹星斗满且，像大地广阔，是有前程的。克服祸患，就易如反掌，所有都免除。神座布作长阵，神位设得壮观，依靠贤能布摩的文章，依靠贤能布摩的著作，把祸患战胜，好比雾散了的山秀丽，像流出山谷的水清澈，是这样的啊。（第 360～362 页）

此论证首先从"手段"入手，将手段比作辔头以强调其重要性，然后将"规范"作为衡量手段的标准；其次以恒阿德为例，指出布摩恒阿德之所以贤能，就是因为他条理清楚，做事规范，并通过比喻的方式对做事规范的好处进行说明；最后对"应做到那些规范"的问题进行说明，包括神座布作长阵，神位设得壮观，根据贤能布摩的文章、著作做事等。

3. 脚踏实地，祭祀清白

乌撒和芒布，在巴雅注益地方，杀牛议事，亲戚同行，笃则那周，陪额借米毕，来到了南边，祭祀土地神，依布摩之礼。这是那周和米毕二人，在南边，如此行祭祀，如此行礼仪。敬天地的人，都要学他俩。阿迭和乌蒙两家，在益舍阻姆地方，亲戚共同举行祭祀，曾经这样做。阿歹阿卓，同布介阿达，在耐恩地杀牛，依布摩礼结盟祭祀。（第 235～237 页）

第一阶段：以笃则那周和额借米毕祭祀土地神的事为例，告诫布摩祭祀要清白、脚踏实地。

在南边请庸贤布摩，为祈雨祭祀，用白羊黑猪各一，该天晴时晴，该下雨时下，如此祈求道，像这样做了，祈求过后，阿达德初，清理一遍宗谱，又用白鸡花羊各一，诵所有宗谱，用一只羊腿，所有神位设做一排，列祖列宗一并祭祀。肥壮的大牛，像山样拴着，众多的君臣，集中在一宫，用牛作占卜，共议一条牛，完成一件事，头头是道，百姓呼唤君长名字，七位尼余官，都上了场。这是因为祭祀清白，言辞清楚又动听。默遮乌撒家，踏实专注如愿以偿，有威信有影响，达一百二十年。这是因为，脚踏实地，本领也高超啊！（第 237～239 页）

第二阶段：同样通过举例的方式，描写了阿达德初祭祀的过程和细节，指出默遮乌撒家昌盛就是因为布摩祭祀清白。

作为布摩的，陇邓阿仇此人，脚踏实地，见多识广，影响达一百二十年。慕勾杜阿借，脚踏实地，德高望重，影响达一百三十年。播勒家阿俦，踏踏实实，官运亨通，活九十九岁。益旨能毕地方，益迁阿祖的后代，踏踏实实，是有悟性的人，继承始楚好传统，在芍恒各地，替所有人祭祖，是算有知识的人，影响达一百二十年。属博所能彝家支的，阿符那勾此人，踏踏实实，得青春之寿，有九十九岁。乌撒家，阿收毕育此人，踏踏实实，官运亨通，得九十九岁。堂琅打弄地方，阿格毕尼，脚踏实地，如愿以偿，祭祖有高招，德高望重，影响达一百二十年。（第 239～242 页）

第三阶段：以陇邓阿仇、杜阿借、益迁阿祖的后代、阿格毕尼为例，说明脚踏实地的布摩影响力大、影响时间长；以阿俦、阿苻那勾、阿收毕育为例，说明踏实的布摩得长寿。

4. 不可侵占众人祖灵地

> 克博家二十少女，陇邓家二十少男，为树上雀鸟，见了鹰就射，见了蛇就捉。陇邓的大山顶，阿仁用作供奉祖灵，是这样的啊。卓阿罗纪（罗阁）家，自恃势力强，动辄就出兵，彝家众多祖灵，陷于罗纪境内。阿仁部为供奉祖灵，君臣都用心，背思想包袱，心衰竭而死。布祛布珠氏，只顾讲诵，积劳成疾而死。奴仆喷阿吉，贪得无厌，因手痛而死。罗纪居高位，骄奢淫逸，因而得病死。四人同时得病。是侵占众人的祖灵地，这种原因所致啊！（第 169～171 页）

此论证的结构较为单一，主要通过克博家、卓阿罗纪（罗阁）家、阿仁部、布珠氏、喷阿吉、罗纪的遭遇，举例说明"侵占众人祖灵地就没有好下场"，以实现对"不可侵占众人祖灵地"的论证。

（四）论"百姓"

《苏巨黎咪》对百姓的要求是："黎民百姓的使命，懂农牧规律为上。"（第 24 页）并将"服从君长"和"交完租赋"作为百姓最基本的义务，在此基础上对下等百姓的三种行为进行论证，具体如下。

1. 百姓要服从君长

> 百姓对待君长，诚实是第一，租税是第二，君长的恩惠，大山样的重。（第 48 页）
>
> 作为百姓，不要傲慢，莫为自己的利益，交完租赋是第一。（第 217 页）
>
> 世间有三条道路，伴随月亮的星星常在，伴随君长的百姓不

穷。（第 315 页）

此论证包括三个部分：一是阐述百姓服从君长最重要的两点，即内心层面的"诚实"和行为层面的"租税"；二是告诫百姓要将君长利益置于个人利益之上，服从君长，而对此最直观的行为表现就是交租赋，即对"如何服从"作了解释；三是从百姓的角度出发，指出只有伴随君长的百姓才会过上好日子，是对"为什么服从"进行说明。

2. 不可惹是生非、游手好闲、妄自尊大

臭名远扬，居于下等者，外强中干，妄自尊大，打着绑腿，有路走中间。衣着讲究，如松柏密实。负弓佩剑，左右交叉着。出头露面，犹白鹤鸣叫，是这样的啊。（第 318～319 页）

该文献认为，惹是生非、游手好闲、妄自尊大是下等百姓的行为。文献对"为什么不可惹是生非"作了"利矛不杀人，口舌把人杀"的解答，并对游手好闲、妄自尊大的具体表现进行列举和解释。

《苏巨黎咪》对于君长、大臣、布摩、百姓的要求不仅于此，它还基于彝族鲜明的道德观、人生观和价值观等对包括君长在内的所有彝族人的"伦理与道德""知识与实践""人生观与价值观"作了严格要求和系统论证。

（五）论"伦理与道德"

《苏巨黎咪》主要从家庭伦理、政治伦理和个人的道德修养三个方面对彝族人的伦理道德进行了详细规定：先从祖宗秩序、家庭关系、寨邻关系的角度论述了彝族人的家庭伦理观，又通过要求人们顺从君长、重臣和布摩展现了政治伦理观，最后以"向善者得善终，向恶者得恶报"为中心告诫人们要有教养，不可行骗偷盗、不可不通情理、不可存心不良、不可搬弄是非、不可贪婪昧心、不可锋芒毕露、不可造谣生事、不可不服教育等，对人们应当具备的个人道德品质作了严格规范。

家庭伦理观上，对"重视宗谱""不可对祖灵越礼"的论证如下。

1. 重视宗谱

宗谱和政权，鄂莫氏先创，却因人而异。重视宗谱者，得到殊荣；重视谋略者，可发展壮大。（第4~5页）

第一阶段：提出"重视宗谱"的论题。

在家里，若子不听从父，弟不听从兄，妻不听从夫，主替奴说话，主信奴的话，斤斤计较，见利忘义，说话无边际，恶语有天地。则众叛亲离，偷盗诈骗，偷骗成风，就是这样的。外族的追求，塑美丽的像，树在世界上，把偶像崇拜，照着书本做，就是这样的；彝人的追求，跨上大骏马，登上山顶，见而后识，实践而后知，就是这样的。家有好传统，而子孙不贤，门风日下者，好比一条船，在河中沉没，像一条缆绳，在悬崖失落。黎明闭塞，百姓愚钝，智谋被割断，一日混乱，千日理不顺，就是这样的。（第5~7页）

第二阶段：指出"重视宗谱"的基本要求，如子听从父、弟听从兄、妻听从夫、奴听从主、家有好传统、家里子孙贤等，并认为如果达不到以上要求就会造成众叛亲离、偷骗成风、门风日下等后果。

贤人的子孙，善于听取意见，贤人的儿子，是有眼光的。舅舅的根底，世间无人能及，舅舅根底第一，妻娶良家女，有女嫁良家。上等人的第二个条件，舅强甥不弱。上等人的第三个条件，子孙不依赖祖宗。上等人的第四个条件，父强子不弱，强者的外甥，闻虎啸不惊，贤人的子孙，不人云亦云，心中自有数，真话选知音。作为妇道，贤淑众人赞，生子名声显赫。如出了名的牛，冲出豺狼群。自出生之后，从小教育至成年，配美满婚姻，如获胜仗，是这样的呀。（第85~87页）

第三阶段：和前文呼应，通过"舅强甥不弱""父强子不弱""母贤子显赫""贤人子孙强"等命题来说明"贤能的根源，是由祖传的"，即对宗谱的重要性进行论证。

> 不轨事在身，一代祖来为，殃及十代孙。犹本正源清之水，一代祖来掘，十代子孙受益。一直到将来。（第 419～420 页）

第四阶段：将祖先、子孙分别比喻为水之源和水，通过"祖先行善则子孙受益、祖先行恶则子孙遭殃"对宗谱的重要性进行说明。

> 天地间的愿望有三等，第一是先知与道德，第二是修路筑桥，第三是开荒种地。富贵愿望有三等，第一是尊敬舅舅，孝敬父母，第二是儿女相当，都同样有教养，第三是在周围，显富贵荣华。光耀祖宗有三等，与名门连（联）姻，第一是说话有用，第二是兵坚甲利，第三是人强马壮。（第 420～421 页）

第五阶段：与第二阶段相呼应，通过阐述三等天地间的愿望、三等富贵愿望、三等光耀祖宗，告诫人们尊敬舅舅、孝敬父母、名门联姻以及教养的重要性，以实现对"重视宗谱"的论证。

2. 不可对祖灵越礼

> 随便把祖灵惊扰，并非好事情。纪俄勾家，阿收毕约，生病的时候，请厄哲布嘎诊断。把污秽清除，用只青绵羊，把邪祟驱除，用一头黑猪。他这样做了，阿收毕约，病也就好了。用一对猪羊，还是值得的。（第 125～126 页）
>
> 阿芋陡家，举足阿姆此人，生病的时候，去请布直仁邓布摩。布直仁邓氏，信手动用绵羊，随便惊扰祖灵，是这样做的。污秽与邪祟，他不去过问，却清扫住宅，却清扫祖灵，住宅设一神位，清扫祖灵用头黑猪，他自行其是。阿姆病虽愈，住宅与祖灵，都被人看见，收不了场了。阿芋陡家，神位神座大，两般不讲究，

随便惊扰祖灵，只怪越礼啊！（第 126～128 页）

第一阶段：以厄哲布嘎为纪俄勾家的阿收毕约诊病和布直仁邓氏为阿芋陡家的举足阿姆诊病为例，从正反两方面告诫人们在驱除污秽与邪祟时"不可惊扰祖灵"。

布摩祭祖，草率从事，就无好结果。恒翁地方的垌家祭祖，用平庸的布摩。不向神座献祭，献祭不设神位，有神位也不用祭牲，以空手祭祖，随意越布摩礼，改变了规矩，以应付了事，是这样的呀！（第 128～129 页）

第二阶段：以恒翁地方的垌家为例，论证"不可草率祭祖"。

米祖格孟维一家，占猪蹄排场大。让家中大布摩，占卜问祖灵。应降（隆）重献祭牲，却不予考虑。设天尊的神座神位，只朗诵诗歌，不奉告祖灵。在占卜场中，老老少少，应谈论占卜见解，却不是这样，尽说你善战，尽夸我善射，不奉告祖灵。在占卜场中，在座青少年，理应叙占卜见解，然而离了谱，只夸你能杀，只夸我能射，不奉告祖灵。占猪蹄之后第一天，鹰就抓了鸡；刚满第二天，豺狼把猪伤；到了第三天，老虎把牛咬；到了第六天：家中进强盗；到了第九天，儿子被鹰抓。其原因就是，不依规矩占卜，不顺从天意，不向神献祭，占卜离了题，就这原因啊。（第 131～133 页）

第三阶段：以米祖格孟维家为例，米祖格孟维家因在请布摩占卜时不依规矩占卜、不奉告祖灵、不谈论占卜见解，坏事连连发生，以此论证"不可不依规矩占卜"。

布格丽阿旨其人，制个祖灵桶，刚过了三天，家中公鸡被鹰抓，到了第六天，肥猪被狼咬死，到了第九天，壮牛被老虎逮去。

布丽阿旨，好比用羊毛，用力擀毡子，诚惶诚恐，如足踏树叶，求祖灵桶明示："灾难深重的原因，是尊贵如虎的祖宗您，被冒犯所致吗？"在祖灵桶里面，传出铃声似鸟鸣："并非因为安置我，也不是把我冒犯！把我安置三天后，水神向我要饭吃，我只好动鸡；到了第六天，岩神向我要饭吃，我只好牵猪；到了第九天，山神向我要饭吃，我只好牵牛，原因就这样。行好没得好结果，反以怨报德，行正事却失威信，是这么回事。我不得安宁，祖宗与鄂莫相处，由鄂莫摆布，祖宗与鄂莫相处，凭鄂莫支配。人家祖宗会为人，你的祖宗不会为人。祖灵桶以鸟形为装饰，也作了祭奠，祖灵有所图。所有的祖灵，都要奉祀周到。子孙与祖宗冲突，就像大海水，泛滥了一样，挡不住的啊！"（第 134～137 页）

从前有家人，先住在路边，因要祭路神，嫌麻烦而移居山上，贫穷降临。向长者诉苦，道出了始终。……长者告诉那家人："你这是自讨的，因要祭路神，怪你嫌麻烦，移居山上住，你因此贫穷，你搬回路边住，把路神祭祀，自然就好了！"（第 385～387 页）

第四阶段：通过布格丽阿旨因只祭祀自家祖宗，不祭祀其他神灵而招来厄运的事，告诫人们对所有的祖灵都要奉祀周到，并引述谱牒古籍《努讴》中的记载，告诫人们祭神不可偷懒，即对"不可奉祀不周"进行论证。

可见，《苏巨黎咪》认为对祖灵越礼的表现包括惊扰祖灵、草率祭祖、不依规矩占卜、奉祀不周，因此从"不可惊扰祖灵""不可草率祭祖""不可不依规矩占卜""不可奉祀不周"四个方面展开对"不可对祖灵越礼"的论证。

政治伦理观上，《苏巨黎咪》最突出的观点和立场是"顺从长者"，对于百姓而言，这里的"长者"指君长、重臣和布摩，而君长又是臣子、布摩、武士、能人、百姓等所有臣民的"长者"，其论证过程如下。

要顺从长者，君长和重臣，布摩三者是人杰，要忠于他们，

如奴仆遵命，似妇女持家。要忠于他们，顺从如牛马，把他们忠于。（第 41 ~ 42 页）

第一阶段：提出"要顺从长者"的论题，并指出长者即君长、重臣和布摩，告诫百姓要对这三种人忠诚。

君为大令如天高，臣为大计如地广，布摩为大知识渊博。（第 54 页）

第二阶段：通过比喻对为什么要尊重君、臣、师进行说明。

武士待君长，情同水与鱼，像岩与鹞鹰，争地盘的人是英雄，把地盘扩大。（第 42 页）

第三阶段：通过比喻对武士和君长的关系进行说明，告诫武士要忠于君长。

慕魁臣子待君长，如露天的大石头，不移动一般。把车道开通，牛只驮一背，车却载百背。君长计策高，君长想千条主意，臣子要出万条主意，如矛戟锐利，诸事纷繁，贤臣有办法应付，与君长所见略同。（第 44 ~ 45 页）

第四阶段：通过比喻对慕魁臣子对待君长的态度进行说明，并告诫臣子忠于君长就是要为君长出谋划策，处理繁杂事务。

布摩待君长，要尽职尽责。如腹中挂鼓，像待天地父母，如媳待公婆。岩神山神缠人时，要献祭上苍。布摩有修养，就像油淌成大河。布如星神座，如甲片神座。神座秩序井然，阴阳泾渭分明，犹如河大源头清，主人的地方有生机，宗谱由布摩珍惜，清根理谱，犹如行船，布摩有办法应付，与君长志同道合。犹大

小星交相辉映，光明在天空。就是这样的。（第 45~47 页）

第五阶段：以比喻的方式提出布摩对待君长应有的态度，对布摩提出维持神座秩序、理顺宗谱、与君长志同道合等要求。

　　能人对待君长，上租谷赋税。似渡过深水，如越过黑暗，似攀上高峰，如越过障碍。没有前程的人，是不接近权势的，不怕权势的人，是无所畏惧的。根底好则权势牢固，有实权则样样得。（第 47~48 页）

第六阶段：再通过比喻告诫能人要上租赋税以忠于君长，只有服务君长的人才会得到前程和权势。

　　百姓对待君长，诚实是第一，租税是第二，君长的恩惠，大山样的重。（第 48 页）

第七阶段：告诫百姓君长对他们的恩惠重如山，要忠于君长，并分别从内心层面和行为层面对百姓提出"诚实"和"租税"的要求。

不难发现，虽然《苏巨黎咪》在论证的前两阶段将"长者"的外延规定为君长、重臣和布摩，但在后面的论证过程中仅论证了"要顺从君长"，凸显了鲜明的以忠君观念为核心的等级思维。

道德修养上，《苏巨黎咪》既对"要有教养"进行论证，又从不可行骗偷盗、不可不通情理、不可存心不良、不可搬弄是非、不可贪婪昧心、不可锋芒毕露、不可造谣生事、不可不服教育等方面论证了"善者善终，恶者恶报"，具体过程如下。

1. 要有教养

　　好行为有三，第一语言好，第二办法好，第三衣食好。坏作为有三，第一修养差，第二出言不逊，第三存恶念。（第 419 页）

第一阶段：对好行为和坏行为的外延进行规定，把"修养差"纳入坏行为范围之内。

> 不仁者有三，长与幼不分，争地盘，宛若松枝缀满刺，如强盗抓人，父子生隔阂，民众都刁顽，兄弟徒有名，这是第一不仁。第二种不仁，神座与神位分开，布摩与主人争价，拔刀相见，诅咒又发誓。第三种不仁，在主客之间，亲戚争财产，刀光如闪电，亲戚动刀兵，犹如野兽带伤，窜入深山。这是第三种不仁。不仁者非人，堪与兽为伍。（第 57~58 页）

第二阶段：对三种不仁进行阐释，从"不可不仁"的角度对"不可修养差"进行论证。

> 无义者非人，奸佞乱仁义，言辞带仁义，是人讲的话。义的标准是：为幼的进言，为长者入耳。能言善者讲道理，不仅人品好，行为也要好。（第 58~59 页）

第三阶段：解释义的标准，从"不可无义"的角度对"不可修养差"进行论证。

> 高谈阔论，是不好的呀。好比锅烟不常洗，盛名之下，其实难副。令不出城，大名传得远，声势张得大，道貌岸然而已。无教养的人，骑马进家门，如山间野竹，愚昧无知，不接受长者的教育，不服从主人的分工。鼓一样不自觉，后来的人们，切不可效法。原本受到好的教育，却做出丑来，没有好修养，气壮如牛，干出了蠢事，把利弊颠倒。（第 98~100 页）

第四阶段：指出高谈阔论、道貌岸然、愚昧无知、不接受长者教育、不服从主人分工、颠倒利弊等均为"修养差"的表现。

　　凡是娶妻子，不要娶犟如牛的女子。弟弟压倒兄长，就像鹰在海上飞，当弟弟的人，都不可这样。奴仆做出主人架势，奴仆作主张，所有的奴仆，都不可这样。布摩使唤主人，摆大排场，一做布摩就要人感恩，所有的布摩，都不可这样。（第100～101页）

第五阶段：对妻不从夫、弟不从兄、奴不从主等长幼不分、尊卑不分的"修养差"的表现进行描述，告诫人们不可有这些行为。

　　请人办事，好比随从待君长，态度要谦逊。第一要紧者，勤祭奠天地，品行要修好。对待有修养的人，态度要谦让。逞能自负者，把自己孤立。逞能的人，就是自食其果。腹中的话，只告诉知音。说出三句话，犹如放出马，备上三副鞍，指的涵养。（第40～41页）

第六阶段：从态度谦逊、不逞能自负的角度对涵养的基本要求进行阐释。

2. 善者善终，恶者恶报

　　人生在世行诈骗最贱，君长发假令，薨后亡灵不得祭。有君长名叫麻戈帛，为假令所误，死于雄鸡之距。叫朴阿娄的臣子，为假令所谈，让红鼻白马拖着，在洛波大岩上，让风给吹死。布摩杜额壁，叙谱祭祖好作假，被山上的野火烧死。三位都怪作假，就因为作假，没留下声息。（第103～104页）

　　应当诚实，诚实的君长发号令，一人讲话，调动千人。诚实的臣子作决断，能拨乱反正。诚实的布摩祭祖，细竹可作钥匙，就如锦生辉，绸缎有光彩，金银亮闪闪，如箱锁打开，诚实者永存，如坚固的大岩不垮，就是这样的。（第104～105页）

　　侯家仲鲁保，骗东边的武陀尼，说西部卓罗纪（皮罗阁）家，出现铜牛怪叫现象，全靠他设法镇住，为此用九百驮红绸，赔偿说谎的损失。又骗西部卓罗纪，说东部武陀尼地方，爆发了火山，说被他堵住了。为此用九百匹青绸，赔偿说谎的损失。骗上方的阿德毕，说左面邻部默氏兴兵，神速开来进攻了，全靠他设法稳住。为此用九百匹马，赔偿说谎的损失。又骗右面德施家，说左面的德毕兴兵，大兵压境时，由他给退了。德施索取了八百条牛，赔偿说谎的损失。从此以后，好比船被大风刮，沉没大江中，侯家制造谎言者，因骗而绝灭。（第 105～107 页）

论证的第一部分——"不可行骗"。此部分包括三个步骤：一是以君长麻戈帛、臣子朴阿娄、布摩杜额壁因作假而死于非命的事为例说明"行骗者得恶报"；二是对君长、臣子和布摩等人为什么要诚实的问题进行解释；三是阐述侯家仲鲁保因到处行骗而赔偿大量财物的事，进一步证明"行骗者得恶报"。

通情达理的人，注重观察和思考。一代人通理，九代人效法。在天地之间，就像降大雨，是这样的啊。（第 50 页）

古古阿则渡口，启德阿博这人，坐在渡口边，遇巴氏西迁，我眼盯的是鱼，手到拿来的是鱼，成千的细鱼，上万的细虾，发不完的鱼财。我的做法是，由你任意渡，巴布阿古，说一通好话：成千的细鱼，上万的细虾，鱼的财，懂行的人来发。向默遮家请求，如能得到允许，祭天用的九匹白马，取一匹捕鱼时用，祭地用的八条黑牛，取一条捕鱼时用。不仅如此，水的源头住桐氏，桐家只要银子，斗量银子若雾起，给桐家还愿，水的下游住虹氏，称金宛如蝴蝶飞舞。我要这样做！成千的细鱼，上万的细虾，捕无数的鱼，向姆默遮上租子，他就渡过了，过了一坳又一坳，连过了三坳，有铁冠青鸟，飞到渡口边：谁还未祭天，快向天献祭，谁还未祭地，快给地献祭！巴布阿古说：鱼是默遮的鱼，财是默遮的财，水是默遮的水，要还债由默遮，不要还债由默遮！取一串珍珠，系在鸟翅上，给默遮抵债。启德阿博，后来倒了楣（霉），所有财产没于人，是怪不通情达理，没有好结果。（第 107～111 页）

恒索洛义，凿木桶摆渡，正因为如此，默遮大头目，在渡口边说：布摩别忙渡，留下过渡钱，人们常说，我家的奢色，订下好规矩，立下好制度，这里值得光顾吗？看得起就歇下！愿意吗年轻人，开了钱就过，请渡吧布摩！恒索洛义，不肯过渡口，舍不得出钱，铸成了过错。恒索赤脚过河，默遮奢色，两眼巴巴，抬头看天上，羞辱不了我，羞辱了上苍，羞辱不了我，羞辱了大地，羞辱了天君，羞辱了地王！奢色赶紧动卦手，摘一颗佩珠，用叶子包好，扯一匹秀发系好，丢赶恒索去。恒索像珠子孤单，穷如薄叶和发丝。恒索单传了七代，是恒不通情达理啊。（第111～113页）

论证的第二部分——"不可不通情理"。先对通情达理提出"观察"和"思考"的要求，并将其比喻为天地间的大雨以突出其重要性；再以古古阿则渡口边的启德阿博因不同情理而失去所有财产，以及恒索洛义因不通情理而仅单传七代为例，论证"不通情理者得恶报"。

迫维启阿太，恒索启阿欧，德歹祛阿恒，三人为拜把，举行雅扎仪式，盟誓的礼仪隆重。发誓的话说绝了。若存心不良，亏心者不得好死，亏心者遭雷劈！取一滴诅咒的水，弹在三人身上。他们三人，一样的要求。心狠行恶，使祖宗发怒，可惜了黄牛，犹妲道的见识，使丈夫发怒，使叔子发怒一般，可惜了阉鸡，连累一家人。（第113～115页）

恒索邹阿欧，背信弃义，嘴上挂恶语，犯下了暴行，所有的规矩，被他践踏了。挑起一场争端，直娄德翁氏，被他出卖了。存心不良，九天的械斗为争粮，九天的争斗为问罪。争斗的时候，是恒索出头，是恒索出手，他愿这样去做。恒索邹阿欧所为，抗天的租税，抗地的租税。有天样高的仓廪，有地样厚的家底。存心不良，为雷所劈，生时顶撞天，遭雷劈而死，灵位也被雷击。原因是，既不祭祖，行为也不端。（第115～116页）

有布摩身份的人，叫布吐益迤，到迁吕毕俄家，迁吕毕俄这

人，不接受布摩的教诲。迁吕毕俄，七十岁的时候，只因被风吹，坠岩而死了，在古雅恒笃珠大岩，把命丧了啊。（第 117 页）

　　语言美的人，是好人，得到好结果。存心不良，口出恶语，行为坏的人，死后无归宿，不见君王面，根基受侵犯，子孙也卑贱。是这样的啊！（第 417 页）

论证的第三部分——"不可存心不良"。先举出迫维启阿太、恒索启阿欧、德歹祛阿恒三人因心狠行凶而连累家人的事例，尤其是恒索启阿欧，因为他犯下背信弃义、口出恶语、破坏规矩、出卖别人、抗交租税、不祭祖、顶撞上天等恶行，所以是存心不良之人，最后遭雷劈而死，死后灵位也遭击；再举出迁吕毕俄因不接受布摩布吐益迤的教诲坠岩而死的事例；最后通过"存心不良者，死后无归宿，子孙也卑贱"进一步论证"存心不良者得恶报"。

　　支尼目柔这人，给布吐益里，搬弄是非惹口舌。布吐益里，把他摄到吐尼珠大岩，吊在悬崖上。这是搬弄是非口舌，所造的孽啊！（第 117～118 页）

　　影响传得远，是非口舌，搬弄可不好。德歹濮卧家，阿收笃毕，说这样的话："舅舅家额吉，不是善良之辈，是出尔反尔之人。"额吉听到后，如火上烧（浇）油，被人赖帐（账）。发誓要把阿收笃毕，砍头切肢。到了赫海珠舍，芒布给阿收笃毕，佯装待以贵宾礼，杀牛规格大，准备了等着。"杀人的无过，受累反存过，我是出尔反尔的呀！女婿笃毕，是正人君子，可是已经到头了！"这时阿收笃毕，反应过来了，准备脱开身，额吉抽出刀，穿通笃毕的头。德歹濮卧家，有造谣生事者，正因为这样，忠奸不易辨，就在这之后，贾洪姆的糯部，掳侯家牛时，就在隔黎热地方，害死笃毕的三子，这是搬弄口舌的下场。（第 191～194 页）

论证的第四部分——"不可搬弄是非"。列举支尼目柔因向布吐益里搬弄是非而在悬崖上吊死以及阿收笃毕因搬弄是非而被额吉杀死两个事例,论证"搬弄是非者得恶报"。

> 德楚额举这人,要到西边去。把阿诺姆诃,耐心地教育,这阿诺姆诃,不听打招呼,也不服教育。德楚额举,求山神鲁朵出力,求岩神斯里帮忙,求水神迷觉相助。阿诺姆诃,就神智(志)不清楚,到愁普玬吐岩上,呆在那里了。像妇女一样,说话无分寸,做事不正经,就没有好结果啊!(第118~119页)

论证的第五部分——"不可不服教育"。以阿诺姆诃因不听德楚额举招呼、不服德楚额举教育而被山神鲁朵、岩神斯里、水神迷觉惩罚,最终神志不清的事为据,论证"不服教育者得恶报"。

> 暴戾狠心的人,吝啬钱财,贪占钱财,没有好结果啊。毕家确弄益,领猎人猎狗,备强弓利箭,在欧纳阻姆打猎。大鹿让猎狗逮住,拖到鲁勒侯尼湖边。乍陡阿吉这人,不把鹿肉分,毕家确弄益,没得到鹿肉,抽出杀鹿的刀,朝着乍陡阿吉,头上指道:"满山的野兽没有主,是有这种说法,你就去捉了来!"乍陡阿吉,怒从心头起:"满天飞的鸟,是赛仁邓主宰,鹿是兽中的弱者,是容易逮住的,听见熊叫也惊恐,脸都吓白了!雄鹿是山神的公绵羊,弱到了极点。各种走兽,都属于我。我没理由败坏,家底不能败坏,善于料理家产就保险!家底也就丰厚,好比树叶茂盛。"毕家确弄益,七十主与奴,尽管正值午时,也觉得夜幕降临。毕家确弄益,问弥立武俄:"暴戾之人出言不逊,你有办法治吗?""有办法治的!"主奴七十人,好比黎明时星移。说到家之后,用九匹白马祭天,高高的天上,日出三竿时,越过了九十九山坳,来到家之后,毕家确弄益,备十二对牛马,送给弥立武俄。弥立武俄说:"如果主人家舍不得,布摩也不愿接受!"就在大路旁,以松在上桃在下摆布,用松枝桃枝设神座,焚牛毛马毛,他布置妥之后,十二对牛马,作为布摩的报酬领

去，到了家中后，就疯疯癫癫了，"昨晚我做梦，梦见青人骑青马，从天而降，来到家门口，声称讨祭天欠债；梦见赤人骑赤马，样子很凶狠，来到家门口，讨祭地的欠债，要还天的献祭，要还地的献祭！"弥立武俄，像空中的雾围住太阳，说不出话来，二十二年间，成了哑巴，后来能开口，却像麂子叫，神智（志）不清楚，只好把洛烘给他戴上，到了山顶上，犹如柴厚冒的烟，已追悔莫及，好比丝线乱，性命保不住了，只怪贪婪和昧心啊！（第119～125页）

论证的第六部分——"不可贪婪昧心"。以布摩弥立武俄因帮毕家确弄益办事时偷奸要滑、贪占钱财而变成哑巴，最终神志不清、性命不保的事为据，论证"贪婪昧心者得恶报"。

阿仁咪笃，嫁到布帕洛洛地方的，勒阿俄家时，上不挡住天，下不避开地，抛头露面。为渡南边补益尼大河，来到渡口。动口又动手，连犯两禁忌。播勒无基础，却兴旺发达。播勒有秩序，要让播勒乱，她要这样做。犹风把鸭抬，鸭子展翅飞，似女子穿裙子，裙子摆动着。希望大如地，雄心勃勃，说到做不到，不付诸行动，不能实现了。阿仁咪笃，去了特吐周朵地方，生了叩格克姆，是这样的了。先把他人害，害阿格奢色，像线线散开，那样地死去。然后害自家，阿仁咪笃，被麻绳勒死。作为人，不可露锋芒，这就是所怪的原因啊！（第129～131页）

论证的第七部分——"不可露锋芒"。以勒阿俄家的阿仁咪笃因说大话却不付诸行动，最后被麻绳勒死的事为据，论证"露锋芒者得恶报"。

造谣生事，是不应该的啊，东部侯家父阿苻，是斤斤计较的人。古口勾家，闻其恶名，贪别人财物，又斤斤计较的在哪？先抓住把柄。西部的毕启阿尼，贪人家的粮，说他只有四块田，种了不够吃，还打着赤脚，狗食样的饭，还不知能不能吃到。阿俄周德听说后，带七位武士，领七十兵马，出动兵马，动了刀兵，攻打东部侯家，父阿符身首异处。东西两部侯，不明受攻打的原因，像追着狗打，为造谣者所害，还忍气吞声，这是造谣生事，造成的恶果啊！（第234～235页）

论证的第八部分——"不可造谣生事"。以东西两部侯因被别人造谣（说他们斤斤计较、贪人财物）而被阿俄周德带兵攻打的事为例，阐释造谣生事带来的恶果。

有一位妇女，养猪鸡有方，有只手得毛病，不会痊愈，她也问原因。……"这位女子，午时就赶猪进屋，过于斤斤计较，非常不稳重，你害了德，因此手才痛。不要在午时，要傍晚收猪，莫过于计较，你的痛手会痊愈！"（第385～387页）

论证的第九部分——"不可斤斤计较"。引用《努讴》中女子因提前收租而手痛的故事，论证"斤斤计较者得恶报"。

还有一条蛇，把门户守护，却断了尾巴，向长者求告，到长者面前。……"你这蛇，守护家门，有一牧（枚）鸡蛋，被你偷盗，因此尾才断，你若不再偷鸡蛋，必须用金银，把断尾续上。"有一条龙，就有一股水。世间手脚不检点者，为上苍所不容，必使其绝后，长者指点迷津，蛇于是用金银，续断尾，有尾巴拖着，成治水龙君，结局这样啊。（第386～388页）

论证的第十部分——"不可偷盗"。引用《努讴》中一条蛇因偷盗而断尾的故事，论证"偷盗者得恶报"。

（六）论"知识与实践"

关于"知识与实践"，首先指出："天地之间，各种本领中，有知识为大，有威势为强，有机遇为妙。知识造就人，如苍天辽阔，如青松伟岸。君子修养高，利人也利己。只图利于人，利人则损已。"（第21页）并以"知识的重要性"为论点，通过对诸多贤人、能人事迹的叙述来说明"有知识的人有修养""有知识的人能成事""有知识的人有作为"等道理，告诫人们要尊重有知识的人，并进一步对"学"与"教"的问题进行论述。在实践方面，则主要对人们提出遵规矩、守传统、重谋略、敢决策、守时间等要求。

在知识方面，以"知识的重要性"和"聪明从愚蠢中教出"为例，其具体论证过程如下。

1. 知识的重要性

> 下功夫学习，能避免地上的灾荒，能战胜地上的贫困，是这样的啊。（第319页）

第一阶段：通过指出避免灾荒、战胜贫困这两个学习的好处，强调知识的重要性。

> 君长无学问，权落臣子手，暗无天日，穷途末路，是这样的啊。臣子不认真，断事不分巨细，就如同驾船，行于深水无岸靠，是这样的啊。家奴无学问，号令不能传达，好比路上拖树枝，是这样的啊。（第322～323页）

第二阶段：通过比喻的方式对君长、臣子、家奴无学问的情况进行描述。

> 君长有学问，发号令犹太阳出来，照在大地四方。通情达理，使愚顽开化，启（起）用能人强将，好比使用猎狗，手下的无畏壮士，肯为治天下效命，是这样的啊。为臣有学问，如浇活枯木，受恩的人记住他，受恩的人服从他。为臣开导人，犹掘湖疏导水，施展各种才能，发挥全部智谋，是这样的啊。布摩有学问，祭祖有讲究，出口成章，知识渊博。依礼仪作完美祭祀，子孙昌达，

知名度很大，威望高如岩，如清澈的大江，实在是这样。百姓有学问，君长只消动口发令，像比翼的鸭，像树林密不透风，如坚固的大岩，是这样的啊。（第 323～325 页）

第三阶段：从"君长有学问则手下效命""臣子有学问则得人服从""布摩有学问则威望高""百姓有学问则行令易"四个方面阐述有学问的好处。

施阿武首作诗文。大张旗鼓地批评诗文，确默遮是第一人，天君策举祖主管诗文，天君作的诗文价值大，地王作诗文功底厚，一段诗文，是一通号令，一段诗文，用一次。诗文威严如山。（第 325～326 页）

第四阶段：以天君、地王作诗文为例，强调诗文的价值。在这里有一个被省略的前提，即"作诗文是一种学问"。

求知识，充见闻。哎哺产生后，就重视知识。哎哺无作为，哎哺无成就之时，以斯索为君，以鲁朵为臣，娄娲为布摩，见闻很广，反应很敏捷。健谈如白鹤唳，犹青鹃鸣叫，讲话声如金铃响，发令犹银鼓鸣。见君王风度，召布摩议事，终身做学问，立志求功名，就是这样的。路上行人问：你在挖地吗？如此询问着。年以日计算，终身向高追求。（第 326～328 页）

第五阶段：以哎哺时期的君长斯索、臣子鲁朵、布摩娄娲为例，强调坚持不懈地求知识、做学问是彝族后来得以发展壮大的前提。

种地之道，荒着的是瘦地。知识之道，能人受敬重。在世界上，属于会流淌类，仅得地利流淌为下，得地利而发展为上。属于会开花发芽类，萌芽开花虽得势，花会调（凋）谢却无奈。属于会动类，会动就有生命，饲养到一定时间，就用刀杀了。这三种都无自我意识。在植物类中，也有佼佼者，青松三百岁，方才衰老，枯死了之后，新树会长出。也有弱者，典型的是，路旁家马桑，岁首青枝绿叶，岁尾枯枝败叶。在飞禽类中，不乏有佼佼者，白鹤就长寿，一千岁之后，方才会死去，在天空中，发出悦耳的声音，高高在上啊。不乏有弱者，桃树丛的画眉，在树丛中飞，飞不过树梢，是这样的啊。（第 328~330 页）

作为人，其中的强者，哎哺采舍知识，深如大海水，容量如大柜，到老也风光。心计多的人，同时思考十桩事，地位高的人，一步当十步，穿华丽的衣，吃的是美食，有很长寿命，且出人头地。死了也得道，寿衣穿得厚，办丧事"那史"画卷美，魂马摆得岩样高，礼仪也清楚，宫首魂马成排拴，葬礼也隆重，端坐有位置，排列到天上，如愿以偿，子孙也昌达，是这样的啊。其中卑贱者，生时顾不上温饱，死后不得安乐，犹青草上霜雪溶（融）化，无声无息地消失……（第 330~332 页）

第六阶段：以会流淌类（水）、会开花发芽类（植物）、会动类（动物）事物为例，以这些事物的优劣之分类推人的优劣之分，并对人中的强者和卑贱者进行阐释，强调"有知识为优"。

篤米的子孙，人生在世，要追求权势，要把发展图，要预知家道，要防备祸患，要钻研知识。在这天底下，人生在世，聪慧是第一，理想是第二，口才是第三。知识是第一，谋略是第二，机智是第三。办法多是第一。祭祀的知识第一，文章是第二，祭祀还愿是第三。（第 417~419 页）

第七阶段：对"知识的重要性"问题进行总结，论证结束。

2. 聪明从愚蠢中教出

"天"人足邛拉，奉上苍之命，来到大地上，任征收赋官。赋税收得广。南边收绸税，加重九匹绸；北边征铜税，加重九驮铜；

中部收牛税，多加牛头数。征完税，收完赋之后，到武家地盘，掠武堵（都）阿育，脾气犟如牛。这武都阿荣，手持锋利的矛，杀足邛拉，于武雅洛吐博山上，起了祸端。天上和地上，断绝了交往，什勺家抽去天梯。武堵（都）阿育认为，这大事与自有关。就用文字录下，谁应受追究，写成了状子，呈送给举祖。在天地之间，祭祀断了。天臣怕的是，少了祭天。地臣怕的是，少了祭地，都怕乱了套。人是哎哺的后代，哎哺是天地的后代。世间的人们，应当上行下效的。可他充耳不闻，熟视无睹。武都阿育，是这样的人。（第398~401页）

聪明从愚蠢中教出，没有不懂事的人，没有无过错的人，天君地王认为，既然是这样，命僰阿纪优，前去开导。这僰阿纪优，即是天臣诺娄则，善于开导人。僰阿纪优，如雨从天降，到武堵（都）阿育家，问武堵（都）阿育："你这杀人的阿育，是向谁学的？"武堵（都）阿育说："自家学杀人，没向他人学！性软者不留新脚步，性刚者脚下生风，手轻者摸不成笙，手重者使笙音炸响！聪明靠自己！"僰阿纪优说："既然如此，君的品行就像鹤；臣的品行像杜鹃；布摩品行像雄鹰。事实很明白，说清楚了祸也消。"正因为如此，凡间所献祭，都为了上苍，还上苍的愿。凡间所献祭，为了向上天求富贵。在天地之间，安排有富贵，祭祀因而不间断，原因是这样。是僰阿纪优，教导有方啊！（第401~404页）

此论证以武都阿育杀死"天"人足邛拉而导致天地间断了联系，天君、地王派天臣僰阿纪优对武都阿育进行开导和教化的事为据，说明"聪明从愚蠢中教出，没有不懂事的人"。

在实践方面，以"遵规矩、守纲纪""重谋略、重传统""勿耽误时间、勿错过时机"为例，其具体论证过程如下。

1. 遵规矩、守纲纪

有摩史阿列，由他来出头，请布史直娄，一度破了例。他们的做法，首先是，有章不遵循，做得走了样，背离了规章，制度与执行，大相径庭，与其初衷，相去甚远。布摩不高兴，事与愿违，人们常说道："阿娄阿列不高兴，规章欠遵守，制度的执行，也被冷落了。在天地四面，君王聚议时，无长幼秩序。"的确如此。（第 339～341 页）

第一阶段：以摩史阿列和布史直娄不遵循规章的事为例，提出"遵规矩、守纲纪"的论题。

乌撒君长家，住在嘎那妥姆时，先是有章不遵守，到了后来，君长濮格鲁载，请布待德俄，把主人指点。摩史阿列，把才能施展，把本领显示。背离了规章，沿袭旧一套，偏离了宗旨。莫酒献茶，也别出心裁。希望君长显赫，希望百姓昌盛。由鲁余鲁觉，监督遵守规章。鲁余鲁觉，无所适从。为乌撒君长家，前途负责任，鲁余鲁觉，很有自信。此后管丧事，只取青松用，用青松焚尸，靠庸人阿列，把焚尸主管，只顾及眼前。鲁余鲁觉有过错。鲁余鲁觉，本是糊涂的，怪的是阿列。（第 344～346 页）

第二阶段：以乌撒君长家摩史阿列背离规章、偏离宗旨，而负责监督遵守规章的鲁余鲁觉也没有履行好自己的职责，最终导致由庸人主管焚尸的事为例，告诫人们要遵守规章和宗旨。

乌撒君长家，按天地间四个方位，上下设四级台阶，以安祖灵的规矩，在祖祠内，君臣的祖灵，都招了安置。阿娄阿列，四十八篇《努讴》，举一反三似放箭，倒背如流来得快。阿哲君长家，有德初惹尤，以通《努讴》著名。约了同他比赛，德启阿朴这人，四十八篇《努讴》，不用思索，能从头至尾背曰，所作的祭祀，也挺熟练啊。阿哲君长家，像清洗一样干净，祖灵的秩序清楚，有条不紊的。只因为阿娄，依他所说，祭了祖过后，祖祠也建好。安顿祖宗后，没理顺纲纪，长幼不齐心，君臣互不通，这是与纲纪有关。阿芊陡家,有章不遵守,有制不执行。君王无威望,长幼闭塞。这是因为,六祖的后裔,德毕与德施,举侯三支人,纲纪不统一,就像穗中看,缀满籽粒一般,政权不巩固,不能继承传统,阿娄阿列,是这样说的。(第346~349页)

第三阶段:乌撒君长家和阿哲君长家安顿祖灵时不仅遵守规矩、秩序清楚,而且精通《努讴》、知识渊博,所以两家祖灵都得到安置;相反,阿芊陡家不遵守规章、不统一纲纪,导致君王无威望、长幼无秩序。通过对以上三家的描述说明"遵规矩、守纲纪"对于安顿祖灵的重要性。

纪阿太家,有纲纪,由懂理的人来立,杰出的布摩来立,有能说会道的人。只因无能人,到处求学问,能者即为师。阿太君长家,并无好根底,唯有三位女子,个个都贤惠,犹骑骏马行。安居了之后,得阿皮伯俄,订严密纲纪,地方得发展,以纲纪为本,缘由是这样。外族有纲纪,祭拜偶像,照看书本做,祭奠还愿,纲纪也不乱,政令无阻碍。(第349~351页)

第四阶段:纪阿太家由杰出的布摩立纲纪;阿太君长家虽无好根底但以纲纪为本;即使是外族,只要遵守纲纪,也会有好的发展。从整体上回应"遵规矩、守纲纪"的论题。

2. 重谋略、重传统

第一要重视谋略,对于谋略,好比东西风聚起,就像多条江河,汇合了一般。无能者来考虑,行船只顾尾,驶向江下游,把船底撞破,是这样的啊。(第358~359页)

第一阶段:将"有谋略"比喻成"多条江河汇合",将"无能者考虑"比喻成"行船只顾尾",以此引出对"重视谋略"的要求。

善于思考者来思考，如九度九掐长度，刚好是九圈，只剩下一圈。犹织布掌经纬，就是可行的。山样高谷样深的事，结尾时缺口如发丝，是行得通的。无能者来考虑，只如发丝般的事，结尾时缺口大如松树。就是这样的。（第359页）

第二阶段：将"善于思考"比喻成"长度掐得准""织布掌经纬"，并指出善思考者思考，即使是复杂的事结尾也结得好，无能者思考，即使是简单的事结尾也缺口大，即通过比喻和对比的方式完成对"重谋略"的论证。在此论证中，"善思考者"即"有谋略者"，"无能者"则指"无谋略者"。

第二要重视传统，把传统重视，说话有份（分）量，开口无出入，就是这样的。（第360页）

第三阶段：提出"重视传统"的论题，并指出重视传统首先就是要求人们做到按传统和规矩说话，不胡言乱语，不说无根据的话。

传统好的人有作为，传统好的人知识足。是这样的啊。跟着有作为的人，衣食有剩余。跟着平庸的人，就受苦受穷。跟着无能的人，线样漂流不定，半夜心欠欠，是这样的啊。跟着英雄豪杰，耳濡目染就学好，聪明有时日。有威荣的人知识渊博，有机遇的人势力强大，有志向的人超凡，有教养的人优秀，有家规的人听话，有谋略的人实在。顺从其父之人，其父母必有德，好比土地不用浇灌，是这样的啊。有根底的人，像锋利的矛，小巧而秀丽。灵活机动的人，如野马生犄角，巧计在腹中，如入地之龙，玩乐到了顶。日月样光明的人，锦一样尊贵。天地之骄子，面带雄鹰相，胸怀猛虎胆。懂阴阳的人，说话娓娓动听。是这样的啊。不仅如此，出生的年月，也有关系啊。在平原十二方的，彝外族君长辩论，辩论过后，以有源头为荣，彝地有源头，外方也有源头。只收录见闻，仅论及利益，只孝敬父母。敬奉得了三代祖，敬奉不了父母。胆子小如马，由主子骑也从，奴仆骑也从。互敬如手足，幼来苛刻，长来斥责都不计较，即使一时落陷井（阱），偶尔任性也不行，这是听辩的内容啊。（第362~366页）

第四阶段：先通过"传统好的人有作为，传统好的人知识足"说明传统好与有作为、有知识之间的关系，再借助比喻对有作为（荣威、机遇、志向、谋略）的人、有知识（灵活机动、懂阴阳）的人、传统好（有教养、有家规、顺从父、有根底）的人进行评价，最后借彝外族君长辩论的内容强调传统的重要性。

3. 勿耽误时间、勿错过时机

该追荐亡灵不追荐，像地上的两株树，当东西两面风，花繁叶不茂一般。当追荐亡灵时追荐，就像河大水深，松柏叶密实，就是这样的。当招亡灵时不招，畜牧不兴旺，庄稼不丰收，就是这样的。误了给亡灵指归宿，就像鹤在空中盘旋，即时给亡灵指归宿，如河水源头清，如云开日出，像白鹤依松树，杜鹃栖柏树，有安乐归宿，是这样的啊。误了安顿六代祖灵，如与人办了好事，得不到理解一般，是这样的啊！如期安顿六代祖灵，好比把恐慌，送到山中去一般，是这样的啊。误了清洁的时间，就昏昏沉沉，就好比树梢，被四面风吹。不误清洁的时间，就像欢乐的杜鹃，盼到了春天，自由地飞翔，是这样的啊。……（第303~305页）

第一阶段：通过比喻的方式阐释耽误追荐亡灵、招亡灵、给亡灵指归宿、安顿六代祖灵、清洁（祖祠）的后果，指出在安置亡灵、祖灵等事务时，不可耽误时间。

耽误了农活，种地乱了套，是这样的啊。不耽误农活，就五谷丰登。仓廪盛满粮，是这样的啊。耽误了放牧，好比鸭被水淹没。不误放牧时，强如有清秀的眉目，前程有希望，是这样的啊。

耽误了下种时间，麦稷花不繁，禾壮却不敌寒风，是这样的啊。
不耽误下种时间，在春季三月，麦稷挂繁花，好比鹌鹑有归宿。
（第306～307页）

第二阶段：通过比喻的方式阐释耽误农活、放牧、下种的后果，
指出在务农放牧时，不可耽误时间。

　　　　耽误了婚嫁时间，好比普天布满雾，天空黑漆漆，是这样的
啊。不耽误婚嫁时间，好比阵阵风吹开，春光明媚，高山平地生
机盎然，就是这样的。误了建祖祠时间，头绪就不清，好比飞禽
迷失方向，走兽不辨目标，是这样的啊。不误建祖祠时间，杀牲
就清白，好比黎明到来，如树挂繁花，似禾苗茁实，是这样的
啊。耽误了理谱的时间，就像高处布着雾，如雄鹰屈着爪子飞，
似猛虎夹着尾巴行，是这样的啊。不耽误理谱时间，如风吹苍
天，云开日出，春意盎然，风光好，大地也壮丽，如雄鹰猛虎称
雄，如鸟盘旋在空中，如满天布星斗，是这样的啊。（第307～
309页）

第三阶段：通过比喻的方式阐释耽误婚嫁、建祖祠、理谱的后果，
指出在操办家支内事务时，也不可耽误时间。

　　　　受土地的害，就像牛见到虎豹，怕得要命一样。受天地之害，
好比山顶的松树折断，像跌入悬崖，落在山谷中。（第309页）

第四阶段：对不可耽误时间的原因进行解释，因为耽误（务农放
牧）时间必受土地的害、耽误（安置亡灵、祖灵，建祠，理谱）时间
必受天地之害，而这两种害是人们难以承受的。以上四个阶段共同构
成对"勿耽误时间"的论证。

　　　　引经据典，时机不当，像披的银毡染锅烟，弄污成拙，害处

是这样。引经据典恰当，好比云开日出，像洗发除污垢，是这样的啊。当制鞍鞯时不制鞍鞯，好比绸缎乱放着，是这样的啊。当制鞍鞯时制鞍鞯，辔头和鞍具成套，要用时方便，恰似绸与缎，放在竹箱中，是这样的啊。当布线时不布线，好比盖房不盖顶，造仓不安底一般。当布线时布线，好比日月布轨道运行，像春风吹开，像鸟声悦耳，像虎豹有路行，树木有光彩，动物都喜欢，是这样的啊。（第 309～311 页）

第五阶段：通过对"引经据典时机不当"和"引经据典时机恰当"的对比、"当制鞍鞯时不制鞍鞯"和"当制鞍鞯时制鞍鞯"的对比、"当布线时不布线"和"当布线时布线"的对比，强调"时机"的重要性。

叙谱祭祖，赶上时机，瘦牛也会壮，赶在牛壮时，杀得肥牛肉。锦袍战甲，也轻易得到，油也贱如水，利戟长志气。金银绸缎，如锁在柜中。（第 313～314 页）

必须把握时机，按播种的季节播种，错过季节就不行。杀牛趁在牛壮时，错过壮时就别杀。（第 314 页）

第六阶段：以叙谱祭祖、播种、杀牛等最常见和最易懂的规律为例，告诫人们不可错过时机。第五、六阶段构成对"勿错过时机"的论证。

（七）论"人生观与价值观"

在价值观上，《苏巨黎咪》对"值得片刻者与值得万世者""贫贱者与气魄者""令人羡慕和佩服的事""人生中的灾难""韬略、理想和表现""对女子的要求""对美的追求""人生各阶段"等问题进行阐述，如将偷盗者、抢掠者、诈骗者三种人归纳为"值得片刻者"，将为官者、为农者、为牧者归纳为"值得万世者"（第 54 页）。将"得势"分为四种，其中上等人得势，如日中天，时时显赫；二等人得势，重视军事；末等人得势，家中养奴仆；黎民百姓得势，是得到土地（第 24～25 页）。将人生中令人羡慕的事总结为三种，一是君明臣贤，二是后继有人、品德好，三是女儿和媳妇善操持家务（第 103 页）。将灾难分为三种，一是天灾，"世上降灾荒，日月反常，天气变坏，土地受灾"（第 33～35 页）；二是战祸，"好胜起战祸，争强遇劲敌……边境不安定"（第 35～37 页）；三是祖业不得袭，"君位虽世袭，让人用武力篡夺，臣位虽世袭，让人用武力夺去，子孙不继承权位，把毕濯丧失。布摩子孙不承袭祖业，维庹成朽木，祖宗勇敢子孙怯，刀把也腐烂"（第 37～38 页）。该文献还认为没有韬略的人是愚蠢的，因此要求人们既要有韬略、理想和表现（第 285～288 页），更要有追求美的愿望和勇气（第 395 页）。对于女子，则认为"心地善良，有远见"（第 27 页）是最宝贵的品质。其对人生各阶段的总结则是彝族先民人生观的重要体现。

在这天地间，共同的日月下，有一千零七十二姓人。智与愚分三等，第一等人，天生就聪明，第二等人，经教育聪明，第三等人，教育不成人。出现一个人，自有其天地，自有其宇宙。人生于窦朵，富贵源于天，富贵源于地，从天上滴下，在地上生长。太阳的光朝下，月亮的光向上，如此相配合，犹放水播种。（第 410～411 页）

九月居母体，用不着吃饭。六个月时抱双手，用不着劳动。降临到世间，如禾苗成长。哭时声震屋宇，乐时如风拂叶。取名排号，按窦朵的传统，给美好的祝愿。到两三岁时，不受雨淋，不被风吹，受母爱恩泽。到了四五岁，说话无好歹，逗父母高兴。（第 411～412 页）

到了六七岁，不动手拾柴，不动口赶鸡，受循循善诱。十二三岁时，到山上放牧，跟少年朋友，找少年知音，见学问大的人，一二地请教，并以此为荣。十六七岁时，跟青年朋友，向老年求教。会训猎狗，约猎人，还会待亲戚。（第 412～413 页）

二十二岁时，尽头牙出齐，把衣着讲究，出门就跨马，并以此为荣。三十三岁时，把勇猛施展，把手段显露，所作图效果。披挂甲胄，奋发求上进，祭历代祖先，祖宗安宁根基稳，完善了条理，昌盛兴旺。一旦有权势，就拉拢亲戚，就照顾家族。约家族叙谱，约家族祭祖。五十五岁时，如秋天日明，求功名仕宦，执扇出谋略。六十六岁时，如人凑柴禾（火），积累了经验，享天伦之乐，有目标实现，有计划落实。（第 413～415 页）

七十七岁时，知兴衰盛败。看淡功名，看重家道，关心后事。接近功名时，行走不自由。八十八岁时，与老年切磋，同青年探讨。猫进食不多，只消吃两勺。九十九岁时，像陈年朽木，猴子推也滚，熊来推也滚，不推自家滚。如浑水不清，似鞋有底无帮，去世如风逝，是这样的啊。（第 415～416 页）

在对人生的总结中，《苏巨黎咪》先从"智与愚"入手，将人分为三等，再从"九月居母体"到"九十九岁时"各年龄段的状态进行阐述。其中，六七岁至十六七岁是学习的阶段，二十二岁到六十六岁是施展勇猛、显露手段、奋发上进、稳固家族根基、求功名仕宦、积累经验、实现人生理想的阶段，七十七岁以后悟透人生道理、看淡功名，九十九岁走到人生的尽头，人的一生完结。从中不难看出彝族先民不仅对生老病死的客观规律具有一定的认识，对人生各阶段的职责和义务也有着清晰的理解，还对知识的探索、对人生理想和目标的实现有着强烈的愿望。

二 论证特征

（一）论证的类型与结构

推论、推理和论证之间的关系是：推论是一组命题，其中的一些命题被称为"前提"，一个命题被称为"结论"，推论就是由前提到结论的思维过程；推理是一个连接在一起的推论序列，在这个推论链中，一个推论的结论充当下一个推论的前提；论证则是一个推理序列，其中包含了一系列的推理，且一个推理的结论也许会充当下一个推理的前提。① 在广义逻辑的视域下，《苏巨黎咪》中的大多数论证由一系列基于彝族传统思维的推理构成，是由推理组成的序列。因此，分析其论证的类型与结构须以其中的主要推理，即类比推理②和比喻推理③为

---

① 熊明辉：《法律论证及其评价》，梁庆寅主编《法律逻辑研究》（第1卷），法律出版社，2005，第169页。

② 中国的类比推理最早出现于《周易》，"类的相关性"即"同类者同理"在《周易》中得以体现，这种相关性通过"取象"将事物间的关系抽象到一种哲理的高度，以强化作为类比推理基础的相似性思维。且由于《周易》的类比推理，尤其是符号推理系统具有一定的演绎性质，它的结论具有更高的可靠性。先秦时期，诸子百家对类比推理的论述使其发展到达高峰。这一时期，名家主要通过"类"的异、同的统一，以及"类的转化"等方面来阐释"类"范畴。儒家首先提出"故凡同类者，举相似也"的"类性"问题。《墨经》则对类比推理做了最全面的总结，很多学者认为，在《小取》的七种推理方式中，譬、援、推三种属于类比推理。《墨经》既对类比推理的形式进行了划分，又提出"同类相推，异类不比"的原则，还对类比推理中的谬误问题进行了讨论，其对类比推理的讨论是非常深入的。在先秦时的类比还有一个发展方向，即"比类式"的类比推理，这种推理的特点是具有辩证性质，它既注重事物的"异中之同"，也注重事物的"同中之异"，它擅于把握事物"类的转化"，使得异类之间也可以进行比较，因此被广泛运用于农学、医学、天文、历法等各领域。到两汉魏晋时期，类比推理又出现一种新的表现形式："连珠"。连珠不是纯粹的类比推理，而是集演绎、归纳和类比于一体的一种更为复杂的推理方式，它的结论有可能具有演绎性，其整体的结构却常表现为类比的过程，且基本上都用到了譬喻。在这一时期，"类比推理的法则"这一问题也受到关注。与先秦时期对"知类""察类"的注重，以及"不违背类同关系进行推类"的要求不同，这一时期进一步揭示了事物类之间的复杂关系，强调"类可推，但不可必推"。《淮南子·说林训》中的"佳人不同体，美人不同面，而皆说于目。梨、橘、枣、栗不同味，而皆调于口"，《吕氏春秋·别类》中的"物多类然而不然"等皆为对事物"同中之异"与"异中之同"的说明和对"类不可必推"的探讨。

③ 虽然在目前国内外通行的逻辑学教材中并未出现"比喻推理"的概念，但逻辑学者们对"比喻推理"关注已久，尤其是关于"比喻推理"的存在性问题，自20世纪70年代起，李先焜、孔庆荣、乐鸣、雷淑娟等学者就提出存在比喻推理的主张。张炼强的《修辞理据探索》对比喻推理下的定义是："如果类比推理的前提是个比喻，结论是被比喻的抽象事理，就是比喻推理。"并且，逻辑学者们很早就意识到了"比喻"和"类比"之间的密切联系，亚里士多德在《诗学》中指出："隐喻是用陌生的名词进行替换，或以属代种，或以种代属，或以种代种，或类推，即比较。"他还认为，作为一种具体思考方式的"隐喻"是通过"类推"才得以实现的。显然，亚里士多德早已意识到"隐喻"与"类推"之间的共性和关联。近几年，我国陈波、任晓明等学者也关注到"比喻"与"类比"两者的关联性。陈波在界定"比喻论证"时曾指出："类比有时候不在推理意义上使用，而是在比喻（明喻或隐喻）意义上使用。"由此可见类比和比喻之间的复杂联系。的确，类比和比喻（转下页注）

前提。

1. 类比论证

类比论证是一个类比推理序列，其中包含且仅包含一系列类比推理，且一个类比推理的结论也许充当下一个类比推理的前提。类比推理是逻辑推理的一种重要形式，对于科学发现和技术发明具有重大价值。类比推理历史悠久，尤其在中国古代逻辑史中占据着主导地位，甚至有学者认为，中国古代逻辑实际上就是一种类比逻辑。

一般认为，类比推理是根据两个或者两类对象在一些属性上的相同或者相似，且由其中一个对象具有其他属性推出另一对象也具有该属性的推理。目前较为通行的逻辑教科书一般将类比推理的逻辑结构作如下表示。

> 对象 A 具有 a、b、c、d 属性
> 对象 B 具有 a、b、c 属性
> 所以，对象 B 具有 d 属性

这是较为常见的实质类比，它根据对象 A、B 之间具有的 a、b、c 等相同属性（如性质、功能、关系等），且已知对象 A 具有 d 属性，推出对象 B 也具有 d 属性。

（接上页注③）之间存在丰富的过渡。在相当一部分比喻，特别是难以通过直觉把握的陌生比喻或找不到相似点的比喻中，总是不可避免地进行类比；也存在一些类比，当类比源和类比项之间差异性较大，特别是当两者的关联点为异类关联点时，人们总是会把它们与比喻联系起来，且两者都通过联想对本体和参照体进行比较。但是，比喻和类比在结构、功能和参照体性质等方面均存在差异。这种差异在典型案例中可得到清晰的区分：在典型的比喻中，本体与喻体间的关联点为异类关联点，显著的"类"差异存在于本体与喻体之间，且无论是创造还是理解该比喻主要依赖于直觉；而在典型的类比中，类比项与类比源间的关联点为同类关联点，且在创造和理解该类比时，须用到"根据类比源与类比项具有某些相同的属性，推出它们具有相同的其他属性"的推理。可见，前者追求创新性，后者则追求保真性。故此，比喻推理虽与类比推理密切联系，且都具有"通过参照对象来阐释话题对象"的思考方式，但不可将它等同于类比推理。故此本研究认为，比喻推理是隶属于广义类比，又不同于类比推理的一种特殊推理。

在《苏巨黎咪》中，另一种类比——形式类比也被充分运用。形式类比也叫结构类比，是以类比对象与应给予解释的系统两个领域之间的因果关系或者规律性相似为依据而进行的类比。其结构为：

对象 A 具有 a1、b1、c1、d1 属性

对象 B 具有 a2、b2、c2 属性

所以，对象 B 具有 d2 属性

在以上推理中，属性 a1 与 a2、b1 与 b2、c1 与 c2 之间存在横向的类似，以此为基础，根据属性 a1、b1、c1、d1 之间，属性 a2、b2、c2、d2 之间是否存在将它们各项联系在一起的纵向因果关系进行类比，最终发现在 a1、b1、c1、d1 之间，在 a2、b2、c2、d2 之间具有相同或相似的因果关系。形式类比推理因以相似的规律性或者因果关系为依据而具有较高的可靠性。《苏巨黎咪》中的形式类比多以相似的因果关系为依据。

类比推理是对对象的相同或相似属性（或规律）的比较，而对于相同的两个或两类对象，具有不同目的的不同使用者提取不同的相似点，就会得到不同的结论，所以类比推理与逻辑结构较为固定的归纳推理和演绎推理不同，不存在普遍适用的模式。就像正反双方进行辩论，出发点不同、提取的相似点不同，就会得出不同甚至矛盾的结论。因此，类比推理拥有丰富的形式，除了前文提到的实质类比和形式类比，还有正类比、反类比、合类比①，性质类比、功能类比、关

---

① 根据结论对思维对象的判定是肯定或否定，可将类比推理分为正类比、反类比和合类比。正类比也叫肯定类比，是根据 A、B 两个或两类对象有 a、b、c 等相同或者相似的属性，且已知对象 A 还具有 d 属性，推出对象 B 也具有 d 属性的类比推理；反类比也叫否定类比，是根据 A、B 两个或两类对象有 a、b、c 等相同或者相似的属性，且已知对象 A 不具有 d 属性，推出对象 B 也不具有 d 属性的类比推理；合类比是对正负类比的综合运用，是根据两个或者两类对象在某一些属性上的相同或相似，推出它们在另一属性上的相同或相似，又根据其中的一个或者一类对象不具备某属性，进而推出另一个或一类对象也不具备该属性的类比推理。

系类比①，归纳式类比、非归纳式类比②，等等，多样的推理形式满足了《苏巨黎咪》对政治伦理、家庭伦理、个人修养等各领域的论证需要，这是它作为主要推理方式运用于《苏巨黎咪》论证过程的原因之一。

由于《苏巨黎咪》中的论证繁多，无法在此一一罗列，故以前述部分论证为例，对其中的类比推理进行了梳理（见表2-1）。

表2-1 《苏巨黎咪》中的类比推理形式

论题		根据结论的性质			根据属性			根据内容或结构		根据对经验的依赖程度	
		正类比	反类比	合类比	性质类比	功能类比	关系类比	形式类比	实质类比	归纳式类比	非归纳式类比
君长	要思索后发言			√	√				√	√	
	要讲信义	√			√				√	√	
	不可屈从别人，而要使八方服从自己	√	√			√			√	√	
	要用贤臣良仆	√	√		√		√	√	√	√	
	勿听一人言，要问众布摩	√			√				√	√	
臣子	不可自作主张			√					√		√
	不可无知、吝啬			√	√				√	√	
布摩	条理清楚，做事规范	√			√				√	√	

---

① 根据对象在广义的属性上是性质、功能还是关系，可将类比推理分为性质类比、功能类比和关系类比。性质类比就是根据A、B两个或者两类对象有a、b、c等相同或者相似的性质，且已知对象A还具有d性质，推出对象B也具有d性质的类比推理；功能类比是根据A、B两个或者两类对象有a、b、c等相同或者相似的功能，且已知对象A还具有d功能，推出对象B也具有d功能的类比推理；关系类比就是A、B两个系统在a、b、c等关系上存在相同或相似，且已知系统A还具有d关系，推出系统B也具有与d关系相同或相似的其他关系的类比推理。

② 根据对经验的依赖程度，可将类比推理分为归纳式类比和非归纳式类比。归纳式类比是一种以经验事实为基础的类比推理，依靠经验将类比源（作为类比参照物的对象）的属性直接迁移到类比项（待解决或处理的对象）中，是一种常见的推理形式。而在非归纳式类比中，类比项在此类比建立以前并没有出现过，无先例可循，其结论的推出一部分基于经验，又不完全源于经验。

续表

论题		根据结论的性质			根据属性			根据内容或结构		根据对经验的依赖程度	
		正类比	反类比	合类比	性质类比	功能类比	关系类比	形式类比	实质类比	归纳式类比	非归纳式类比
布摩	脚踏实地，祭祀清白	√			√				√	√	
	不可侵占众人祖灵地		√						√	√	
伦理与道德	不可对祖灵越礼	√		√					√	√	√
	顺从长者	√			√				√	√	
	善者善终，恶者恶报	√					√		√	√	
知识与实践	知识的重要性	√		√	√				√	√	
	聪明从愚蠢中教出	√			√				√		√
	遵规矩、守纲纪	√		√					√	√	

由表 2 - 1 可知，《苏巨黎咪》中的类比推理形式既有正类比、反类比，也有合类比；既有形式类比，也有实质类比；既有性质类比，也有功能类比、关系类比；既有归纳式类比，也有非归纳式类比。可见，《苏巨黎咪》中运用的类比推理形式并非局限于某个角度或方向的单一的类比推理形式，它具有多样化的特征。

与此同时，类比推理的另一特征，即"理性因素和非理性因素结合"① 在《苏巨黎咪》中也得到了充分体现。类比推理并非纯逻辑的推理，不同于演绎推理（演绎推理按严格的逻辑程序推演，只要给出的前提正确，使用的推理规则正确，得出的结论自然就正确，在推演过程中不涉及任何情感、想象、联想等非理性因素），类比推理的形式多样，结构灵活，且受认知主体的社会文化环境、认识能力、知识结构、预期目标等非逻辑因素影响，当主体对看似毫不相干的对象进行

---

① 理性就是按一定的逻辑规则或程序来运作的认知模式，具备逻辑的认知功能；非理性是一个与理性相对的范畴，体现人的情感和心理等因素，具非逻辑的认知功能。理性与非理性是人的认知过程中的一极两面，它们是对立统一、缺一不可的关系。

类比时，就需要深入地了解类比对象的本质，发挥一定的创造性联想或想象，并通过比较来取舍。故此，类比必然涉及直觉、想象、情感等多种心理功能，而非简单的观念间的联系，它既是理性因素和非理性因素的统一，也是逻辑因素和非逻辑因素的统一。这一特征赋予了类比推理在《苏巨黎咪》论证过程中的两个重要功能。

第一，为《苏巨黎咪》伦理目标的实现创造可能。彝族长期以来通过各具特色的政治制度来实行传统统治，这种传统统治具有明显的"习俗统治"特征。在此背景下成书的《苏巨黎咪》包含着丰富的政治伦理、民间伦理和生态伦理思想，该文献对这些思想的论证具有显著的伦理性，而伦理产生于相应的社会文化环境，与信仰、价值观和习俗等非理性因素密切相关，如"善者善终，恶者恶报"与彝族惩恶扬善的社会伦理观、"遵规矩、守纲纪"与忠君的政治伦理观、"不可对祖灵越礼"与祖先崇拜的宗教观、"（布摩）脚踏实地，祭祀清白"与鬼神崇拜的宗教观之间都存在密切联系，此外，以"仁""义""德""责"为内核的道德规范在《苏巨黎咪》的类比推理中亦发挥着重要作用。事实上，在中国古代类推中，伦理目标的实现也很大程度地依赖于非理性因素，如先秦时期"以人为本"的人本主义精神，更是强调论辩过程中既要遵守论辩原则，又不能跨越伦理道德底线，又如先秦儒家提出的"己所不欲，勿施于人"、墨家提出的"兼相爱，交相利"等思想都具有浓厚的伦理色彩，既在一定程度上引导着人们的思想和行为，也影响着人们的思维习惯和方式。可见，在带有浓厚伦理色彩的类比推理中，非理性因素的作用是不可忽视的。

第二，为《苏巨黎咪》推理和论证的"生效"提供支持。关于这一点，可借助以下论证进行说明。

"善者善终，恶者恶报"是《苏巨黎咪》中运用类比推理数量最多的论证之一，它由"行骗者得恶报""不通情理者得恶报""存心不良者得恶报""搬弄是非者得恶报""不服教育者得恶报""贪婪昧心者得恶报""露锋芒者得恶报""造谣生事者得恶报""斤斤计较者得恶报""偷盗者得恶报"等十个推理构成，我们以"行骗者得恶报"和"不通情理者得恶报"为例，对其推理结构进行分析，如

表 2 - 2、表 2 - 3 所示。

表 2 - 2　论"行骗者得恶报"中的类比推理结构

		对象	行为	后果
前提	对象 A1（类比源）	君长麻戈帛	发假令（作假）	死于雄鸡之距（恶报）
	对象 A2（类比源）	臣子朴阿娄	传假令（作假）	让风吹死（恶报）
	对象 A3（类比源）	布摩杜额壁	叙谱条祖好作假（作假）	被火烧死（恶报）
	对象 B（类比项）	你	作假	
结论	对象 B（类比项）	你		恶报

表 2 - 3　论"不通情理者得恶报"中的类比推理结构

		对象	行为	后果
前提	对象 A1（类比源）	启德阿博	霸占渡口（不通情理）	所有财产没于人（恶报）
	对象 A2（类比源）	恒索洛义	过渡口不出钱（不通情理）	单传仅到第七代（恶报）
	对象 B（类比项）	你	不通情理	
结论	对象 B （类比项）	你		恶报

此论证中的其他推理与以上两个推理的结构基本一致，思考过程为：

　　Ⅰ. 类比源 A（或 A1、A2、A3 等）发生 a1 行为和 b1 后果；类比项 B 发生 a2 行为。

　　Ⅱ. a1 行为与 a2 行为、b1 后果与 b2 后果之间存在横向类似。

　　Ⅲ. a1 行为与 b1 后果之间存在因果关系；a2 行为与 b2 后果之间存在因果关系。

　　所以，类比项 B 发生 b2 后果。

在《苏巨黎咪》的其他论证中亦有类似，如：

论"遵规矩、守纲纪"第三阶段的类比推理：阿芋陡家不遵守规章、不统一纲纪，导致君王无威望、长幼无秩序；你家不遵守规章、不统一纲纪；所以，你家君王无威望、长幼无秩序（见表 2 - 4）。

表 2 - 4　论"遵规矩、守纲纪"第三阶段的类比推理结构

		对象		行为	后果	
前提	对象 A(类比源)	阿芋陡家	不遵守规章	不统一纲纪	君王无威望	长幼无秩序
	对象 B(类比项)	你(家)	不遵守规章	不统一纲纪		
结论	对象 B(类比项)	你(家)			君王无威望	长幼无秩序

论"不可对祖灵越礼"第三阶段的类比推理：米祖格孟维家占卜时不依规矩占卜、不奉告祖灵、不谈论占卜见解，导致坏事连连发生；你家占卜时不依规矩占卜、不奉告祖灵、不谈论占卜见解；所以，你家也会坏事连连发生（见表 2 - 5）。

表 2 - 5　论"不可对祖灵越礼"第三阶段的类比推理结构

		对象		行为		后果
前提	对象 A(类比源)	米祖格孟维家	不依规矩占卜	不奉告祖灵	不谈论占卜见解	坏事连连发生
	对象 B(类比项)	你(家)	不依规矩占卜	不奉告祖灵	不谈论占卜见解	
结论	对象 B(类比项)	你(家)				坏事连连发生

论"不可对祖灵越礼"第四阶段的类比推理：布格丽阿旨因只祭祀自家祖宗，不祭祀其他神灵而招来厄运；你只祭祀自家祖宗，不祭祀其他神灵；所以，你将招来厄运（见表 2 - 6）。

表 2 - 6　论"不可对祖灵越礼"第四阶段的类比推理结构

		对象	行为	后果
前提	对象 A(类比源)	布格丽阿旨	只祭祀自家祖宗，不祭祀其他神灵	招来厄运
	对象 B(类比项)	你	只祭祀自家祖宗，不祭祀其他神灵	
结论	对象 B(类比项)	你		招来厄运

以上均为形式类比推理。实质类比推理作为类比推理中极为常见的一种推理形式，在《苏巨黎咪》中也很多，如：

论"（君长）要讲信义"中的类比推理：东部的默遮扯勒、赫海

珠舍家的米彼德诺、阿芋陡家的苏能德彻、纪俄勾家的那周阿吉等君长具有"说话算数讲信义"的属性；他们同时具备"有权威"的属性；你（君长）具有"说话算数讲信义"的属性；所以，你也具有"有权威"的属性（见表2-7）。

表 2-7　论"（君长）要讲信义"中的类比推理结构

		对象	属性 a	属性 b
前提	对象 A1（类比源）	东部的默遮扯勒	说话算数讲信义	有权威
	对象 A2（类比源）	赫海珠舍家的米彼德诺	说话算数讲信义	有权威
	对象 A3（类比源）	阿芋陡家的苏能德彻	说话算数讲信义	有权威
	对象 A4（类比源）	纪俄勾家的那周阿吉	说话算数讲信义	有权威
	对象 A5（类比源）	濮妥珠益家的额哲阿吉	说话算数讲信义	有权威
	对象 B（类比项）	你（君长）	说话算数讲信义	
结论	对象 B（类比项）	你（君长）		有权威

论"（布摩）脚踏实地，祭祀清白"第三阶段的类比推理：（1）陇邓阿仇、杜阿借、益迁阿祖的后代、阿格毕尼具有"脚踏实地"的属性；他们同时具备"影响时间长"的属性；你具有"脚踏实地"的属性；所以，你也具有"影响时间长"的属性（见表2-8）。（2）阿俦、阿苻那勾、阿收毕育具有"脚踏实地"的属性；他们同时具有"长寿"的属性；你具有"脚踏实地"的属性；所以，你也具有"长寿"的属性（见表2-9）。

表 2-8　论"（布摩）脚踏实地，祭祀清白"第三阶段的
类比推理结构（1）

		对象	属性 a	属性 b
前提	对象 A1（类比源）	陇邓阿仇	脚踏实地	影响达一百二十年（影响时间长）
	对象 A2（类比源）	杜阿借	脚踏实地	影响达一百三十年（影响时间长）
	对象 A3（类比源）	益迁阿祖的后代	脚踏实地	影响达一百二十年（影响时间长）
	对象 A4（类比源）	阿格毕尼	脚踏实地	影响达一百二十年（影响时间长）
	对象 B（类比项）	你（布摩）	脚踏实地	
结论	对象 B（类比项）	你（布摩）		影响时间长

表 2 - 9 论 "（布摩）脚踏实地，祭祀清白"
第三阶段的类比推理结构（2）

	对象		属性 a	属性 b
前提	对象 A1（类比源）	阿俦	脚踏实地	官运亨通，活九十九岁（长寿）
	对象 A2（类比源）	阿荷那勾	脚踏实地	得青春之寿，有九十九岁（长寿）
	对象 A3（类比源）	阿收毕育	脚踏实地	官运亨通，活九十九岁（长寿）
	对象 B（类比项）	你（布摩）	脚踏实地	
结论	对象 B（类比项）	你（布摩）		长寿

在以上推理中，既有较常见的实质类比推理和归纳式类比推理，也有基于因果关系的形式类比推理和归纳式类比推理，还有不完全依赖于经验的非归纳式类比推理和形式类比推理。《苏巨黎咪》中存在大量与以上结构类似的推理，并且，与典型的类比推理不同，这些推理中的类比源和类比项之间的相似点数量较少（有的甚至只有一个），也就是说，理性因素并不足以保证其中的属性与属性之间、原因与结果之间的联系。那么，这些推理是否无效呢？在回答此问题之前，有必要先对"有效性"概念进行解释。广义逻辑理论认为，在形式逻辑学中，"有效性"常常用作评价形式论证的标准，即一个论证有效，当且仅当其前提为真时其结论不为假。如果将利用形式化的方法从广义论证中提取出的形式论证称为此广义论证的形式描述，并借助"有效性"概念将此种形式描述分为"有效"、"矛盾"和"既非有效也非矛盾"三类，我们会发现，形式化的方法并不考虑广义论证所涉及的复杂的社会文化环境，认知主体的认识能力、知识结构、预期目标以及语境等因素，这使它在"有效"、"矛盾"和"既非有效也非矛盾"三种情况下对广义论证做出的评价有极大可能是不恰当的。因此，不能将广义论证的评价标准等同于形式逻辑中的"有效性"评价标准，必须对这两种标准加以区分。对此，广义逻辑理论使用了"生效"这一概念，"生效"概念对应于形式逻辑中的"有效"概念。"生效"在非形式逻辑中涉及的领域包括具有说服力、成功交际等要素。而在他文化逻辑中，"生效"涉及了不同的信仰、

不同价值观和不同习俗等。① 基于此，一个推理或论证的"生效"，是指当且仅当它在特定社会文化环境和语境中，与相应文化群体的信仰、价值观和习俗等相协调，并通过一定程度的理性思考实现成功交际（被该文化群体普遍接受）。由于在《苏巨黎咪》的类比推理和论证中，理性因素与广义论证所涉及信仰、习俗等非理性因素的结合在很大程度上为它们的"生效"提供了重要支撑和条件，将它们评价为"无效"是不恰当的。

2. 比喻论证

比喻论证是一个比喻推理序列，其中包含且仅包含一系列比喻推理，且一个比喻推理的结论也许充当下一个比喻推理的前提。比喻推理是隶属于广义类比，又不同于类比推理的一种特殊推理。

比喻推理的结构可表示为：

> 预设：（1）A1 和 B1 的关系与 A2 和 B2 的关系相似
> （2）相似关系为 p
> 并且：在相似性上，A1 对应于 A2，B1 对应于 B2
> 因为：A2 和 B2 的关系是 p
> 所以：A1 和 B1 的关系也是 p

也可作如下简化：

> 前提 1：A1 和 B1 的关系与 A2 和 B2 的关系相似
> 前提 2：A2 和 B2 的关系是 p
> 结论：A1 和 B1 的关系也是 p

《苏巨黎咪》论证过程中不乏比喻推理，如：

---

① 鞠实儿：《论逻辑的文化相对性——从民族志和历史学的观点看》，《中国社会科学》2010 年第 1 期。

下属传达的命令走样，好比箭曲射不成，奈何不了野兽，如猎狗被水淹，猎人失去目标，手中只有弓。（选自：论"君长要善思索"第二阶段）

推理结构见表2－10。

表2－10　论"君长要善思索"第二阶段的比喻推理结构（1）

前提1	"下属传达的命令"和"走样"的关系与"箭"和"曲"的关系相似	"下属传达的命令"和"走样"的关系与"狩猎"和"失去目标"的关系相似
前提2	"箭"和"曲"的关系是"（射）不成"	"狩猎"和"失去目标"的关系是"（狩）不成"
结论	"下属传达的命令"和"走样"的关系是"（传达）不成"	

下情不通畅，犹船去天际，如愚顽的鸟，叫得起劲却无用。（选自：论"君长要善思索"第二阶段）

推理结构见表2－11。

表2－11　论"君长要善思索"第二阶段的比喻推理结构（2）

前提1	"下情"和"不通畅"的关系与"船"和"去天际"的关系相似	"下情"和"不通畅"的关系与"鸟"和"愚顽"的关系相似
前提2	"船"和"去天际"的关系是"（开得远）却无用"	"鸟"和"愚顽"的关系是"（叫得起劲）却无用"
结论	"下情"和"不通畅"的关系是"无用"	

布摩待君长，要尽职尽责。如腹中挂鼓，像待天地父母，如媳待公婆。（选自：论"要顺从长者"第五阶段）

推理结构见表2－12。

表2－12　论"要顺从长者"第五阶段的比喻推理结构

前提1	"布摩"和"君长"的关系与"子女"和"父母"的关系相似	"布摩"和"君长"的关系与"儿媳"和"公婆"的关系相似

续表

前提 2	"子女"和"父母"的关系是"尽（子女）职责"	"儿媳"和"公婆"的关系是"尽（儿媳）职责"
结论	"布摩"和"君长"的关系是"尽职尽责"	

不轨事在身，一代祖来为，殃及十代孙。犹本正源清之水，一代祖来掘，十代子孙受益。一直到将来。（选自：论"重视宗谱"第六阶段）

推理结构见表 2 - 13。

表 2 - 13　论"重视宗谱"第六阶段的比喻推理结构

前提 1	"祖先"和"子孙"的关系与"水之源"和"水"的关系相似
前提 2	"水之源"和"水"的关系是"源正则水清"
结论	"祖先"和"子孙"的关系是"祖先有德则子孙受益"

这种推理在《苏巨黎咪》中随处可见，仅在论"君长"的部分就有十数个，譬如"君长掌权，问臣为上策……君若先问臣，有过不在君，却对臣不利。犹如樱桃花，开晚就被浇，有力使不出，就是这样的"（第 2~3 页）、"笃米的子孙，稳重的不草率，草率的不稳重。庸君发号令，让臣子做主，就像白老鹰，飞落在树梢，驱不动群鸟"（第 8~9 页）、"谈论战事，考虑不周而出言，好比参天大树，树枝不断地枯萎，考虑周到而发言，寿命就长，且修得道了"（第 94 页）等。

必须指出，《苏巨黎咪》中还存在一些性质比喻，它们结构简单，一般仅由一个本体、一个喻体和一个相似点（性质）构成，如"君长的恩惠，大山样的重"（第 48 页）、"不要娶犟如牛的女子"（第 100 页）、"诗文威严如山"（第 326 页）等。以"君长的恩惠，大山样的重"为例，本体"君长的恩惠"和喻体"大山"的相似点为"重"。如果把此比喻句分为本体子句"君长的恩惠重"和喻体子句"大山重"，并设 A 为本体、B 为喻体、C 为相似点，那么整个比喻句 C（A，B）就是本体子句 C（A）和喻体子句 C（B）的简单重叠，即该比喻并未推出新的结论，它的作用主要体现在对本体的生动化、形象化描述，因此，这类性质比喻并非比喻推理，而是比喻修辞。

对于比喻推理，钱锺书先生曾解读到"观水而得水之性，推而可以通焉塞焉，观谷而得谷之势，推而可以酌焉注焉；格物而知物理之宜，素位本分也。若夫因水而悟人之宜弱其志，因谷而悟人之宜虚其心，因物态而悟人事，此出位之异想，旁通之歧径，于词章为'寓言'，于名学为'比论'，可以晓喻，不能实证，勿足供思辨之依据也"①。这段论述指出比喻推理的三个特点：一是借助具体事实揭示抽象的道理；二是以物态之宜悟人心，即强调本体和喻体之间的（异类）相似点；三是比喻推理具有不必然性，即通过前提不能够必然地得出结论。

比喻推理在很大程度上是通过直接洞察具体事物来领悟抽象的道理或意义，所以它们不依赖于具有规定性的分析活动，而从整体上出发，通过跳跃和压缩思维过程来把握事物或获取知识。这种传统的认知模式为彝族先民对本体和喻体之间内在相似的认同提供了条件。

3. 类比—比喻连续统论证

在《苏巨黎咪》中除了完全由类比推理构成的论证或完全由比喻推理构成的论证以外，还存在一种独特的论证，它既包含类比推理又包含比喻推理，且两者均不为独立的推理过程，而是经常同时出现在同一论证阶段，连续地相互支撑。由于这类结构复杂的论证不可能绝对地定性为类比论证或者比喻论证，我们将它称为"类比—比喻连续统论证"。如论"君长要讲信义"、论"要顺从长者"等都属此类论证。

以论"要顺从长者"（见附表 5 - 2 - 1）为典型案例，其过程见表 2 - 14。

---

① 钱锺书：《管锥编》，中华书局，1979，第 134 页。

表 2 - 14 "要顺从长者"的论证过程

	类比推理	比喻推理	比喻修辞
第一阶段	前提1： 对象 A1（类比源）"武士"具有属性 a"仆人"和属性 b"顺从君长"	前提1："你"和"君、臣、师"的关系与"奴仆"和"主人"的关系、"妇女"和"家"的关系、"牛马"和"主人"的关系相似 前提2："奴仆"和"主人"的关系是"遵命"；"妇女"和"家"的关系是"忠于"；"牛马"和"主人"的关系是"顺从" 结论："你"和"君、臣、师"的关系是"忠于"	/
第二阶段	前提2： 对象 A2（类比源）"慕魁臣子"具有属性 a"仆人"和属性 b"顺从君长" 前提3： 对象 A3（类比源）"布摩"具有属性 a"仆人"和属性 b"顺从君长" 前提4： 对象 A4（类比源）"能人"具有属性 a"仆人"和属性 b"顺从君长" 前提5： 对象 A5（类比源）"百姓"具有属性 a"仆人"和属性 b"顺从君长" 前提6： 对象 B（类比项）"你"具有属性 a"仆人" 结论： 对象 B（类比项）"你"具有属性 b"顺从君长"		本体：君令、臣计 喻体：天、地 相似点：高、广
第三阶段		前提1："武士"和"君长"的关系与"水"和"鱼"的关系、"岩"和"鹞鹰"的关系相似 前提2："水"和"鱼"、"岩"和"鹞鹰"的关系是"有情" 结论："武士"和"君长"的关系是"有情"	/
第四阶段		前提1："君长所出主意"和"臣子所出主意"的关系与"牛驮的东西"和"车载的东西"的关系相似 前提2："牛驮的东西"和"车载的东西"的（数量）关系是"一背"和"百背" 结论："君长所出主意"和"臣子所出主意"的（数量）关系是"千条"和"万条"	本体：慕魁臣子待君长的感情 喻体：露天的大石头 相似点：不移动
第五阶段		前提1："布摩"和"君长"的关系与"子女"和"父母"、"儿媳"和"公婆"的关系相似 前提2："儿女"和"父母"的关系是"尽（子女）职责"；"儿媳"和"公婆"的关系是"尽（儿媳）职责" 结论："布摩"和"君长"的关系是"尽职尽责"	本体：布摩与君长志同道合 喻体：大小星交相辉映 相似点：光明

续表

	类比推理	比喻推理	比喻修辞
第六阶段		/	本体：上租谷赋税 喻体：渡过深水、越过黑暗、攀上高峰、越过障碍 相似点：必须完成的事
第七阶段		/	本体：君长的恩惠 喻体：大山 相似点：重

从结构上来看，此论证由一个跨度较大的类比推理和四个比喻推理构成，虽然类比推理所涉范围更广，却不可能毫无争议地将其定性为类比论证，原因是：第一，论证的第一阶段和第二阶段并不包含于类比推理的范围，而主要依靠比喻推理或比喻修辞（比喻修辞虽不能得出新结论，但借助彝族先民熟悉的具体的存在物加大了他们对本体和喻体之间内在相似性的认同，在一定程度上提高了论证的说服力）；第二，论证的第三至第七阶段首先构成了一个类比推理，但在该类比推理中的各个部分仍然包含了数个比喻推理或比喻修辞，它们为类比推理的各个前提的可信度、为论证的成功交际提供支持，与类比推理共同构成一个完整的论证。故此，本研究认为此类论证既非类比论证，也非比喻论证，而是一个以类比推理为主的类比—比喻连续统论证。

此类论证结构的归纳见图2-1。

图2-1把类比—比喻连续统论证分为两个层级，第二层级真包含于第一层级，第一层级真包含于整个论证。第一层级可能出现以下三种情况：一是由一个或多个类比推理构成；二是由一个或多个比喻推理构成；三是由一个或多个类比推理和比喻推理共同构成。第二层级可能出现以下三种情况：一是至少存在一个比喻推理用以支持第一层级的类比推理；二是至少存在一个类比推理用以支持第一层级的比喻推理；三是既存在支持第一层级的类比推理的比喻推理，也存在支持第一层级的比喻推理的类比推理。因此，结构图中的类比推理1、2、3……n（第一层级）与可能存在的比喻推理1、2、3……n（第二层级），比喻推理1、

类比—比喻连续统论证	
第一层级	第二层级
类比推理1	可能存在（比喻推理1）
类比推理2	可能存在（比喻推理2）
类比推理3　支持	可能存在（比喻推理3）
……　　←—	……
类比推理n　支持	可能存在（比喻推理n）
比喻推理1　←—	可能存在（类比推理1）
比喻推理2	可能存在（类比推理2）
比喻推理3　支持	可能存在（类比推理3）
……　　←—	……
比喻推理n	可能存在（类比推理n）

图 2 – 1　类比—比喻连续统论证结构

2、3……n（第一层级）与可能存在的类比推理 1、2、3……n（第二层级）均非一一对应的关系。

（二）论证的基础和保障

如前所述，在《苏巨黎咪》的论证过程中包含了大量的类比推理和比喻推理，并且从形式逻辑的角度看，这两种推理并不能从前提必然地得出结论。故此，有必要阐释促使它们（或由它们构成的论证）生效或提高生效可能的因素。类比推理和比喻推理之间存在复杂的过渡，且都"通过参照对象来阐释话题对象"进行思考，所以促使它们（或由它们构成的论证）生效或提高生效概率的因素既有差异也有类似。基于此，将从以下几方面分析它们的基础和保障。

1. 逻辑学基础和保障——"类"与"相似性"

（1）类

"类"既是类比推理的逻辑学基础，也是人们认知世界的起点。人们在认识世界时，首先认识的就是事物的同与异。如果不能区分事物的同和异，任何推理活动都无从进行。因此，名家以厘清事物的秩序，分明类别为目的提出"别殊类"。虽然《苏巨黎咪》时期的彝族先民并不了解"类"的概念，但他们在包括说理在内的社会实践活动中不自觉地对事物进行了分门别类。

在逻辑学的意义上，"类"概念应由墨家先完成。众所周知，墨家逻辑理论就是以"类"的同异为基础的，墨子也是在此基础上提出的譬、侔、援、推等推理方式。"类推"作为中国古代的主导推理方式，也在此基础上建立。逻辑学家们认为，"类同"即本质属性相同，而"不类"即异类。我们知道，墨家曾提出"同类相推，异类不比"的原则，这是由特定社会文化背景下的墨家逻辑的特定任务决定的。"取当求胜"和"审治乱之纪"的任务，使墨家逻辑更看重推理目标的实现，即更关注其说服的效果，而非对推理的抽象思考。[①] 与墨家逻辑不同，在彝族传统社会文化背景下的《苏巨黎咪》中，既存在大量的"同类相推"，也存在"异类相比"。如在论"知识的重要性"第六阶段就是以会流淌类（水）、会开花发芽类（植物）、会动类（动物）为类比源，以人为类比项进行的类比推理，从会流淌类、会开花发芽类、会动类有优劣之分类推人有优劣之分，这是《苏巨黎咪》中较典型的"异类相比"。

然而，如果按广义的标准进行划分，我们会发现，并非只有本质属性相同的事物才能划分为同类。由于划分标准的不同，事物与事物可能成为同类，也可能成为异类。在社会实践中存在很多有价值的类比，它们并不在本质属性相同的事物之间进行，一些类比甚至在两个很"远"的类之间进行。这是因为，在本质属性或表面上完全相异的事物之间，却可能存在内部的结构、功能、关系上的相同或相似，这些相同点或相似点的存在是进行类比推理或比喻推理的基础和保障。从此意义上说，所有类比推理都在类（此处的"类"指包括本质属性在内的所有性质、功能、关系的类）的基础上进行。

（2）相似性

莱布尼茨认为，"自然界中的一切都相似"[②]。人们进行类比推理，是基于对象之间的同一性或相似性，以及对象的属性间的相关性。正

---

① 崔清田：《墨家逻辑与亚里士多德逻辑比较研究》，人民出版社，2004，第 164 页。

② 转引自列宁《哲学笔记》，人民出版社，1974，第 431 页。

是这种同一性、相似性和相关性，为将某对象的属性或者关系迁移到其他对象的属性或者关系提供可能。①

人们常常依赖存在于客观世界的大量相似现象来认知外界。它们的出现并非偶然，这些现象后面隐藏着某些本质或规律。我们知道，包括《苏巨黎咪》在内的一切类比推理和比喻推理的结论都具有或然性，但是它们在很多说理活动和实践活动中却发挥了自己应有的作用，这就是因为它们拥有另一个逻辑学基础和保障——"相似性"及由其带来的事物间的联系和规律。

无论是类比推理还是比喻推理，甚至是演绎推理和归纳推理，都需要将某一对象的某些知识迁移到另一对象上，在此过程中，相似性就是两个对象之间必不可少的中介和桥梁，没有相似性，知识的迁移根本无法实现，类比推理、比喻推理更是无从建立。如张光鉴所说，"一切事物都通过相似性中介联系"②，相似性既是事物普遍联系性中最重要的一种性质，也是包括类比推理在内的逻辑学三大推理形式的重要基础之一。

作为类比推理、比喻推理的逻辑学基础和保障，相似性的表现形式相当广泛，相似关系有可能是表面相似，也有可能是内部结构相似；有可能是静态相似，也有可能是动态相似；有可能是性质相似，也有可能是功能相似；有可能是非形式的相似，也有可能是形式甚至数量的相似；等等。寻找相似的角度不同，就会形成不同的类比和比喻。

虽然当代高度发达的科学技术和人类认知水平赋予了人们对相似关系的深层把握，以及基于相似关系进行的推理较高的可靠性，但人类认识世界是一个由浅到深的过程，在《苏巨黎咪》成书时期，彝族社会低下的生产力和彝族先民有限的认知能力使他们对相似性的把握更多地停留在事物表面，基于此建构起来的类比推理或比喻推理的结论可靠程度自然也较低。也就是说，《苏巨黎咪》中的论证如果仅依靠"类"和"相似性"这两个逻辑学基础是难以生效（进行有效沟通）

① 马佩主编《逻辑学原理》，河南大学出版社，1987，第 263 页。
② 张光鉴、张铁声：《相似论与悖论研究》，香港天马图书有限公司，2003，第 32 页。

的。故此，本研究将从心理学和认识论角度继续探索《苏巨黎咪》论证的基础和保障。

2. 心理学基础和保障——"直觉"

类比推理、比喻推理都不是纯逻辑推理，它们没有完整的一套演算规则，更不像三段论那样具有固定的格式，所以在它们的推理过程中，除了"类""相似性"的理性因素以外，非理性因素发挥着重要作用。推理和论证的主体是人，而不同的人具有不同的情感、意志，以及不同程度的认知能力，在类比和比喻时，人的心理因素尤其是"直觉"不可避免地参与其中，并发挥重要作用。

作为非理性因素的直觉，是人类认识形成和发展的重要方式之一。A. N. 怀特海曾指出，两种对人类社会具有重要影响的最强大的力量就是"宗教的直觉"与"精确的观察和逻辑推理"，它们是人类认识的两大支柱。①

就作为《苏巨黎咪》论证中主要推理方式的类比推理和比喻推理而言，直觉更作为不可忽视的心理学基础对推理的顺利进行具有重大意义。首先，直觉在类比源和喻体的选择上具有重要作用。推理主体在进行类比和比喻时，先要选取类比源和喻体，这种选择并非按部就班的逻辑分析，而是以自身具备的知识结构和长期积累形成的实践经验为依托，在直觉的"引导"下进行的。也正因建立于直觉之上，主体选择的类比源或喻体不一定都能使类比推理或比喻推理顺利进行。其次，直觉是前提和结论之间必不可少的中介。类比推理和比喻推理的过程同时也是直觉和逻辑共同参与的过程，由于类比推理和比喻推理结构较为松散，前提和结论间不具备推出与被推出的必然关系，作为中介的"直觉"就成为联系前提和结论的必要条件，在此意义上，纯粹依赖于逻辑分析的类比推理和比喻推理都是不存在的。再次，以往亦有学者将类比推理看作归纳和演绎的联合使用（由对象 A 具有属性 a、b、c、d，对象 B 具有属性 a、b、c，得出对象 A 和对象 B 属同类，都具有属性 a、b、c、d，这是归纳的过程，再由对象 A 和对象 B

---

① 〔英〕A. N. 怀特海:《科学与近代世界》，何钦译，商务印书馆，1959，第 173 页。

都具有属性 a、b、c、d，得出对象 B 也具有属性 d，这是演绎的过程），即便如此，在此过程中，仅从对象 A 和对象 B 都具有属性 a、b、c 来说，可以称对象 A 和对象 B 之间有联系，却不能从逻辑上来证明对象 A 和对象 B 之间的必然联系，因此，把对象 A 和对象 B 断定为同类事物时依靠的也是一种直觉上的猜测，而不是纯逻辑证明。比喻推理亦然。

可见，类比推理和比喻推理要顺利进行，逻辑和直觉缺一不可。然而，逻辑和直觉的统一是必要条件，却非充分条件，《苏巨黎咪》中的推理和论证，仅凭逻辑学和心理学的基础难具说服力，它们的生效还需另一基础的共同作用，即认识论意义上的"实践"。

3. 认识论基础和保障——"实践"

（1）类比和比喻以实践活动"比"为前提

人类实践的发展促使其认知水平不断提高，认知手段、工具不断变化，思维方式不断拓展。类比推理和比喻推理作为人类认知活动的重要手段与"实践"紧密联系，在推理过程中包含了事物间的统一性与多样性关系，同时也是一种主体化的关系。类比和比喻均以"比"为前提，而"比"就是一种反映客观对象统一性、多样性的实践活动。统一性即为"同"，多样性即为"异"，"比"则是同中求异、异中求同的过程。类比和比喻之所以成为认识主体的认识手段，就是基于客观事物间普遍存在的"相似关系"（"同"的形式之一），它决定了可通过类比或比喻实现对象之间的知识迁移，"异"则将类比或比喻的结论限为或然性。这些关系经过总结和升华，最终被主体化为"逻辑的式"，其基础就是"比"的实践，是人类在生产和生活中进行"比"的结果。

（2）认知主体的认知能力和知识结构在实践中建立

事实上，任何推理和论证的过程均可看作主体的认知过程。在类比推理、比喻推理的过程中，认知主体就是类比或比喻的主体，认知客体包括类比项、类比源、本体和喻体，认知模式则可抽象为知识的比较和迁移。其中，认知主体在整个认知过程中占据主导地位，对认知系统的构建和认知要素的结合具有关键作用。认知主体包括现实的认知主体和潜在的认知主体，潜在的认知主体（如新生儿）由于没有参与过任何实践活动，其知识结构尚未建立，认知能力亦处于一个极低的水平，故暂不能进行推理等认知活动。现实的认知主体则因在较长的社会实践活动中形成了一定程度的认知能力和知识结构而具备进行认知活动的可能。

就推理而言，类比推理和比喻推理虽离不开直觉等非理性因素的持续作用，但并不意味着推理过程的随心所欲，想要使它们具备说服力，必须要求推理主体具备相应的实践经验。一般来说，演绎推理和完全归纳推理只要求具备正常的思维能力的主体从真前提出发，并正确运用相关推理规则即可。类比推理和比喻推理则不然，对于类比项或本体而言，主体的差异性既可表现为通过不同的类比或比喻过程得出相同的类比或比喻结论，也可表现为通过基本相同的类比或比喻过程推出不同的类比或比喻结论。因此，说服力强的、更易于生效的类比和比喻推理要求主体具备更丰富的实践经验、更高的认知水平以及更完备的相应论域的知识结构，它们的结论虽是或然的，却更具有创造性。

认知主体在类比和比喻推理过程中对实践的依赖还体现在：认知主体总是偏好于将自己较熟悉的对象作为类比源或喻体，而非选择自己不熟悉的对象。"熟悉"就意味着主体具备该类比源或喻体的相应知识结构。如果对类比源或喻体一无所知，认知主体不可能通过它们的属性、功能、关系推出类比项或主体的属性、功能、关系。如《苏巨黎咪》中类比推理的类比源多为一些著名的君、臣、师，比喻推理中喻体则多为"天""地""山""水""石""树""风"等自然景观或现象，这与当时彝族先民对客观世界和所在社会的认知水平、知识结构密切相关。这种认知水平、知识结构并非由类比或比喻客体赋予，而是通过符号化、工具化的社会生活实践和学习实践逐渐形成的，认知主体既通过亲身实践获取直接经验，又通过文献的学习和他人的讲授获取间接经验。间接经验虽通过非主体亲身经历获得，却源于文献作者或讲授者的实践经验，因此，实践是认知主体基于其认知能力和知识结构选取类比源或喻体的必要途径。

（三）论证的生效性分析

如前文所述，"生效"在非形式逻辑中涉及的领域包括具有说服力、成功交际等要素。而在他文化逻辑中涉及不同的信仰、不同价值观和不同习俗等要素。类比推理和比喻推理需在作为逻辑学基础的"类"与"相似性"、作为心理学基础的"直觉"及作为认识论基础的"实践"的共同作用下完成并生效。由于《苏巨黎咪》中的论证多以类比推理或比喻推理为主要过程，可将"是否具有相应的逻辑学基础、心理学基础和认识论基础"作为评价其论证的生效性的重要参考。又因"类"与"相似性"属理性因素，"直觉"属非理性因素，"实践"为理性因素与非理性因素的统一，可将该问题纵向分解为两个层面，一是"所对应的理性因素和非理性因素是否兼具"，二是"理性因素和非理性因素是否共同作用于论证以实现有效沟通"。

根据前文关于《苏巨黎咪》论证中类比推理和比喻推理的分析，首先可以对第一层面的问题予以肯定回答。如此一来，第二层面就成为《苏巨黎咪》论证是否生效的关键。第二层面从语义上又可分为两个部分：一是"其中的理性因素是否生效"，由前文可知，虽然在部分类比推理中类比源和类比项之间的相似点数量不多，但其具备大致相同并符合逻辑的推理路径，故此认为其中的理性因素是生效的。二是"其中的非理性因素是否生效"，即"它们是否与当时的社会文化环境及彝族先民宗教信仰、道德观念和生活习俗相符"。对此，本研究认为，《苏巨黎咪》中的推理和论证包含的祖先崇拜、自然崇拜、鬼神崇拜等非理性因素与其原始毕摩教相契合；"仁""义""德""责"等非理性因素与君民一体的政治伦理观和尊老爱幼、为人持家、孝敬父母、团结友善等民间伦理观相契合；在推理过程中对类比源或喻体的选取也与彝族先民简单的生产生活方式和对客观世界有限的认知程度相契合。这说明《苏巨黎咪》中的论证与当时彝族文化群体的知识和认知方式相协调，是获得其社会文化规则支持的论证，因此是生效论证。对此，本研究将在第三章从文化与思维的角度作进一步阐释。

第二节　彝族传统思维及其特征

一　彝族传统思维

在不同的社会文化环境中生活的不同社会文化群体自然会萌生出不同的思维方式。这些思维方式在经过原始选择和正式形成的阶段，并被该群体中的绝大多数个体接受以后，就会衍变为该群体相对稳定的思维模式和思维习惯，影响着他们的一切社会实践活动。《苏巨黎咪》通过系统记录彝族传统伦理道德和行为规范，凸显出当时彝族特有的思维模式和思维习惯，即以家支观念为基础的亲族思维、以忠君观念为核心的等级思维、以因果报应为依托的修善思维、知识与实践相结合的求真思维、以维护"硕"为前提的互偿思维、人与自然和谐相处的共生思维。

（一）以家支观念为基础的亲族思维

亲族思维以祖先崇拜和家支道德为精神内核。"家支"彝语为"庇伟"，指以父系始祖血缘关系为纽带，以父子连名谱系为链条而形成的，还未举行脱离血缘家支仪式的血缘群体组织。家支既是彝族社会结构和经济结构的共同产物，也是彝族社会管理和维护奴隶制等级秩序的有力工具。家支观念源于彝族祖先崇拜的宗教观，是彝族传统道德伦理观的核心和亲族思维的最原始形态。彝族家支利益高于一切，"根靠的是树木，人靠的是家支""走家支的地方不带干粮，依靠家支三代都平安"[1] 等尔比均体现了彝族先民根深蒂固的家支观念。

亲族思维以家支观念为基础。彝族先民认为亲族成员之间相互依存，亲族关系"如线头线尾，延伸到天上，牢固而不断"（第20页）。思维的领域依赖性决定任何民族都具有自己评判道德和行为的标准，彝族人兴礼仪、尚道德，将道德作为区分"人"和"兽"的标志，认为"不仁者非人，堪与兽为伍"（第58页），决定整个家庭道德面貌的关键正是亲

---

[1] 《凉山彝族奴隶社会》编写组编《凉山彝族奴隶社会》，人民出版社，1982，第69页。

族关系，他们具有"一代人通理，九代人效法"（第50页）、"祖暴裔不昌"、"舅贤甥不劣"、"父慧子不愚"、"夫贤妻安乐"① 等观念，并由此发展为"该知晓族史，应亲敬舅家；要崇拜祖先，要孝顺父母"② 的亲族思维。

"仁""义""德""责"是彝族社会最基本的道德原则和行为规范。《苏巨黎咪》载，不仁者有三种，第一种就是"长与幼不分……父子生隔阂……兄弟徒有名"（第57~58页）。义的标准是："为幼的进言，为长者入耳。"（第58~59页）家庭和睦还是品德好的内在要求："家庭和睦寨邻亲，寨邻和睦是第一，寨邻和睦地方安宁，地方安宁是第一，地方安宁风气好，风气好是第一。风气好了讲品德。品德好是第一。"（第87页）责任有三件，第一件就是"在祖宗灵位边，要循规蹈矩，忌讳乱讲。祭祀要公平，阴阳如松柏有别，理顺祖灵筒，祖宗如鹿群，地盘如青松，牌位如英雄排列，上下犹白虎躺卧，天地头脚端正，谱系如碧水流畅……"（第59~61页）可见，亲族思维作为衡量"仁""义""德""责"的重要标尺在彝族传统道德评判中的基础性作用。

以家支观念为基础的亲族思维对内解决家支内部纠纷、加强家支内部协作和团结，对外抵御外来侵犯、维护家支利益。当时，它作为一种普适性精神，蕴藏于不同性质的案件中，是调解兄弟不和、妯娌争斗，处理不孝、奸淫、偷盗之人，裁定财产继承权和优先受买权等的基本原则。

（二）以忠君观念为核心的等级思维

社会生产关系的不断调整使彝族社会的等级和阶层结构在不同历史时期呈现阶段性和多变性，虽然在原始父系氏族时期就已出现"兹""莫""毕""耿""卓"，但父系氏族首领"兹"是没有特权的自然领袖，且划分这五种人的根据是社会职能而不是社会阶层，所以并未形成真正意义上的社会等级。直到彝族进入奴隶社会后在奴隶主和奴隶

---

① 朱崇先：《彝族典籍文化》，中央民族大学出版社，1994，第78页。
② 朱崇光：《彝族典籍文化》，中央民族大学出版社，1994，第75~76页。

对立关系的基础上，"兹"和"莫"合并为"兹莫"，统治阶层才得以产生。兹莫是彝族部落的军事和政治领袖，即《苏巨黎咪》中的"君长"。在以家支为核心组织的彝族社会，当某一家支取得部落的统治地位时，家支长就成为部落的君长，君长具有家支制赋予的特权，部落成员的一切言行须以"忠君"为宗旨。

彝族在唐代发展为"笃米"系统，此时"六祖"后裔"乌蛮"各部崭露头角，建立了多个部落政权，各部君长为维护和巩固本部的世袭宗法制统治争相笼络人才，饱学之士们为一展抱负纷纷为各部君长出谋献计（第3页）。《苏巨黎咪》正是在此背景下所著。《苏巨黎咪》用大量篇幅告诫臣子、布摩、武士、随从和百姓必须忠于君长，体现出以忠君观念为核心的等级思维特点。

《苏巨黎咪》告诫人们要"顺从长者"（第41页），因"君长和重臣，布摩三者是人杰"（第42页），所以"要忠于他们，如奴仆遵命，似妇女持家。要忠于他们，顺从如牛马，把他们忠于"（第42页）。又因"君为大令如天高"（第54页），所以要求"贤臣尽职守"（第15页）、"慕魁臣子待君长，如露天的大石头，不移动一般"（第44页）、"布摩待君长，要尽职尽责。如腹中挂鼓，像待天地父母，如媳待公婆"（第45~46页）、"武士待君长，情同水与鱼，像岩与鹞鹰"（第42页）、"随从待君长，态度要谦逊"（第40页）、"百姓对待君长，诚实是第一，租税是第二，君长的恩惠，大山样的重"（第48页）。可见，忠君是当时彝族社会的基本准则。"君形象是鹤在天，……臣形象是鹃居地。"（第173页）严格的社会等级观念不单存在于君臣之间，任何"上下级之间"（第12页）都"要讲忠诚，要重信义"（第12~13页）。"奴仆做出主人架势，奴仆作主张，所有的奴仆，都不可这样。"（第100页）不可"不服从主人的分工"（第99页）。百姓则以"交完租赋"（第217页）作为首要任务。

以忠君观念为核心的等级思维与彝族地方政权和政治制度持续互动。彝族社会通过维护君长的绝对权威来实现各阶层政权的统一，如唐代根据"种族部落"进行行政区域划分的鬼主制，担任首领的鬼主不仅能够世袭其职、世守其土、世长其民，还具有按本民族习惯法从事处理部落内部事务的权力;之后大理国时期的苴穆制,最高首领苴穆也在其领地上建立起严格的等级制度。以维护君长绝对权威为核心的等级思维在"习俗统治"的彝族社会大大增加了人们对习惯法的尊重和服从,为彝族社会规范的实施创造了有利条件。

(三) 以因果报应为依托的修善思维

彝族先民所具有的以因果报应为依托的修善思维与彝族原始的宗教意识关系密切。关于宗教意识的形成,迪尔凯姆曾说道:"心怵而奉之以礼,礼缘情生。"① 我们认为,"怵"是宗教意识产生的根源,是先民们因低下的生产力水平而对大自然产生的极大恐惧,"礼"是消除"怵"的方式或仪式,如以求福避祸为目的的各种祭祀活动,"情"是先民们对神秘力量的心理依赖和崇拜。因"怵"而奉"礼","怵"与"礼"共生"情",宗教意识在"怵""礼""情"的交叉互动中形成。

彝族宗教意识以其社会内部的万物有灵观为基础,包括原始的祖先崇拜意识、自然崇拜意识、鬼神崇拜意识、图腾崇拜意识等,其内涵丰富、功能繁多。落后的社会发展水平决定了彝族人长期将大自然及其现象视作万事万物的主宰,并由此衍生出对拥有巨大意志力的天、山、地、火、水、石等自然神灵的崇拜。其中天神的威慑力最大,天神无所不知,能够公正地判断人世间的是非,向天神说谎的人必遭天惩,天神代表着公平、正义及完美的人格。其余的神各有不同的管辖范围和职责,只要做了坏事就会遭到神的惩罚。自然神灵的人格化不仅体现了彝族人追求公平、正义的内在意识和惩恶扬善的强烈愿望,还体现了他们对道德监督力量和审判力量的需求和渴望。彝族人认为人必有魂,人死后的灵魂可能变成善魂"吉尔"保护家人,也可能变成恶魂"纽此哈莫"作祟后人。无恶不作者不仅会被恶鬼缠身,死后也将变成恶鬼,祸及子孙。这些宗教意识均为其传统修善思维形成的内在因子,它们对于彝族修善思维的塑造作用主要体现为将因果报应作为惩恶扬善的重要方式。

---

① 〔法〕埃米尔·迪尔凯姆:《迪尔凯姆论宗教》,周秋良等译,华夏出版社,2000,第116页。

《苏巨黎咪》载："向善者得善终，向恶者得恶报。"（第39页）向善是彝族社会对成员的基本要求，表现为不可心狠行恶、不可背信弃义、不可存心不良、不可偷盗行骗、不可搬弄是非、不可贪婪昧心、不可祭祀不周、不可不通情理等。《苏巨黎咪》以迫维启阿太、恒索启阿欧、德歹祛阿恒三人为类比源，告诫人们不可心狠行恶，不可背信弃义，不可存心不良；以君长麻戈帛、臣子朴阿娄、布摩杜额壁为类比源，告诫人们不可偷盗行骗；以支尼目柔、阿诺姆诃为类比源，告诫人们不可搬弄是非口舌；以米祖格孟维一家为类比源，告诫人们不可祭祀不周；以弥立武俄为类比源，告诫人们不可贪婪昧心；以启德阿博为类比源，告诫人们不可不通情理（第103～107页）。以上论证的过程在本章第一节已做详细分析，此不赘述。基于彝族特有宗教意识的上述论证是以因果报应为依托的修善思维的直接呈现，它们之所以生效，就是因为因果报应观在彝族先民心中早已成为一种社会共识并得到内化。显而易见，《苏巨黎咪》对各类社会成员的行为规范和道德要求就是在彝族特定的历史文化背景下，以维护君长统治和社会秩序为目的，并将依托于因果报应观念的修善思维应用于社会生活实践的特定文化产物。

（四）知识与实践相结合的求真思维

彝族先民崇尚知识，注重实践，拥有知识与实践相结合的求真思维。需要指出，此处的求真思维并非传统意义上的哲学式和科学式的求真思维（将主体的主观意志、价值倾向，以及思维对象的伦理内涵排除在外的，以思维对象本身作为唯一审视点而不具有道德和伦理特点的思维方式），而指生活在社会发展程度极低的彝族社会的成员所具有的对知识的尊重和追求以及尽可能地将知识应用于社会实践的思维方式。

如前所述，彝族先民对于知识的重视程度极高。《苏巨黎咪》指出"天地之间，各种本领中，有知识为大……"（第21页），强调自"哎哺产生后，就重视知识"（第326页），学习知识"能避免地上的灾荒，能战胜地上的贫困……"（第319页），无论是君长、大臣、布摩，还是百姓、家奴，任何人都需要知识，因为"君长无学问，权落臣子手，暗无天日，穷途末路，是这样的啊。臣子不认真，断事不分巨细，就如同驾船，行于深水无岸靠，是这样的啊。家奴无学问，号令不能传达，好比路上拖树枝，是这样的啊"（第 322～323 页）。"君长有学问，发号令犹太阳出来，照在大地四方。通情达理，使愚顽开化，启（起）用能人强将，好比使用猎狗，手下的无畏壮士，肯为治天下效命，是这样的啊。为臣有学问，如浇活枯木，受恩的人记住他，受恩的人服从他。为臣开导人，犹掘湖疏导水，施展各种才能，发挥全部智谋，是这样的啊。布摩有学问，祭祖有讲究，出口成章，知识渊博。依礼仪作完美祭祀，子孙昌达，知名度很大，威望高如岩，如清澈的大江，实在是这样。百姓有学问，君长只消动口发令，像比翼的鸭，像树林密不透风，如坚固的大岩，是这样的啊。"（第 323～325 页）《苏巨黎咪》还通过施阿武、布约那吐、卓铁夫友等诸多贤人和能人事迹来说明"有知识的人有修养""有知识的人能成事""有知识的人有作为"等一系列问题；通过笃勒愁汝、支嘎阿鲁、撮矮阿颖等四十七位贤人都重视知识来论证只有重视知识的人才能成为贤人；以慕俄勾家德启阿朴接待纪俄勾家阿类阿列的事和霍苦仡古告诫人们勿乱饮酒的事为例，告诫人们不仅要尊重知识，还要尊重、听从有知识的人。这也是彝族社会文化的主要传播者——"布摩"在彝族社会备受尊敬的重要原因之一。彝谚云："君有权威大如云，王有势力深入地，布有渊博的知识。"[①] 可见，布摩在彝族传统社会拥有可与君、王相提并论的社会地位，布摩不仅可以"操纵天上兵，持空中矛戟，卸天边马鞍"，还在祭祀、调解中发挥着举足轻重的作用。无论是君长、大臣还是普通百姓，都不可随意伤害作为彝族社会知识阶层的布摩。

关于知识在社会实践中的运用，《苏巨黎咪》则指出，不仅要将知识运用到社会实践中，还必须在运用过程中做到遵规矩、守传统、重谋略、敢决策等等，强调在"学"和"实践"的过程中，还应注意判断是非、合理利用时间、发现别人的长处、总结经验等问题，且指出所有人都是"可塑"的，因为"聪明从愚蠢中教出，没有不懂事的人，

---

① 毕节地区民族事务委员会编《彝族源流》（第 5～8 卷），贵州民族出版社，1991，第 28 页。

没有无过错的人"（第 401 页）。

不难看出，受彝族传统社会发展水平和在其限制下的彝族先民的世界观与价值观、知识观与实践观及其思维发展进程的影响，这种知识与实践相结合的求真思维在很大程度上表达的仍是主体的态度、需要和情感（尤其是政治态度、需要和情感）。因此，此处的"求真思维"主要解决的仍是特定文化群体在特定历史时期的价值问题和意义问题，而并非真假问题和事实问题。

（五） 以维护"硕"为前提的互偿思维

纠纷是群体或个体之间发生的利益冲突，纠纷解决活动是对发生冲突的主体间的利益和关系进行协调和重组的过程。彝族先民认为"没有上天的纠纷，没有入地的纠纷"，只要达成前合意，进入调解程序，再难的纠纷都可以解决。[①] 这种自信源于彝族人对"正义"的理解。他们的正义蕴含于纠纷各主体的合意之中，并随情境的变化而变化，解决纠纷的过程就是在争辩中寻找正义和公正的过程，只要双方达成合意，正义就出现了，这是一种具有实用主义和相对主义特征的正义观。

在进行调解时，赔偿（一般由侵害利益方赔偿给利益受到侵害的一方，由于这种赔偿发生在纠纷主体之间，且以双方达成合意为目的，故称"互偿"）和道歉经常成为解决纠纷的方式。原因是，互偿和道歉更有益于维护当事人的"硕"（"尊严"），只有使"硕"得到维护，双方才能够达成合意，实现正义与公正。而相对于道歉，互偿更具备物质上和精神上的双重功效，能给予利益被侵害方更多的心理慰藉，从而达到消除仇恨、挽回尊严、修复人际关系的目的。互偿思维作为彝族人特有的传统思维方式长期存在于纠纷解决活动中，是形成彝族赔偿制度的深层元素。

道德通过社会或群体（民族）舆论和内在的自觉性约束人们的社会生活和行为，个体行为不遵守道德约束就会违犯禁忌。当道德和禁忌获得某一群体（民族）的广泛认同和尊重，并得到普遍运用和规范

---

① 李剑：《论凉山彝族的纠纷解决》，博士学位论文，中央民族大学，2010，第 19 ~ 21 页。

化发展后，就衍变为该群体的行为准则。"诚实"是彝族社会崇尚的道德品质之一，其禁忌为"行骗"。彝族先民关于"人生在世行诈骗最贱"（第 103 页）的思想在《苏巨黎咪》中得以体现："侯家仲鲁保，骗东边的武陀尼，说西部卓罗纪（皮罗阁）家，出现铜牛怪叫现象，全靠他设法镇住，为此用九百驮红绸，赔偿说谎的损失。又骗西部卓罗纪，说东部武陀尼地方，爆发了火山，说被他堵住了。为此用九百匹青绸，赔偿说谎的损失。骗上方的阿德毕，说左面邻部默氏兴兵，神速开来进攻了，全靠他设法稳住。为此用九百匹马，赔偿说谎的损失。又骗右面德施家，说左面的德毕兴兵，大兵压境时，由他给退了。德毕索取了八百条牛，赔偿说谎的损失。"（第 105～107 页）可见，互偿思维不仅蕴含于纠纷的调解过程，还作用于对违背道德、触犯禁忌之人的处罚过程。

互偿思维还是彝族先民处理劫盗案、奸淫案、人命案的有效思维方式，据《宋史》卷四百九十六《西南诸夷传》，早在牂牁彝族时期就有"劫盗者，偿其主三倍；杀人者，出牛马三十头与其家以赎死"[1]。一般来说，只要不是性质极为恶劣的人命案（如杀死同宗者、低等级的人杀死高等级的人等），都可通过支付"赔命金"解决。

（六）人与自然和谐相处的共生思维

彝族先民具有的人与自然和谐相处的共生[2]思维源于其自然崇拜。彝族的自然观在宇宙的创世和演化、人类的起源以及事物的存在和发展等问题上，以想象和"推理"的方式先将自然物神化，又将自然神灵人格化。这是因为，落后的社会发展水平决定了彝族人长期将大自然及其现象视作万事万物的主宰，并由此衍生出对拥有巨大意志力的天、山、地、火、水、石等自然神灵的敬畏。

《苏巨黎咪》中关于默遮阿默家治疗风寒（第 158～159 页），不服

---

① （元）脱脱等：《宋史》卷四百九十六《西南诸夷传》，中华书局，1977，第 14223 页。
② 共生最早指两种或两种以上生物一起生活，并互相依赖的现象。后被广泛运用于其他领域之中，主要指参与共生的各共生单元间互相作用或结合的方式或形式。现在，该理论已拓展到民族学研究领域，本研究主要用其阐释彝族人关于人与自然、人与社会、人与人之间关系的思维，本节中的"共生"主要指第一种。

教育的阿诺姆诃受山神、岩神、水神惩罚（第 118~119 页），祭祀不周的布格丽阿旨被水神、岩神、山神惩罚（第 134~135 页）等记载均体现了彝族先民对自然的畏惧和崇拜之情。在彝族先民看来，人作为自然物的衍生物，与动、植物之间是一种亲属关系抑或血缘关系，他们对自然神灵的人格化不仅催生了彝族先民对自然的畏惧和崇拜，还促使他们形成了爱护环境的好习俗，如禁踏、禁越火塘，禁止向火塘掷脏物；禁止砍神树或在神树边嬉戏、喧哗；禁止在山神、石神附近砍树或放牧；禁止折马桑枝和杜鹃枝；禁止在沟渠、水池、龙潭边大小便；禁止触摸山神石；禁用脚踢锅庄石；禁止打布谷鸟；等等。

彝族先民很早就意识到人的生存空间和可利用资源是有限的，无论是他们"鸟类若不死，林中容不下。人类若不死，世上纳不下"的观点，还是《人类和石头的战争》的神话故事均体现了彝族先民对人类有限生存空间的认识，体现了他们对有效控制人口增长，合理利用资源，保护自然环境的强烈愿望。

这些崇敬自然万物的思想和行为准则以及在其基础上形成的禁忌文化是彝族先民共生思维的外在表现形式。彝族先民的共生思维一方面将自然以神灵的形式作为崇拜的对象，以祈求恩泽和庇护，把人作为自然物的衍生物，通过禁忌文化和祭祀习俗来调节人与自然之间的关系；另一方面又将自然崇拜和祭祀习俗当作保护自然物的方式，并形成保护自然的习惯法则，这种法则"既不是铭刻在大理石上，也不是铭刻在铜表上，而是铭刻在公民们的内心里；它每天都在获得新的力量……可以不知不觉地以习惯的力量代替权威的力量"①，对于彝族传统社会人与自然关系的维护具有重要意义。

二 思维特征

（一）非理性思维为主导

非理性思维就是运用非逻辑的思维形式进行认知的思维活动。它主要由两个部分构成：一是直觉、联想、想象、灵感、顿悟、潜意识

---

① 〔法〕卢梭：《社会契约论》，何兆武译，商务印书馆，2003，第 70 页。

等认知过程的内部结构和形式；二是信仰、信念、意志、需要、爱好和情绪等控制和调节认知活动的不可或缺的外部成分。如前所述，《苏巨黎咪》中四种主要的思维类型分别为以家支观念为基础的亲族思维、以忠君观念为核心的等级思维、以维护"硕"为前提的互偿思维和人与自然和谐相处的共生思维。不难发现，这四种思维均以非理性因素为主要成分，具有浓厚的非理性色彩。如亲族思维以其家支观念为基础、以祖先崇拜和家支道德为精神内核，是以彝族宗教观和道德伦理观为主要成分的思维方式；等级思维以忠君观念为核心，而忠君观念的形成与彝族政治格局、阶层结构和社会环境密切相关；在互偿思维中，当且仅当被侵害方的"硕"得到维护，正义才得以实现，可见心理上的慰藉和需要在整个思维过程中的主导作用；原始思维则以将自然崇拜、鬼神崇拜和图腾崇拜作为主体的彝族原始毕摩及由其衍生的因果报应观为支撑。可见在这四种思维过程中，无论是内部结构还是外部成分，非理性因素都发挥着关键性作用。

《苏巨黎咪》中的非理性思维以原始思维、形象思维和经验思维为主。其中的原始思维主要表现为自然崇拜思维、鬼神崇拜思维和图腾崇拜思维以及由此萌生出的"神判"（又称"神意裁判"），这种在当时彝族社会普遍使用的审判方法的实质就是在神灵的意志下所进行的事实（行为）认定。如上文提到的：迫维启阿太、恒索启阿欧、德歹祛阿恒三人心狠行恶、背信弃义、存心不良，所以均被雷所劈；君长麻戈帛、臣子朴阿娄、布摩杜额壁都作假行骗，所以麻戈帛死于雄鸡之距，朴阿娄让风吹死，杜额壁被野火烧死；支尼目柔、阿诺姆诃搬弄是非口舌，所以一个被吊在悬崖上，一个被山神、岩神、水神惩罚至神志不清；米祖格孟维一家祭祀不周，所以鸡被鹰抓、猪被狼伤、牛被虎咬、子被鹰抓；弥立武俄贪婪昧心，所以疯癫后死去；启德阿博不通情理，最后倾家荡产不得好结果；等等。这都是分别基于自然崇拜思维、鬼神崇拜思维和图腾崇拜思维的"神判"的结果，属原始思维范畴。由于形象一般指形体的映象，可将形象思维理解为借助形体的映象进行思考的思维。《苏巨黎咪》通过丰富的联想，用生动、形象的语言对客观事物和现象进行描述，将它们展现在读者面前，体现出当时彝族先民较高的形象思维。如在 "老得像皑皑白雪"（第 165 页）、"信义重于山"（第 197 页）、"说出口的话，或一片山林，或一壁大岩，或一条大河，说了就作数"（第 198 页）、"一个部族像一张弓，百姓就如弓背，君长是弓弦，臣子是箭袋。武士和兵卒，是箭杆箭头，各司其职，作用有时间"（第 65 页）中分别借助 "白雪" "山" "山林、大岩、大河" "弓" 的形体印象对 "老" "信义" "说出口的话" "部族" 所做的生动描述。《苏巨黎咪》 中的经验思维则表现在对事物的认知较多地依赖于经验，较少地依赖于逻辑，凸显为大量地借助拥有类似经历的人和已发生过的事来说理。如在论君长之谋略时，一开始就罗列出娄娄勾部、阿外惹部、东部外族天子、西部的皮罗阁、纪俄勾（乌撒）、古口勾（磨弥）等诸多具有影响力的君长或部族；在论君长之信义时，以东部的默遮扯勒、赫海珠舍家的米彼德诺、阿芋陡家的苏能德彻、纪俄勾家的那周阿吉等六位明君为例进行说理。此类说理方式大量存在于论臣子、布摩、伦理与道德以及知识与实践等各部分中，呈现明显的经验思维特性。

（二）逻辑思维尚不成熟

一般认为，逻辑思维是借助抽象思维并通过一定的逻辑规则和方法来反映事物的思维方式，它对事物的认知不依赖于感觉、直觉等因素，而以概念为基础，以判断和推理为主要表现形态，因此基于逻辑思维的认知是一种对事物抽象后的间接反映，判断注重揭示事物间的内在联系，推理则是运用已知的判断推导出新判断的思维过程。由于逻辑思维摒除了自觉、感觉等因素，极大地缩小了认知主体的个体化差异，被认为是对事物本质进行认知的可普适化的思维方式。这种思维方式也是保障《苏巨黎咪》成功交际的不可缺少的思维方式之一。

根据本章第一节，《苏巨黎咪》中包含诸多论证和推理，且大多数拥有相对稳定且符合逻辑规则的论证或推理结构。无论是其中的类比推理结构（前提 1：对象 A 具有 a_1，b_1，c_1，d_1；前提 2：对象 B 具有 a_2，b_2，c_2；结论：对象 B 具有 d_2）还是比喻推理结构（前提 1：A_1 和 B_1 的关系与 A_2 和 B_2 的关系相似；前提 2：A_2 和 B_2 的关系是 p；结论：A_1 和 B_1 的关系也是 p）都与相应的逻辑规则相符，并且在推理过程中具备"类"与"相似性"的逻辑学基础，因此本研究认为，在《苏巨黎咪》成书时期，彝族先民已具备了一定的逻辑思维能力。然而，从本章第一节中不难发现，《苏巨黎咪》中的类比推理和比喻推理与典型的类比推理和比喻推理存在一定的差异性：在类比推理中，类比源和类比项之间的相似点较少，如在论"（君长）要讲信义"时，相似属性仅有"说话算数讲信义"；在论"（布摩）脚踏实地，祭祀清白"时，相似属性仅有"脚踏实地"；等等。在比喻推理中，本体和喻体之间用于"比"的属性相似度不高，如"谈论战事，考虑不周而出言，好比参天大树，树枝不断地枯萎，考虑周到而发言，寿命就长，且修得道了"（第 94 页）中的"考虑不周而出言"与"参天大树的树枝枯萎"、"考虑周到而发言"与"参天大树寿命长"的相似度较低；"为臣不加思索而发言，如毕余氏卷大幅绸，受同事指责，如青线断了，巧妇接不拢，飘荡在空中，拉开了与贤臣的距离。……臣子思索后发言，虽然有出入，如皮耐氏卷大幅绸，同事会照应"（第 92 ~ 93 页）中的"为臣不加思索而发言"与"毕余氏卷大幅绸"、"臣子思索后发言"与"皮耐氏卷大幅绸"的相似度较低；等等。无论是类比推理中相似点少的问题，还是比喻推理中用于"比"的属性相似度低的问题，从逻辑学的角度看，都给对象之间的知识迁徙带来了困难，可见，《苏巨黎咪》说理活动中逻辑思维并不成熟（这与当时彝族社会的发展水平以及彝族先民的认知能力和知识结构密切相关）。

（三）古代朴素的辩证思维特征

彝族传统思维既因特定的历史文化环境而具有其独特性，又在某些方面显示出与中华民族传统思维的一定程度的相似性。我们知道，中国古代主流的思维方式具有辩证思维相对发达的特征，它强调万事万物都普遍联系，并且处于不断的变化发展之中。这种思维方式与亚里士多德先给对象下定义、形成概念，再用形式逻辑规律来推理的思维方式截然不同，它主要体现为从天、地、人三方面分析利弊，并把这三方面有机联系起来以实施"三位一体"的统筹把握。它直接把对象置于具体的环境（特定的时间、地点、社会和人文条件，以及人和人之间的相互关系）中进行考察，其合理性主要有：第一，强调人的思维活动是与周围的实际情况密切相关的活动，坚持主体与客体、主观与客观之间的对立统一；第二，既结合了个别分析和兼顾差别，又结合了平衡与综合，具有立体、多维的特性，有益于杜绝绝对、防止片面，从而实现全面的统一；第三，强调人的活动与空间、时间的统一性，要求人们根据特定的地点、时间、条件来进行生产和生活活动，告诫人们不合时宜的活动都将归于失败。

相对于上述（中国古代主流的）相对发达的辩证思维，《苏巨黎咪》中的辩证思维具有"朴素辩证思维"的特性。我们知道，朴素辩证思维是以"发现并认识事物的矛盾双方"为前提的。《苏巨黎咪》在多处通过阐述事物的矛盾进行说理，如论"聪明从愚蠢中教出"（见附表 6 - 1 - 11）蕴含着彝族先民对"教"与"学"、"聪明"与"愚蠢"的辩证认识；论"稳重而不草率"（见附表 5 - 2 - 2）蕴含着对"稳重"与"草率"的辩证认知；论"贤人都重视知识"（见附表 6 - 1 - 6）蕴含着对"清"与"浊"的辩证认知。此外，《苏巨黎咪》虽未直接对天、地、人进行"三位一体"的考察，但对天地与人之间关系的描述是极为丰富的，如"人是哎哺的后代，哎哺是天地的后代"（第 401 页）、"人系天所生，由窦朵所抚育"（第 404 页）说明人与天地的密切联系；又如既通过"稼穑第一靠天地，靠风调雨顺"（第 68 页）描述了天地对人的生产活动的影响，通过"受天地之害，好比山顶的松树折断，像跌入悬崖，落在山谷中"（第 309 页）描述了天地不可逆的强大力量，又通过"命运由祖制主宰，神制由天地主宰，但天地不主宰人的行为。别人有长处都取，也就是能人，总结好的经验，作为是这样"（第 362 页）肯定了人在社会实践中的主观能动作用。此外，在论"勿耽误时间、勿错过时机"（见附表 6 - 2 - 5）时，从追荐亡灵、祭祖、农牧、婚嫁、理谱等诸多方面强调人的活动与时间的统一性，告诫人们要在特定的时间做特定的事；在论"不可对祖灵越礼"（见附表 5 - 1 - 3）时，以米祖格孟维家占猪蹄为例，强调人的活动与空间的统一性，告诫人们要在特定的空间做特定的事。在矛盾对立中认知事物和表达思想的概念也有很多，如"阴"与"阳"、"长"与"幼"、"主"与"客"、"贤"与"庸"、"善"与

"恶"、"徐"与"沉"、"恩"与"仇"、"利"与"弊"、"片刻"与"万世"等，这说明，彝族先民已对事物矛盾具有一定的辩证认知能力，其思维方式具有朴素的辩证思维特征。

综上，本研究认为《苏巨黎咪》的说理过程应是以直觉、经验、信仰、习惯等非理性思维为主导，以逻辑思维为支持，非理性思维和逻辑思维持续交互，且伴有朴素辩证思维特征的说理过程。

第三章

彝族传统思维的生成：语言、思维与文化

　　语言是思维的载体，思维生成和发展需要借助语言来实现，语言存储并传承前人的生活实践和劳动经验，被视为表达思维的工具，任何一个民族的思维方式、思维特征、思维习惯无不体现于其语言系统之中。从历史生成论的视角看，语言和思维都不是与生俱来的，而是人在其社会实践活动中生成的。所以，语言和思维统一于具有历史性的人类实践活动中。正如洪堡特所说，"思维和语言构成不可分割的整体"①，人依赖"自身"而存在，这个"自身"始终是人自我生成过程中的主体。语言和思维作为人的社会实践活动要素和活动能力，"内含"于人的"自身"存在之中，两者是始终统一的。

　　文化既与思维互相影响，又是思维的重要呈现。思维既有群体形态也有个体形态，彝族传统思维属于群体形态思维，它和个体形态思维虽有区别但密不可分，一方面，"作为个体的人总是生活在一定的文化环境中，每一个体都从其生活的文化环境中获得语言和思维能力。在个体生活的过程中，首要的任务就是适应其所属的群体从传统上传承下来的模式和准则。从出生开始，其所在群体的习俗就开始塑造他的行为和经验。咿呀学语时，他就已经成为所属文化的造物，长大成人并参加该群体的文化活动时，群体习惯便已成为他的习惯，群体信仰便已成为他的信仰，群体戒律已成为他的戒律"②，群体思维也已成为他

①　转引自顾嘉祖、陆昇主编《语言与文化》，上海外语教育出版社，1990，第107页。

②　〔美〕露丝·本尼迪克特：《文化模式》，王炜等译，生活·读书·新知三联书店，1988，第5页。

的思维。另一方面，随着历史发展和社会进步，一些个体在生活中逐渐形成新的思维方式，当这些个体形态思维被其所在语言环境和文化背景下的绝大多数人接受并在社会实践中不自觉地运用时，群体形态思维便自然地发生了变化（甚至生成新的思维方式），这个过程实际上就是群体思维、个体思维与语言、文化持续互动的过程。

第一节　彝族语言（文字）与思维

语言与思维的关系问题是哲学领域长期以来备受关注和颇具争议的问题，该话题吸引了无数哲学家、语言学家和心理学家，事实上，语言与思维的关系从记载文字上可以追溯至古希腊的柏拉图、亚里士多德时期，柏拉图曾提出语言与思维无法分割，思维是语言的一种，是无声的语言。亚里士多德则认为，不能将作为思想符号的语言与思维混为一谈。20 世纪以后，萨丕尔、沃尔夫等语言学家，维果茨基、皮亚杰等心理学家纷纷对思维决定语言还是语言决定思维的问题进行讨论。张东荪先生在《从中国语言构造上看中国哲学》、《中西思想根本之异点》和《思想语言与文化》等多篇文章中分析了语言与逻辑的关系，指出不同的语言会萌生不同形式的思想和逻辑，并借助中西方语言结构和逻辑形式的差异对此进行了说明。本研究认为，语言和思维的关系至少可从以下五个方面来分析。

第一，从语言与思维的产生来看，两者相伴而生。语言并非纯粹的声音，而是意义的承担者，相比之下，大自然中有很多能发出不同声音的各式各样的动物，这些没有与抽象思维相结合的声音不能被称为语言。真正意义上的语言与人类的抽象思维能力相伴而生。

第二，从语言与思维发生的过程来看，两者相伴而行。一方面，语言既是思维的承担者，又是思维的体现者。思维是人脑对客观世界的反映，是人脑的机能，如果没有语言作为工具，这种机能就只能是一种不能被外化和表现出来的潜在机能，并且思维过程必须以语言材料为基础。另一方面，思维是语义的提供者。语言的意义来自思维，是思维活动的成果，没有思维，语言就没有意义。

第三，从语言与思维的形式来看，两者互相对应。思维形式"概念"与语言形式"语词"相对应，语词的意义通过它承载的概念体现；思维形式"判断"与语言形式"语句"相对应，语句的意义通过它表达的判断体现；思维形式"推理"与语言形式"句群"或"句组"相对应，句群或句组的意义则蕴藏于推理之中。

第四，从语言与思维的特点来看，不同社会群体的语言特点与思维模式之间互相影响。语言和思维是不可分离的统一体，两者持续的相互照应和影响决定了不同特点的语言必然诱导出不同的思维模式，同样，在不同的思维模式下的语言也具有不同的特点。这是因为，语言特性是在民族精神特性不断影响下的自然结果，① 思维模式亦然。不同民族的社会文化背景、风俗习惯、宗教信仰等都会对思维和语言产生影响，同时，思维和语言又持续地互相影响。民族思维习惯与其语言形式的特点凝聚在民族文化特点之中，共同作为外化的民族文化、价值观以及行为模式的内在基础和元素。

第五，从科学研究的角度看，语言研究和思维研究互相支持。这至少为研究者们开展以下两种研究提供可能：一是通过语言的差异性来探寻不同民族的思维差异性，以实现对某一民族思维模式的深层探索。二是通过分析民族思维模式来揭示该民族的语言特性和内涵。无论是离开了思维研究的语言研究还是离开了语言研究的思维研究，都难以深入。

可见，语言是思维的载体，思维赋予语言表达的内在含义，两者相生相伴、持续影响，离开语言的思维和离开思维的语言都不存在。

恩格斯将文字的出现作为从野蛮社会过渡到文明社会的标志之一。文字的发明，不仅使人类的交流打破了口传身授的限制，扩大了语言交际功能，还打破了时空的限制，使知识和文化更好地传承和传播。人类思维也因文字的出现变得更加精确，交流更加通畅。基于语言和文字之间所具有的相互支撑和持续互动的关系，本书拟先从彝族文字

---

① 〔德〕威廉·冯·洪堡特：《论人类语言结构的差异及其对人类精神发展的影响》，姚小平译，商务印书馆，1999，第69页。

入手，讨论彝族语言与思维间的内在联系。

彝族是人类历史上最早发明文字的民族之一。彝族先民先后对彝文进行了八次收集和整理。第一次是乾阳运年时代的恒史楚进行的；第二次是坤阴运年时代的特乍木进行的；第三次是恒特；第四次是武泰阿直；第五次是人文运年时代的呗包（圣师）举奢哲；第六次是恒阿德；第七次是恒也阿默尼，直到六国分封时代，彝文被称为"夷文"，魏晋时期被称为"爨文"；第八次是南诏时期马龙州的阿［田可］（纳垢酋裔）进行的，称为"韪书"。

彝文虽不源于汉字，却与汉字异源同型，其发展程度接近甲骨文，因此可用"六书"系统[①]对其分析。这里的"六书"并非狭义的"象形、会意、指事、转注、形声、假借"六种，而是适用于分析由图演变的从形造字的一类方法，因此数量并非一定为"六"。本研究尝试以《苏巨黎咪》为例，通过"六书"讨论古彝文的造字方式和结构，以探索彝族语言文字与思维方式之间的联系。

一 象形字与思维

象形字普遍存在于早期的表意自源文字之中，是表意自源文字之中最

---

① 关于彝文结构，目前研究者们的观点主要有"三书说""四书说""五书说""六书说""七书说""十书说"几种。其中，"三书说"有武自立等人的"会意、象形、假借"，黄建明的"象形（包括具体象形和抽象象形）、指意（包括抽象指意、合体指意以及在原文上加指意符号）、变体（包括增减笔画、转位和综合变体）"，朱文旭的"象形（包括象物、象身、象意、象工和假形）"；"四书说"以李家祥的"合体式曲表形文字、独体式直表形文字、复褶式非表形文字和简朴式非表形文字"为代表；"五书说"有马学良的"象形、象意、转位法、增点法和假借"，周有光的"象形、会意、假借、指事和形声"，陆锡兴的"象形字、会意字、指事字、形声字和部件变体字（增减笔画、互换位置、前两者综合变化）"，孔祥卿的"象形、假借、示义、转注和借字"，朱建元的"象形、会意、指事和通假借用"；"六书说"有丁椿寿的"象形、会意、指事、形声、义借和假借"，朱建新的"象形、会意、指事、类形、类义和类声"，阿余铁日的"象形、会意、指事、形声、假借、转注"，李生福的"独体、连体、合体、形近、重叠和象形"；"七书说"以巴莫阿依的"象形、指事、左右易位、上下易位、增加笔画、增点和变异形"为代表；"十书说"则以师有福的"象形、象声、象意、单纯变形、依声变体、增加点画、多义、转向、假借和重叠代字"为代表。不难发现，以上研究都基于对汉字"六书"的增减变化，可见"六书"具有普遍适用性。

早创制的一种字。在对《苏巨黎咪》中的古彝文进行观察、分析后，我们发现其大量文字具有象形字的特征。选取部分作以下说明（见表 3 – 1）。

表 3 – 1 《苏巨黎咪》中的象形字

序号	彝文	读音	字义	说明	出处
1		lu^{21}	花朵	像花形	第 1 页
2		le^{21}	脖子	像颈圈	第 3 页
3		$\eta\textrm{I}^{13}$	藤子	像藤子	第 3 页
4		$\textrm{æ}^{13}$	捆绳	像捆绳	第 3 页
5		$\textrm{tɕ}^{h}y^{55}$	结	像草结	第 7 页
6		pu^{21}、pu^{55}	嘴、雨	像雨点	第 10、11 页
7		na^{33}	眼睛、看	像眼睛	第 10 页
8		$n\textrm{I}^{33}$	心	像心形	第 11 页
9		hu^{21}	月	像月形	第 12 页
10		$l\textrm{I}^{33}$	卷	像卷曲	第 35 页
11		bi^{33}	虫	像虫子	第 35 页
12		lu^{33}	龙	像龙眼	第 37 页
13		$k^{h}a^{33}$	编织物	像编织物	第 37 页
14		$\textrm{tɕ}^{h}i^{13}$	脚下	像脚掌	第 43 页
15		zi^{21}	水	像水流	第 137 页
16		$\textrm{ʂɔ}^{13}$	松	像松枝	第 139 页
17		ηa^{33}	鸟	像鸟儿	第 140 页
18		mi^{21}	油	像油	第 142 页
19		$\textrm{dʑu}^{33}$	蜜蜂	像蜜蜂	第 157 页
20		$\textrm{tɕ}^{h}y^{13}$	角	像角	第 163 页
21		$t^{h}u^{33}$	宇宙	一片空旷	第 167 页
22		$\textrm{tʂ}\textrm{ʅ}^{13}$	羊	像羊角	第 173 页
23		$\textrm{dʑɯ}^{33}$	梯子	像梯子	第 174 页
24		pu^{33}	水缸	像水缸	第 175 页
25		$\textrm{ɣ}\textrm{I}^{33}$	影子	像影子	第 195 页

续表

序号	彝文	读音	字义	说明	出处
26	ᚚ	tɕʰo³³	茄子	像茄子	第 203 页
27	ᚚ	tɑ¹³	鹰	像飞鹰	第 308 页
28	ᚚ	ʔʊ³³	头	像人头	第 315 页
29	ᚚ	tsʰo²¹	人	像人形	第 315 页
30	ᚚ	me³³	绸	像布匹	第 316 页
31	ᚚ	ɣɑ³³	鸡	像鸡形	第 373 页
32	ᚚ	ʔy³³	肾	像肾形	第 379 页

通过表 3 - 1 的内容可以看出，彝族传统文字中存在大量的象形字，但总体来说，其象形字的图画意味不强，与最初造字的原始形态也并不像。主要有以下类别：第一，保留了较强的原始图画感的文字，基本上能够根据字形看出所像之物，如"☉"和眼睛非常相似、"ᨆ"和蚯蚓等小虫非常相似、"ᨆ"和油滴非常相似、"ᨆ"和装满水的水缸非常相似、"ᨆ"和撑起头部的脖子非常相似、"ᨆ"和捆着东西的绳子非常相似、"=ǀ="和与实物对称的影子非常相似。第二，较为抽象，符号性更强的文字。这应当是彝族先民在使用古彝文的过程中，为了方便，对古彝文逐步简化，只保留了图形中最具有代表性的部分，如表示龙的"ᨆ"被简化为龙眼一样的图形、表示羊的"ᨆ"被简化为羊角一样的图形。第三，对原始的图形进行了转向的文字。如用"⫽⫽"表示松、用"Ⅲ"表示梯子等，有可能最初是竖着写的，后来转为横着写了。

二　会意字与思维

会意字在古彝文中也极具代表性。据统计，古彝文中的会意字占其总字数的 19%。会意方法也很丰富，如《苏巨黎咪》中的以下文字（见表 3 - 2）。

表 3 - 2 　《苏巨黎咪》中的会意字

序号	彝文	读音	字义	说明	出处
1		zi^{21}	水	水形	第 6 页
2		tsa^{13}	连接	三个物体连接在一起	第 6 页
3		bu^{21}	浮水	浮于水上	第 7 页
4		$ndzw^{21}$	商量	四方团聚在中央周围	第 13 页
5		dzu^{21}	粮食	容器里有粮食	第 16 页
6		ti^{21}	重叠	重复示意重叠	第 16 页
7		$dz\eta^{21}$	延伸	一飘表示延伸	第 25 页
8		φy^{33}	毡	左边是花，右边是编织，示意擀毡子	第 61 页
9		$s\eta^{33}$	杀	水干枯示意杀	第 132 页
10		xw^{21}	湖	塘子里有水表示湖	第 142 页
11		mbu^{55}	溢满	重叠表示多	第 160 页
12		be^{55}	鸭子	水上游	第 161 页
13		$h\eta^{13}$	饿	需要补充水	第 161 页
14		khe^{33}	记得	用心	第 160 页
15		gw^{55}	雁	水上浮动的鸟	第 161 页
16		γe^{55}	大江	水在流动，表示江	第 163 页
17		γo^{21}	有	两个重复表示多	第 166 页
18		zy^{21}	流	下面一飘表示流动	第 172 页
19		kw^{33}	关	⌐表示地，中间框指示关起来	第 196 页
20		ηdz_0^{13}	腰	腰上系带子	第 216 页
21		tho^{55}	脸	脸庞	第 265 页
22		vi^{21}	用、耕地	上面是土，下面是犁头，示意耕地	第 275 页
23		ndo^{21}	大厅	大的房子	第 276 页
24		$dz\eta^{13}$	祭祀	各方来祭祀	第 299 页
25		φy^{33}	血	上面是水，下面是颗粒，组合示意血	第 379 页
26		nde^{21}	旁边	院子里面有边界	第 420 页

续表

序号	彝文	读音	字义	说明	出处
27	（彝文）	ȵy¹³	哭	左右两部分均表示眼泪，两行眼泪示意哭	第397页
28	（彝文）	zy⁵⁵	塑像	上面表示脚，下面是基座，组合示意雕塑	第309页
29	（彝文）	tʂʰɯ¹³	驮	马背上有东西示意驮	第315页
30	（彝文）	pu¹³	堆	两个物体叠在一起表示堆放	第368页

　　我们可以通过表3－2观察到，会意造字的方法在当时已经比较成熟和丰富，有的通过几个字素组合来会意，其中既包括相同字素的组合会意（如"（彝文）"用两捆干柴叠在一起表示堆放、"（彝文）"用三个物体连接在一起表示连接、"（彝文）"用两个物体重复摆放表示重叠、"（彝文）"用两行眼泪示意哭），又包括不同字素的组合会意（如"（彝文）"把脚放在基座上面示意雕塑、"（彝文）"把犁头放在土下面示意耕地、"（彝文）"把花和编织放在一起示意擀毡子），有的则是一个字素与另一个字素的简略形式的组合会意（如"（彝文）"的上面三点就是粮食的简略形式）。除此之外，我们还发现一组有规律的会意字，它们的字形均和基本字形"（彝文）"（水）相关，如"（彝文）"（浮水）、"（彝文）"（湖）、"（彝文）"（大江）、"（彝文）"（血）、"（彝文）"（杀）、"（彝文）"（鸭子）、"（彝文）"（雁）等，这些字或者由"（彝文）"（水）作为主体部分，再添加另外的指示符号构成，或者由"（彝文）"（水）和与其地位相当的其他部件一起组合成新字。从所组合成的新字字义看，基本上都与"（彝文）"（水）的字义有着直接或间接的联系，这类似于汉字中以"氵"为部首的字绝大多数与"水"相关的情况。但在汉字中，这些字大多为"氵"提示字义类属，其他构成部分由一个声旁来提示读音，即大多为形声字，与之不同，古彝文中的这类字还未发展成为形声字，所以将它们看作由部首"（彝文）"（水）和其他部分构成的会意字应该更加合适。由于"（彝文）"（水）在这些字中的作用是提示字义，我们将其称作"准意符"。由于汉字中具有严格意义的偏旁在古彝文中极少，研究者们目前对古彝文部首的分析和归纳大多与字形相关而与字义并无太多的关联。尽管如此，以"（彝文）"

（水）作为偏旁的字已经可以说明古彝文中的一些构件正处于由无意义的功能向带有意义的功能过渡和转变的阶段，只是由于思维水平等一些原因或条件的缺乏未能完成这种转变。

三 指事字与思维

指事造字法是指对于一些没有或者不便用具体形象刻画的对象，用抽象符号对它们进行表示的方法。在指事字中，既有纯符号指事字，也有以字符为基础加上指示符号合成的字。指事造字法在《苏巨黎咪》的文字中也有所体现（见表3-3）。

表 3-3 《苏巨黎咪》中的指事字

序号	彝文	读音	字义	说明	出处
1	一	$t^h \text{w}^{55}$	一	表示一	第 210 页
2	二	ŋi^{55}	二	表示二	第 210 页
3	三	sw^{33}	三	表示三	第 211 页
4	皿	ge^{33}	断	三点表示断口	第 7 页
5	屮	fu^{13}	分	一竖表示分	第 14 页
6	十	to^{33}	撑、支撑	右下点表示支撑	第 32 页
7	一	$dz̩e^{55}$	挂	上面一横表示挂	第 416 页
8	岁	$ʂe^{33}$	拴	中间两飘表示拴	第 164 页
9	☉	$tɕʰi^{33}$	集市	各方团聚在一起	第 195 页
10	柒	nw^{55}	繁衍	周边加点表示繁殖	第 206 页
11	ß	ndi^{21}	坝子	ß表示地，加点指示水	第 301 页
12	彡	hr^{21}	风	右边表示风	第 305 页

指事字在古彝文中的数量并不多，可能是由于指事的造字方法比象形和会意更难。指事字中，既有纯符号指事字，也有以字符为基础加上指示符号合成的字。不难发现，其中一些字，如"一""二""三"等和汉古文字的字形是极为相似的。

四　方位别字与思维

古彝文中有通过将同一文字放于不同位置或者颠倒同一文字的形体来表达不同意义的方式，这类字形是经过对另一个字的转向得到的。两个字或多个字之间经过一定转向（旋转）就能够完全重合，即因为字形方位不同而成为不同的字，研究者将这种造字方式称作"方位别字"。这是早期文字（在文字还没有固定行款规范时）体现出来的特点，文字发展成熟以后，就很少再用这种手段来区别它们的意义了。运用方位别字的造字手段产生的古彝文在《苏巨黎咪》中也较多，如表 3 - 4 所示。

表 3 - 4　《苏巨黎咪》中的方位别字

序号	彝文	读音	字义	出处
1	8	pho^{33}	奴隶	第 178 页
	⋈	ɖu^{21}	冷落	第 96 页
2	✝	tu^{13}	千	第 7 页
	✝	to^{33}	撑	第 32 页
3	凹	nɪ^{33}	心	第 11 页
	仚	ndy^{55}	想	第 12 页

五　字形微殊与思维

古彝文中还有很多种字形之间存在微小差异的字。研究者们在讨论造字方式的类型时对于相近但有别的字形也是尤为关注的。对此，常见的说法有"形近""部件变体字""增点""增加笔画"等。在《苏巨黎咪》中也有这样的情况，且数量非常多，具体形式包括：字与字之间仅有一笔的笔形存在区别；字与字之间存在少一笔或者多一笔的差异；几个字当中有的有点，有的没有点，有的少一点，有的多一点；字与字之间存在其中的两画相交、相接、相离的差异；等等。这一造字方法可统一称作"字形微殊"，此类文字在《苏巨黎咪》中也较常见（见表 3 – 5）。

表 3 – 5　《苏巨黎咪》中的字形微殊

序号	彝文	读音	字义	出处
1		lu²¹	花	第 1 页
		tɑ³³	赞	第 392 页
2		tɕo⁵⁵	能	第 160 页
		khɑ³³	编织物	第 97 页
3		n̠i²¹	藤	第 3 页
		to³³	测量	第 113 页
		ʂe¹³	长、黄色	第 13 页
4		ɤɿ³³	影子	第 13 页
		ndʑɯ²¹	商量	第 404 页
5		dʐɯ³³	牲畜	第 404 页
		zu³³	儿子	第 404 页
		hɿ²¹	天	第 13 页
6		no¹³	土	第 23 页
		dʐo³³	在	第 16 页
		dʐu⁵⁵	冲子	第 408 页
		ndi²¹	坝子	第 23 页
7		tu¹³	千	第 7 页
		to³³	撑	第 32 页
8		phi³³	女祖先	第 17 页
		dze²¹	根	第 46 页
9		tso³³	根源	第 46 页
		ɕɯ⁵⁵	雁、许愿	第 67 页

续表

序号	彝文	读音	字义	出处
10	丰	su^{33}	辛苦	第 296 页
	丰	yo^{21}	马鞍	第 67 页
11	半	mu^{33}	马	第 31 页
	屮	$\mathrm{n.dzo}^{13}$	经脉	第 220 页
12	委	$\mathrm{łu}^{13}$	祭祀	第 121 页
	委	sq^{33}	还	第 71 页
13	⊙	lu^{33}	宇宙	第 65 页
	〇	tho^{21}	兴起	第 162 页
14	中	tcho^{33}	茄子	第 203 页
	中	so^{21}	好、易	第 361 页
15	兂	ci^{13}	死	第 38 页
	兂	$\mathrm{dɯ}^{55}$	活	第 259 页

在表 3-5 这 15 组字形微殊的古彝文中，大多数都是部分笔画的微小改变，比如把"丫"（儿子）中的直笔变成曲笔后得到"丫"（天）、把"乞"（长、黄色）的两折变成三折后得到"乞"（藤）、把"兂"（活）中相离的笔画连接起来得到"兂"（死）等。古彝文中还有很多由于这些变化而造成两个或者多个不同字的情况。除此之外，还有诸多通过在字形上加点、加横以及加波浪线等来区别字形的方式，这些方式与汉字通过加符号来区别字形的方式极为类似。

事实上，古彝文的字形并不仅限于以上造字方式，还有一些古彝文字形由于其符号性很强，从现存的形体来看，很难理解或者说明其造字的意图，原因可能是：在古彝文的发展历程中，一些字体经历了犹如汉字小篆一样的改写，这种改写促使其笔画和轮廓发生变形，但由于缺乏较为完整的字形演变的资料，无法识其所源；也可能受限于社会、政治等方面的一些因素，很多造字法如形声、假借等没有得到充分发展，以至于古彝文没有拥有像汉字一样的发展历史、地位及影响力，其整体的字形面貌自然也不如汉字成熟和规范。

综上，从造字的角度来看，古彝文主要包括象形字、会意字、指事字、方位别字、字形微殊等。基于文字、语言与思维之间的持续影响关系，我们认为，古彝文字体的发明和运用与彝族传统思维方式密切相关。第二章在归纳彝族传统思维特征时曾提到，彝族传统思维是一种"以直觉、经验、信仰、习惯等非理性思维为主导"的思维方式，而形象思维又是非理性思维的重要内容。形象思维在彝文的造字方式上也得到了充分体现。如前文所述，由于形象一般指形体映象，可将形象思维理解为借助形体的映象进行思考的思维。这种思维方式在古彝文（尤其是在象形字）中得到了充分体现，即"用生动形象来表现"。在前文提及的三类象形字中，保留了较强的原始图画感的第一类象形字最具有鲜明的形象思维特征，即直观性的表象特征。第二类象形字和第三类象形字均由第一类象形字简化和发展而来，所以也具有此特征，但相对于第一类象形字，它们的图画性质更弱，象征性质更强，体现了彝族先民对物象的依赖程度降低，联想等认知能力提高的思维发展趋势。不难发现，会意字的形成也与形象思维相关，无论是相同字素的组合会意（如"艹"用两捆干柴叠在一起表示堆放、"哭"用两行眼泪示意哭），还是不同字素的组合会意（如"雕"把脚放在基座上面示意雕塑、"犁"把犁头放在土下面示意耕地），都是输入大脑的形象化信息单元。指事字是用抽象符号表示一些没有或者不便用具体形象刻画的对象，所以这种文字的出现说明彝族先民已具备一定的抽象思维能力。在指事字中，无论是纯符号指事字还是以字符为基础加上指示符号合成的字，都不可避免地使用了抽象符号，因此不可避免地运用抽象思维。方位别字和字形微殊则体现了彝族先民对原始图画之间相关性特征的提取和继承，属于以"形象"作为媒质，在"形象"中进行思索和联想的过程，即形象思维的联想形式。由此可见，从古彝文的造字方式看，彝族传统思维又表现为以（以形象思维为主要内容的）非理性思维为主导，以不成熟的抽象思维为补充的思维方式。这与我们在第二章从"说理"角度得出的彝族传统思维特征相契合。

第二节 彝族文化与思维

《辞海》对"文化"一词的解释有广义和狭义之分，狭义的文化仅指社会的意识形态及与之相适应的制度和组织机构；广义的文化则指人类社会在历史实践的过程中所创造出的物质财富与精神财富的总和。文化是一种历史现象，它具有民族性、阶级性和历史的连续性。文化又是一个复合整体，既包括知识、信仰、法律、艺术、道德、风俗，又包括社会群体在长期的社会实践中养成的语言习惯和思维方式。思维方式既不是人们头脑中所固有的，也不是人们刻意创造的，而是在漫长的社会历史发展过程中通过人们的实践逐渐形成的，"是历史文化的主观性和客观性的辩证统一"①。民族思维方式作为各族人民"通过思维实践'共许'的东西"② 和"一切言行的共同的思维'接口'"③，蕴藏在各自的民族文化体系内。

一般来说，文化包含精神文化、行为文化、制度文化和物质文化四个层次。精神文化是由社会群体在社会实践活动中长期孕育出的伦理道德观、价值观以及宗教信仰等；行为文化是通过人际交往逐渐约定俗成的民风、民俗等习惯性定式；制度文化是社会群体在社会实践活动中所形成的社会规范；物质文化是物质生产活动及其使用的技术、产出的产品。由于彝族传统文化体系庞大、内容丰富、形式多样，涉及彝族社会生活的方方面面，且限于《苏巨黎咪》所涉范畴，本部分主要讨论作为《苏巨黎咪》传统思维之直接文化表征的彝族传统精神文化、行为文化和制度文化，不涉及其全部传统文化。

---

① 张晓芒、郑立群：《如何对待中国古代逻辑思想研究》，《湖北大学学报》（哲学社会科学版）2011 年第 1 期。
② 张晓芒、郑立群：《如何对待中国古代逻辑思想研究》，《湖北大学学报》（哲学社会科学版）2011 年第 1 期。
③ 张晓芒、郑立群：《如何对待中国古代逻辑思想研究》，《湖北大学学报》（哲学社会科学版）2011 年第 1 期。

一 彝族精神文化与思维

（一） 伦理道德

伦理道德作为一种社会意识形态，是对善恶进行判断和评价的规范，也是国家或民族价值观的直接体现。在彝族社会长期的发展过程中，形成了一系列适应于其群体发展的伦理精神，它们既具有一般社会的共性，又具有鲜明的民族特征，既是彝族传统思维的外在体现，又在彝族传统思维生成过程中发挥着不可小觑的促进和调节作用。彝族人兴礼仪、尚道德，将道德作为区分"人"和"兽"的标志，认为"不仁者非人，堪与兽为伍"（第 58 页），《苏巨黎咪》作为一部伦理性极强的古籍文献，其中蕴含的思维方式与彝族传统的伦理道德文化更是密不可分。本研究尝试从政治伦理道德、民间伦理道德和生态伦理道德三个层面探讨彝族伦理道德与《苏巨黎咪》中传统思维之间的内在联系。

1. 政治伦理道德

在彝族内部，彝族先民的政治伦理道德以等级观念为核心，主要体现为"忠君"、"仁政"、"德治"和"君民一体"。彝族等级观念在原始社会时期就已萌芽，如楚雄考古发现的新石器时代大墩子墓葬对身份地位不同之人的埋葬方式就体现了彝族原始社会尊卑差别的政治伦理道德。西汉以后彝族社会向奴隶制的过渡、私有制的产生和阶级的出现加速了等级观念的系统化并萌生出"忠君"的基本道德要求，君长在彝族社会既代表了彝族人的"权威"，又是传统价值的体现者，受到彝族人的普遍尊重，因此便有了"跟要跟君长"和"跟从随君长"[1] 的伦理观，那些有不忠君甚至叛君行为的彝族人，则要受到惩罚或遭到报应："百姓不忠于君，反叛君长，天地会降灾给它；奴隶不忠于主，不听使唤，触犯主子之尊严，主子就要用棍棒教训他。"[2] 可见，

---

[1] 中央民族学院彝文文献编译室编《彝文文献选读》，中央民族学院出版社，1992，第 342 页。

[2] 张福：《彝族古代文化史》，云南教育出版社，1999，第 513 页。

尊敬和服从君长在彝族社会是非常重要的道德品质和要求。与对百姓的"忠君"要求相对应，彝族社会对君长提出了"仁政""德治""君民一体"等政治伦理要求。"君主要治国，仁美淮夷治，恩义万民安；贤者居高位，愚者化忠良；万民水中溺，何不早施仁"① 的仁政主张不仅局限于本族内，还存在于族与族之间，而"德治"是实施仁政的基本手段和维持君权的必要保障。以"君仁、民良、君恩、民命"的伦理关系为依托的"君民一体"观则认为只有民众得以生存，君位才稳固，所以君民不可分（第 226～231 页）。这些伦理观念均为《苏巨黎咪》中政治伦理思维的基本元素。

彝族是中华民族的一员，彝族人各朝各代都坚决维护国家统一和民族团结。早在商周时期，彝族氏羌就和中原的商周政权保持着臣属关系。《诗经·殷武》载："昔有成汤，自彼氏羌，莫敢不来享，莫敢不来王。"② 自东汉开始，彝族先民就在西南地区和其他民族一起相继建立了滇爨和南诏两个地方政权，这两个以彝族为主体的政权存续了数百年的时间，它们承认中原政权对他们的统治，承认自己中华民族的身份。彝族先民注重民族团结，如东汉初年，益州郡太守文齐修建灌溉系统，受到了彝民们的爱戴；在公孙叔隔断益州郡和中原之间联系的危难时刻，正是彝族人民的奋力抵抗阻止了其阴谋；两汉时期诸葛亮征孟获时，其兵士因在南涧误饮了哑泉水而丧失说话能力，诸葛亮前往龙潭殿向在此修炼的彝人孟优求药，孟优给了他仙草，士兵服下后才会说话；公元 8 世纪，彝族先民在建立南诏国时，也得到了唐朝的扶植，并接受唐王朝的赏赐和册封；南诏蒙氏家族任命汉族人、白族人为清平官；凉山安氏先后效力于元、明、清的统治者；明代贵州的奢香夫人为维护民族团结，尤其是在维护贵州各民族之间的和睦相处方面作出了巨大贡献；等等。在历史上，无论建立中原王朝的民族是汉族也好，是其他少数民族也好，只要有利于国家统一，彝族人都是坚决拥护和支持的。这种维护国家统一和民族团结的政治伦理观

---

① 高树群：《彝族传统道德及其现代转型研究》，云南民族出版社，2012，第 232 页。
② 参见罗曲、李文华《彝族民间文艺概论》，巴蜀书社，2001，第 253 页。

长期存在并继承于彝族社会,至今已发展成为一种宝贵的传统政治道德,为彝族传统思维方式及其当代价值的发掘和研究提供重要支持。

2. 民间伦理道德

彝族民间伦理道德以善恶观念为核心,彝族先民在很早时就已形成善恶观念,他们将善与恶作为最核心的道德观和对人的各种行为进行评价的最一般概念。他们根据善恶把人分为始终"能替人分忧,这是第一种;替人做好事,这是第二种;能修桥补路,这是第三种;能扶老携幼,这是第四种;为人谋幸福,这是第五种;热情对待人,这是第六种;抢先做好事,这是第七种;不欺善怕恶,这是第八种;不损人利己,这是第九种;能救济贫困,这是第十种"①。彝族先民认为道德也有十种,即"能尊老爱幼""能孝敬父母""先公而后私""能救济穷人""不谋财害命""不偷鸡摸狗""不玩弄妇女""行走能让路""不做缺德事""能良言善语"②。他们把一切与以上道德相符的行为称为善,对之大加赞扬;反之,把一切与以上道德相悖的行为称为恶,对之严加谴责。基于善恶观,彝族先民形成了"向善者得善终,向恶者得恶报"(第 39 页)的因果报应观,这种观念将因果报应作为惩恶扬善的重要方式,在《苏巨黎咪》中得到充分体现。

尊老爱幼、孝敬父母是彝族民间伦理道德中最关键的内容之一,也是彝族先民认为的最基本、最重要的行为规范。不难发现,在以上十种道德中,首先强调的就是尊老爱幼、孝敬父母。在彝族社会,对待老人和长辈必须要尊重,故有"长者在场,小的不要说话""食要献老人,话要问老人"等谚语。《劝善经》一开篇就指出要孝顺父母:"奇妙的大地,人类生其间。……该知晓族史,应亲敬舅家;要崇拜祖先,要孝顺父母,……孝顺父母者,报答养育恩。崇拜祖先者,求佑

---

① 云南省少数民族古籍整理出版规划办公室编《尼苏夺节》,云南民族出版社,1985,第 122 页。

② 云南省少数民族古籍整理出版规划办公室编《尼苏夺节》,云南民族出版社,1985,第 123 页。

子裔昌。"① 对于不孝之人，《劝善经》说："凡是虐待父母的人，会遭雷击天火烧之灾。不孝父母的子孙一定不会成为贤良。"② 所以"人欲行善持家的先得孝顺父母，要敬爱父母"③。"孝"是人的善性胚芽和善行发展的土壤，是彝族传统道德观的核心内容。

彝族人孝敬父母的传统道德观以家支观念为基础。他们认为亲族成员之间相互依存，亲族关系"如线头线尾，延伸到天上，牢固而不断"（第20页）。决定整个家庭道德面貌的关键正是亲族关系，他们认为"一代人通理，九代人效法"（第50页）、"祖暴裔不昌"、"舅贤甥不劣"、"父慧子不愚"、"夫贤妻安乐"④，并由此发展为"该知晓族史，应亲敬舅家；要崇拜祖先，要孝顺父母"⑤ 的观念。

除此之外，彝族人还有遵规守纪、尊重知识、吃苦耐劳、勤俭节约等道德观念。首先，彝族人在生活中遵规守矩，处事稳重谨慎。"规矩"主要包括社会规范、长者命令和家族传统。彝族先民认为，"传统好的人有作为，传统好的人知识足"（第362页），"有教养的人优秀，有家规的人听话，有谋略的人实在"（第363页），因此把遵守规矩作为个人行为规范的基本准则之一。其次，彝族人对于知识有着强烈的追求。他们认为"天地之间，各种本领中，有知识为大……"（第21页），"哎哺产生后，就重视知识"（第326页）。彝族人尊重知识，认识到无论是人成大业还是民族兴旺都离不开知识，所以在彝族社会形成了重视知识的风气，"有人无知识，成人威不高。人有了知识，威荣也高了"，"威荣"即一个人的社会地位，可见他们认为有知识的人级别更高，更应获得尊重。他们同时强调知识在社会实践中的运用，认为仅有知识而不注重实践是不行的，将知识运用于实践中时必须做到遵规矩、守传统、重谋略、敢决策等要求，《苏巨黎咪》对此进行了详

---

① 朱崇先：《彝族典籍文化》，中央民族大学出版社，1994，第78页。
② 马学良、张兴、唐承宗、范慧娟译注《彝文〈劝善经〉译注》，中央民族学院出版社，1986，第41页。
③ 马学良、张兴、唐承宗、范慧娟译注《彝文〈劝善经〉译注》，中央民族学院出版社，1986，第42页。
④ 朱崇先：《彝族典籍文化》，中央民族大学出版社，1994，第78页。
⑤ 朱崇先：《彝族典籍文化》，中央民族大学出版社，1994，第75～76页。

细论述。再次，劳动是人特有的社会实践活动，彝族人常通过史诗形象地区分人和动物，认为只有人类才有生产劳动的能力和资格，其他动物是没有的。"勤劳是美德，勤劳是根本。"① 只有勤奋不惰，才能够丰衣足食。彝族"根谱"创世史诗《梅葛》中为格滋天神耐心、勤恳造地的彝族四姐妹的形象是彝族人教育子孙的道德典范。无论男女老少，都应该勤奋劳动。这是彝族先民对吃苦耐劳及其与家庭兴盛之间的关系的揭示，具有深刻的道德内涵。最后，彝谚云："勤劳节俭户，岁岁有余粮。""珍惜衣常新，节俭食常美。"② 节俭既是一种美德，也是幸福的源泉。彝族先民告诫人们：幸与不幸并非命中注定，而是取决于自己的选择。他们相信"富贵由命是假，勤劳致富是真"，《劝善经》在解读"掳掠致富"时亦言："带领兵马，抢掠人家，掠人金银畜粮致富的，后来会灭绝的；富有的人，是劳动积累致富，就会长久的。"③

3. 生态伦理道德

彝族传统的生态伦理道德以保护自然环境和维护生态平衡为核心。彝族人很早就意识到人的生存空间和可利用资源是有限的，这促使人们必须有效控制人口增长，合理利用资源并保护自然环境，否则，人就会丧失基本的生活空间。"鸟类若不死，林中容不下。人类若不死，世上纳不下。""人类的嘴巴，是个无底洞。林中的野兽，林梢的鸟类，用嘴能吃尽。……江海鱼儿多，用嘴能吃尽。……庄稼再丰收，用嘴能吃尽。……世上一千种，人嘴能吃光，……天地吃尽日，人类灭亡日。"④ 可见，彝族先民早已意识到人类对自然环境的无限欲望可能导致人类的毁灭。直到现在，很多彝族聚居村寨还保留着爱护环境的传统习俗，如禁止人们在出山泉水的水塘里洗手洗脚，要求把水接出来洗，并且

---

① （彝）漏侯布哲、实乍苦木等：《论彝族诗歌》，贵州民族出版社，1990，第 134 页。

② 李先茂等搜集整理翻译《彝族昔古贤文》，中央民族学院民语所彝族文献编译室，第 75 页。

③ 赫章县民族事务委员会汇编《彝族民间文学资料》（第一辑），1988，第 204 页。

④ 云南省社会科学院楚雄彝族文化研究所古籍研究室编《彝文文献译丛》，1993，第 100～101 页。转引自高树群《彝族传统道德及其现代转型研究》，云南民族出版社，2012，第 48 页。

洗完后不能将脏水倒入水塘中；禁止在饮用水井里洗脸；禁止将垃圾倒入河中；等等。

彝族先民还具有爱山护林和保护动物的传统观念。他们虽以猎取动物为重要生活来源之一，但在狩猎时并不猎取即将产子的母獐、母麂、母鹿等，也不捕捉大鱼、大虾。在彝族民间传说中，大鱼、大虾、大龟、大蛙等都有灵性，即使无意捕捉到，也要将它们放回以栖息繁衍。《劝善经》对"春月燎猎"解说道："春天到，野兽怀胎，飞禽下蛋，昆虫蝼蚁则产卵了。我们猎野兽、射飞禽，放野火捕兽，烧山烧谷，昆虫蝼蚁成千上万的烧，不应该了。所以放野火多的人，没有阴德，子孙会得麻风病。"① 该文献还劝诫人们不杀马、牛和狗来吃。因为马可以骑和驮，黄牛和水牛可以耕种粮食，养人利人，杀马和耕牛吃都是不合理的。狗也是人的好帮手，替主人追逐野兽、守护家园，所以杀狗吃也不合理。甚至认为牛圈不该被粪水稀陷。因为牛马帮人耕犁、让人骑，是做好事的，不该再将它们关起来泡在粪水里（第389页）。《劝善经》中还有禁止非礼烹宰，反对惊吓和虐待动物等主张，均反映出彝族先民维护生态平衡的强烈愿望。

彝族传统的政治伦理道德、民间伦理道德和生态伦理道德与《苏巨黎咪》中的传统思维的关系主要体现在：政治伦理道德与以忠君观念为核心的等级思维之间的关系；民间伦理道德与以家支观念为基础的亲族思维、以因果报应为依托的修善思维、知识与实践相结合的求真思维、以维护"硕"为前提的互偿思维之间的关系；生态伦理道德与人与自然和谐相处的共生思维之间的关系。由此，我们至少可做以下结论：彝族传统的伦理道德观念与《苏巨黎咪》中体现的传统思维方式是相互印证的。至于两者之间的具体关系尤其是前者在后者生成过程中所起的作用，将在本章第三节进行阐释。

（二）哲学

彝族自古以来就是一个智慧的民族，有着探索世间万物的精神文

---

① 马学良、张兴、唐承宗、范慧娟译注《彝文〈劝善经〉译注》，中央民族学院出版社，1986，第387页。

化传统。在其长期的社会历史发展进程中，彝族先民们对宇宙、万物、人生进行了多角度的探讨，在理性与信仰、宗教与科学等方面拥有大量的哲学阐释，这些阐释不仅体现在民间神话、谚语中，还记载于诸多彝文典籍中，如《宇宙人文论》、《宇宙源流》（又名《训书》）等均体现了彝族先民丰富的哲学思想，这些哲学思想是彝族传统思维生成的助推剂，主要包括以下几种。

1. 万物发生论

彝族的诸多哲学典籍几乎都持有一个相同的观点，即千变万化、形形色色的世界并非从来就有，而是后来才形成的。据史诗《查姆》记载，在远古时，天地是连成一片的，上面没有天，下面也没有地，分不清白天和黑夜。那时的空中没有飞禽，地上也没有人烟，没有青山草木、滔滔大海、滚滚河川，也没有太阳照耀、月亮发光、星斗满天、打雷闪电。《宇宙人文论》也说，在清浊二气产生以前，天地冥暗混沌，是没有任何区别的存在。它们都表述了同一个思想，即天地万物并非从来就有的，这就是彝族哲学中关于万物发生的观念，是彝族哲学最基本的观点和开端。

2. 物质本原论

如果天地万物都是后来才发生和形成的，那么形成它们的本原又是什么呢？彝族哲学对该问题有水本原、云本原、雾本原、气本原等多种回答。其中，水本原论以《勒俄特依》为代表，《勒俄特依》载"混沌演出水是一，浑水满盈盈是二，水色变金黄是三，星光闪亮是四"，可见它将水看作最初的物质和世间各种现象的本原；云本原论以《阿细的先基》为代表；雾本原论以《查姆》为代表；气本原论以《宇宙人文论》和《西南彝志》为代表。《宇宙人文论》认为，世间万物都以清浊二气为总根子，天地由清浊二气形成，哎哺、且舍由清浊二气产生，人和万物出现以后，知识也由清浊二气产生。《苏巨黎咪》在论"知识与实践"时，也说道"徐徐的清气，沉沉的浊气结合，完善了阴阳"（第404页），之后才有哎哺形成、采舍出现，才有了由天所生、由窦朵抚育的人。以上观点虽各有不同，却都是对世界的物质性的肯定，它们作为彝族本原论的主要观点，也代表了其本原论思想发展的各个阶段。

3. 阴阳相配论

彝族传统的哲学思想认为世间万物处于不断的变化之中，这种变化以"阴阳两极的相配和相对"为原则。如《梅葛》就将日与月、春风与空气、风与水、花草树木、鸟兽鱼虫看作相配的事物，并认为只有"样样东西都相配，地上东西才不绝"。《西南彝志》则以阴阳相配为基本原则阐释了世间万物产生和发展的普遍性规律，该文献说道："天与天相配，高天自生成……地与地相配，大地自生成……哎阳与哺阴，它俩双相配，且与舍生了……人类自有了……晓晚与阴阳，他俩又相配，木与确（天地万物的形成元素）产生。"由此可见，彝族传统哲学已经朴素地认识到发展产生新事物，认识到阴阳对立面的统一是新事物生成和发展的根源。

4. 五行八卦论

五行八卦论是用于描述万物产生和发展的宇宙生成图式，主要载于《宇宙人文论》和《西南彝志》中。彝族古代哲学的八卦为"哎""哺""且""舍""鲁""朵""哈""哼"，五行即"水""火""木""金""土"，包含天地之间的各种物体元素，可变成万物。这种宇宙生成图式将万物产生的过程描述为：由清浊二气的不断运动（清气不断上升形成天、浊气不断下降形成地）而产生最基本的物质元素哎哺，然后产生"且""舍""鲁""朵""哈""哼"以及四方八角、四时（春、夏、秋、冬）八节（立春、春分、立夏、夏至、立秋、秋分、立冬、冬至），再生成"水""火""木""金""土"五行，最后由五行生成生命万物。

五行八卦的宇宙生成图式体现了物质与时间、空间的结合，不难发现，"哎""哺""且""舍""鲁""朵""哈""哼"与汉族的"乾""坤""震""离""坎""艮""兑""巽"相对应，是彝族传统的物质本原论哲学观与汉族的五行八卦说、洛书、河图思想的结合。

5. 天人结合论

天人关系是彝族古代哲学中的关键内容，是对人与自然关系的诠释，其主要哲学思想包括"人生天为本""人与天结合"两种。

"人生天为本"认为人依赖于自然界而存在，是自然界的产物。

《宇宙人文论》说，当清浊二气充溢，天地由五行形成以后，五行的变化使人的根本得以形成，五行中的水即人的血、金即人的骨、火即人的心、木即人的筋、土即人的肉。当五行形成人的雏形以后，就有生命会动，像天体一样发展变化，最终形成完整的人。因此，彝族先民认为人是由天生、仿天体形成的，所以人知道的事天都知道，天知道的事人也知道。也就是说，人与天的关系是一种统一对称的关系，人是天生的，且从于天。

"人与天结合"则从人的能动性的角度来看待天人关系。该思想认为，人与天是相互结合的，人创造并享受天地之间的福禄，并且，人既具有能动性也具有创造力，所以可以超越、利用自然，并创造财富。

天人结合论深刻地反映了彝族先民对人与天之间对立统一关系的认识，体现出原始朴素的辩证思维特征。

6. 人类演化论

彝族古代哲学发现了人类及其社会生活不断变化发展这一规律，并且认识到变化的过程也是进步的过程。

《阿细的先基》认为人类社会的发展可以划分为"蚂蚁瞎子"代、"蚂蚱直眼睛"代、"蟋蟀横眼睛"代、"筷子横眼睛"代四个时代。《梅葛》《查姆》等文献认为人类社会的发展经历了独眼人、直眼人、横眼人三个时代。《西南彝志》将人类及社会的发展过程概括为由兽到人，由只知其父不知其母的蒙昧时代到君臣关系和奴役制度建立的文明时代的过程。《勒俄特依》的朴素唯物主义思想则认为人类的起源是由低级到高级的自然演化的结果，且在"万物有灵"观念的支配下形成人与万物同源共生的自然生态观。彝族古代哲学在探索人类社会的演变原因时虽然也考虑了生产和生活的变化，但更为主流的观点还是将神视作最终的决定者，把道德观念作为人类社会的演变最具体的原因。如史诗《查姆》就对独眼人、直眼人、横眼人这三个时代发展更替的原因进行了阐述，它认为正是由于独眼人不讲道理，不分长幼，儿不养父母，父母不管儿孙，众神发现独眼人这代人道德差、心不好，所以把他们换掉，重新找好心人来繁衍子孙，于是才有了直眼人，而直眼人后来被横眼人替换掉也是因为他们心地不善良、经常吵架、不懂道理。由此可见，彝族先民将道德的善恶视为人类发展和社会更替的一般原则和主要原因。这种观念虽然夸大了作为社会意识的道德的作用，但在行为规范还未系统化的彝族社会，道德无疑是维持社会运转的最优工具。

7. 君民一体论

在彝族古代政治哲学中，虽存在"君民对立、矛盾"的观点，但绝大多数均坚持"君民和谐统一"，即君民一体的思想。

《宇宙源流》中的治国篇对此分析道："君民本一体，不是仁君主，民讼不能请；不是良民勇，君位守不牢；君恩春露似，民命草生然，君乃民元首，民乃君百体；此乃不相离，一离身命休。"[①] 君民关系就像露和草、头和身体的关系一样不可分割。《苏巨黎咪》对君民一体有着非常直观的表述，如"君长英明，百姓有前程，若君长无能，百姓就背井离乡。君长恶则百姓迁，主子恶则奴仆逃"（第 65 页）、"君长身边的百姓，就像屏障，就像盔甲与矛戟，君长府边的百姓，就像手足样"（第 43 页）、"君长霸道百姓遭殃，如进入蛇窝，如服下毒药，如此也就不幸了"（第 207 页）、"君长与百姓分心，长幼无秩序"（第 246 页）等。

以君民一体的思想为基础，彝族古代政治哲学在治国安邦方面又宣扬了德政和仁政。如《教育经典》从反面说明了君长实施德政和仁政的重要性："君坏不理政，遭遇到事变，臣坏不治事，纠葛难解决。""坏君骑民颈，坏民谋害君，君王有阴心，属民难发旺。"《宇宙源流》治国篇也进一步阐述了君长实施仁政以治国安民、实施德政以维护君权和君民关系的辩证思想。

不难发现，彝族古代哲学思想与彝族传统思维方式有着同根同源的密切关系。其中以万物发生论为起点的物质本原论、阴阳相配论、五行八卦论均带有原始朴素的辩证思维特征，是《苏巨黎咪》关于伦理道德说理的内在因子，是人与自然和谐共生的生态伦理思维的深层观念；人类演化论将人心、道德作为决定人类及其社会发展的关键因

---

① 李延良：《彝族文献〈宇宙源流〉哲学思想浅析》，《贵州社会科学》1983 年第 1 期。

素，与《苏巨黎咪》对政治伦理道德、民间伦理道德的刻画，尤其是追求"仁""善"等高尚品质的价值取向互相印证，是亲族思维和驱恶向善思维的生成元素；君民一体论及以其为基础的德政、仁政思想对于《苏巨黎咪》中等级思维的形成具有重要意义，在论"君长"、论"百姓"等说理过程中更得到了深刻诠释。

（三）宗教信仰

彝族宗教一般指形成于其社会内部的以祖先崇拜为核心，以自然崇拜、鬼魂崇拜、图腾崇拜为主体的原始毕摩教。

1. 祖先崇拜

祖先崇拜是彝族原始宗教的核心，早在母系氏族向父系氏族的过渡时期就已形成，彝族"三灵观"根据祖灵在另一世界的"生存"状态和阶段将祖灵分为游灵、家灵、族灵，"三魂观"则认为"人死变三魂，一魂去密尼，一魂守焚场，一魂留宗祠，享受子孙祭奠"[1]。祖灵关注后代事务、操控现实生活，对于家支事务的处理尤为关键，如在分支与合族时要祭祖送灵；迁徙、联姻时要举行祭祖仪式告知祖先，冤家械斗开战前要祈求祖灵保佑，若战胜须向祖灵谢恩；家支成员如做了无德之事要剥夺其族籍。[2] 祖灵是否得到应有的供奉、是否安适，直接影响后代的福祸兴衰，无论生活幸与不幸，都要虔诚祭祖、安抚祖灵。彝族祖先崇拜具有"神不歆非类，民不祀非族"[3] 的特点，认为自家祖神的地位高于其他诸神，人们通过祖先祭祀仪式与祖神发生联系，一方面作为一种道德教育活动对合乎伦理的言行加以倡导，如引导人们孝敬父母、追孝祖宗、躬行祖道，借助祖先权威保持互助协作的亲族关系、提升家支内聚力。[4] 另一方面对不合乎道德的行为进行惩罚，如乱伦者灵牌不能供奉在家中，只能挂在屋外的畜圈等。祖先

---

[1] 罗洪蓉芝：《论彝族的自称和图腾及其关系》，《西南民族学院学报》（哲学社会科学版）1996 年第 1 期。

[2] 高树群：《彝族传统道德及其现代转型研究》，云南民族出版社，2012，第 103 页。

[3] （彝）吉克·尔达·则伙口述，（彝）吉克·则伙·史伙记录，（彝）刘尧汉整理《我在神鬼之间——一个彝族祭司的自述》，云南人民出版社，1990，第 172 页。

[4] 孙伶伶：《彝族法文化——构建和谐社会的新视角》，中国人民大学出版社，2007，第 17～22 页。

崇拜与彝族社会生活密切相关，在彝族长期的社会发展中延续下来，直到民国时期仍保留得较为完整，是规范彝族人行为的"隐形的手"，也是形成以家支道德为基础的道德伦理观和亲族思维的深层因子。

2. 自然崇拜

自然崇拜是将自然界及其中的现象人格化，将它们看成有生命力和意志力的对象加以崇拜。自然崇拜是彝族宗教文化的重要组成部分，自远古以来就存在于彝族社会，体现了彝族先民对自然界以及人与自然关系的态度。彝族自然崇拜主要有天崇拜、地崇拜、山崇拜、火崇拜、水崇拜等。

天神是彝族先民心中至高无上的神，是宇宙万象的根源。各地彝族都有供奉天神、节日祭献等习俗，一般都在火把节祭天。《云南通志·爨蛮》的"民间皆祭天，为台三阶以祷"，《大理府志》的"腊则宰猪，登山顶以敬天神"均体现了彝族历史上的祭天习俗。祭天一般是为祈求平安、农事顺利。在诸神中，天神的威慑力最大，它无所不知，代表公平、正义及完美的人格，能够公正地判断人世间的是非。

地既是生活之本，也是衣食之源，彝族人自古崇拜土地神，最开始，他们崇拜土地神是为祈求丰产。在彝族人心中，土地神最主要的神职就是主宰农作物收成。彝族崇拜地神有较长的历史，如"白猡猡，……耕毕，合家携酒馔郊外，祭土地神后，长者盘座，幼者跪敬酒食，一若宾客，相饮者然"。彝族崇拜地神虽然很普遍，形式却不同，如云南巍山母沙科的彝族每逢农历正月初一以鸡毛、鸡血敬献地神；景东、禄劝等地的彝族于农历六月二十四日杀猪宰羊祭地神；弥勒西山的彝族于农历九月以白公鸡祭地母；等等。由于天地为一体，他们认为地神的威力仅次于天神，当人们做出违背伦理道德之事时，也会受到地神惩罚。

由于彝族大多居住于西南横断山区，这里山高坡陡，森林茂密，沟深水急，气候多变，他们狩猎耕种于崇山峻岭中，大山就是彝族人的依靠，山里有多种植物和动物，既供给他们生存必需品，也给他们带来一些灾难，如山中野兽有时是人们的美食，有时又是伤人的恶魔。彝族人认为这背后一定有某种神秘力量在控制，这种神秘力量就是山神，于是对山产生了崇拜。作为地方保护神的山神在不同的农耕祭祀活动中常受到彝族人的祭拜，神山或神林几乎存在于彝族每个村寨，在彝族人看来，山即山神的化身，而山神力量巨大（据《勒俄特依》说拥有撑天之力），能够制服和惩治一切妖邪。

彝族的火崇拜有着悠久的历史。《查姆》说，独眼人就会用火来御寒、烧东西……人类从此能分辨冷暖，能分清生熟。彝族火崇拜蕴含着丰富的伦理思想。首先，人们根据不同火神对人类的利害，将司火之神进行了善恶的区分。如乌蒙彝族就认为灶神和火塘神为善神，专管人间的温饱，对人是有益无害的；认为火神为恶神，降（火）灾于人，因此非常畏惧它，对它敬而远之。可见彝族先民对自然火既崇敬又惧怕的复杂心理。其次，彝族人认为火可以沟通神灵，净化万物。他们认为火源于天、烧于地，最后回到天上，所以是沟通天与地的神物。祭祀前常在门口烧上一堆火，在火上放青树叶，使其冒起的青烟飘上天空以告天神。最后，彝族人将火看作英雄的化身，更有彝族英雄阿依迭古死了以后变为火神的传说，"迭古活着时，不恶的不杀，不恶的不打，不弱的不扶，不穷的不帮。迭古死了后，尸体烧成灰，灵魂变成火，一千年不灭，一万年不熄"①。

彝族人将水看作水神的化身而对它加以崇拜，水神掌管水源，祭祀水神可保人们不受水旱灾害。龙崇拜由水崇拜衍生而来，彝族人常通过祭龙来祈求水源常在，五谷丰登。如唐代之前就已建成的巍宝山文昌宫（龙潭殿）就曾是彝族在巍山祭龙的场所；于栖么彝族一年中有新生儿的家庭都要在次年的大年初一去家里喝水的源头祭龙神，人们参加这个活动时要带上米、酒、肉、茶等祭祀品去水源，在那里杀鸡，参加活动的人要象征性地给新生的小孩一些钱财，以表祝福，既有祈求孩子平安成长的意思，也有祈求风调雨顺、活水不断的意义。

3. 鬼魂崇拜

彝族人"灵魂不死"的观念认为，人死以后灵魂不会随人的肉体

---

① 云南民间文学集成编辑办公室编《云南彝族歌谣集成》，云南民族出版社，1986，第72页。

消解而消亡，它脱离肉体后继续以栖附于他物、往来于阴阳、游离于死者生前居住之处等形式存在。他们把这种灵魂称作"鬼"。

鬼又分为善鬼和恶鬼，好人死后变成善鬼"吉儿"，保佑子孙后代；恶人死后则变成恶鬼"纽此哈莫"，"纽此哈莫"是人间祸患的根源，使人们遭受疾病和灾难。"一切灾祸都是鬼怪作祟导致，一切幸福都是神明保佑获得。"[①] 善鬼中最善良的是父母的灵魂，因为父母生前是最关爱后代的人，死后也会护佑后代免除灾难和困扰。所以人们把父母作为崇拜对象，并按血缘关系追溯到各代祖先，将祖先灵魂的地位置于其他诸神之上，对他们敬重、崇拜，这也是萌生祖先崇拜的一个原因。

4. 图腾崇拜

图腾在彝族先民眼中具有超自然能力，他们将图腾看作自己的保护神，相信图腾能为人降福致祸，其具有的图腾群体功能可以对人进行保护或者惩罚。若有人伤害或杀食图腾物，就会给他自己甚至他所属的群体带来灾难和不幸，于是就产生了原始图腾崇拜。彝族常见的图腾有虎图腾、鹰图腾、竹图腾、葫芦图腾、棠梨树图腾、青松树图腾、马缨花图腾等。在彝文古籍以及氏族名称中还有马、凤凰、鸡、鸭、狐狸、飞燕、雁、蜂、豹、獐、猴、鼠、蛇、龙、梨、谷、草等图腾。[②] 一些零星资料中还记载有狮子、喜鹊、松鼠、蛙、鱼、猫、豆子等图腾。彝族作为一个多支系民族，各部落的生存和居住环境各异，所崇拜的图腾的特点也有所不同，但大多数图腾物均为动植物，这与他们长期以来的物种保护和环境保护观念息息相关。

宗教信仰通过祖先、自然、鬼神、图腾等超自然力的群体强制，将个体的人纳入稳定的群体之中，规定了人面对超自然力必须要遵守的规则，促进了彝族社会最早的生活规则、行为规范和习俗的形成，它既调整人与超自然力、人与自然的关系，也调整同一文化群体内人和人之间的关系。就宗教信仰与《苏巨黎咪》之间的关系而言，从说

---

① （彝）吉克·尔达·则伙口述，（彝）吉克·则伙·史伙记录，（彝）刘尧汉整理《我在神鬼之间——一个彝族祭司的自述》，云南人民出版社，1990，第31页。
② 杨继中、芮增瑞、左玉堂编《楚雄彝族文学简史》，中国民间文艺出版社，1986，第135页。

理过程来看，不乏通过各种神秘力量对作恶之人进行严厉惩罚来劝诫人们向善的表述，这与彝族传统宗教，尤其与其中的祖先崇拜和自然崇拜思想相印证；从思维内容来看，祖先崇拜是以家支观念为基础的亲族思维的生成基础，自然崇拜、图腾崇拜是人与自然和谐相处的共生思维的生成基础，祖先崇拜、自然崇拜、鬼魂崇拜、图腾崇拜共同催生了以因果报应为依托的修善思维；从思维特征来看，它们又是《苏巨黎咪》中原始思维特征的重要体现。

二 彝族行为文化与思维

（一）祭祀文化

祭祀文化既是彝族行为文化中的重要部分，也是彝族精神文化尤其是宗教文化的行为表现和发展。如前所述，彝族宗教以祖先崇拜为核心，以自然崇拜、鬼魂崇拜、图腾崇拜为主体。外化于具体行为则主要体现为以祭祀祖先为核心，以祭祀鬼神、祭祀自然物、祭动植物（图腾）等为主要内容的祭祀文化。关于祭祀祖先，彝族谚语作了生动形象的描述："祭祀场面大无比，椎牛似红岩层叠，屠猪像黑石满坡，宰羊如白茧遍地。"[①] 举行祭祖大典一般安排在春季，具体的祭祀日需占卜和查阅历算书后确定，通常需要 6～9 天，一些兴旺的氏族甚至会举行 49 天。举行祭祖大典时，族长先召集氏族内的各宗支代表商量大典事宜，"长子在山头召唤，仲子在山腰传信，幼子在山脚答应；共同来相聚，商议祭祖事"[②]。大典各项活动亦由族长统筹指挥，长支负责管理经费和应酬；仲支负责管理劳作事务，如安排伐柴、搭建青棚等；幼支负责管理祭场牲畜和制作祖灵筒等。祭祖活动的安排一般为家堂祭祖、家祭供牲、恭送祖灵牌野宿、进驻主祭场、卜卦、"汲圣水"、为祖灵消灾解罪、更换祖灵筒、祖灵归宗神。祭祖大典不仅具有强化祖先崇拜意识和家支血缘观念的作用，还具有促进氏族发展壮大，继

---

① 朱崇先：《彝族氏族祭祖礼俗及其文化内涵》，《中央民族大学学报》（哲学社会科学版）2008 年第 2 期。
② 朱崇先：《彝族氏族祭祖礼俗及其文化内涵》，《中央民族大学学报》（哲学社会科学版）2008 年第 2 期。

承民族传统文化和实施伦理道德教育的社会功能。除了祭祀祖先，在彝族社会还经常有祭祀鬼神、自然物、动植物（图腾）等活动。其中，土地崇拜是彝族诸多自然物崇拜中较为普遍的一种，与比对应的就是对土地的祭祀。这种祭祀最早是为了祈求丰产和报告收成，因为土地神最主要的职责就是司庄稼丰产。

彝族对人的生命历程中的每一阶段都非常重视，他们在各人生节点都要举行祭祀活动，这便形成了独特的人生祭祀习俗。生育时要举办以祈神求子、祈神护育为核心的生育礼仪；成年时要举办标志成年的穿裙子祭礼或穿裤子祭礼；婚嫁时要举办消灾纳福的祭礼；丧葬时要举办终结人生的祭礼。

彝族祭祀文化作为彝族传统行为文化的重要组成部分，根植于彝族传统思维和原始宗教，既反映了以祖先崇拜为核心的多神信仰以及万物有灵论的原始宗教形态及其主要特征，又映射出了彝族人的原始思维和依赖于猜测或设想的跃进性的直观思维。祭祀习俗作为一种独特的文化现象，孕育于彝族传统思维和原始宗教，其具体的实施过程又对传统思维和原始宗教的传承、传播起到了重要作用，具有丰富的彝族传统思维内涵。

（二）布摩文化

布摩是彝族人对彝族祭司的总称，他们通晓彝族经典和彝文，既是其原始宗教仪式的主持者和祭司，又是知识的传播者。布摩形成于彝族的母系社会，父系社会以后，这一职业传入男性手中。据《西南彝志》等彝族古籍记载，布摩与君长制政权并生。作为彝族社会中不可或缺的人物，布摩不仅在各类祭祀和祝福活动中发挥重要作用，在彝族政治军事斗争中也具有谋臣占划的作用（如宣扬权威，主持部族、家支间的征战等）。

事实上，在彝族古代的政治架构中，布摩有着特殊的地位。"君""臣""布摩"是彝族各支系君长制形成过程中基本的改治架构。此处的"臣"并非一个群体，如慕俄勾政权"九扯九纵"那样的体制，而是一个人，如同汉族古代君主制时的宰相。布摩作为祭祀的主持者，必须具有知识渊博、知晓家支谱牒等条件，具有占划之责。一般在君位继承时，在上一任君长的儿子中，有的为君、有的为臣、有的为布摩。《西南彝志》对这方面的记载俯拾皆是。如第 6、7、8 卷《阿德布世·述阿德布世序》载："香德阿仁君长，他住的城池，是娄娄格；臣住的地方，是娄娄枝；师住的地方，是娄能洪。"[①]"海不益的样，一君一臣一师而家治。"[②]将布摩与君、臣一同谈论的叙事方式反映了布摩在彝族人心目中的重要地位。布摩被视为知识的象征，"掌握哎哺、采舍知识"（第 221 页）、"经纶满腹，理谱经验足"（第 92 页）是布摩"贤能""有作为"的必要条件。

在彝族各支系不断发展的过程中，通过兼并、掠夺，小家支渐渐被大家支所征服，逐步形成了如贵州的水西慕俄勾政权、乌撒纪俄勾政权、自杞国政权、播勒政权，云南的芒部政权，四川的扯勒政权等具有一定区域中心性质的地方政权。在各个区域政权中心均只有一个布摩，作为政权支柱的他们地位高显，远不能满足彝族人在生产生活中的原始宗教信仰需要以及祭祀和祝福的需要，这才使布摩作为职业群体逐渐发展起来，衍变为掌握知识、通晓经典的一个特殊群体，其身份也由贵族变成封建领主或者地主，这种发展使他们在对彝族人的精神教化方面起到了更直接的作用。

《苏巨黎咪》中对布摩的叙述亦比比皆是，不仅对布摩应尽的职责提出了知识渊博，诚心祭祖；条理清楚，做事规范；脚踏实地，祭祀清白；善于思索；满腹经纶，经验丰富等要求，还告诫包括君臣在内的其他人要尊敬布摩。事实上，彝族先民对布摩的高度重视与其原始宗教密切相关，如前所述，原始宗教信仰中的祖先崇拜和自然崇拜在彝族社会具有慰藉心灵和树立家族权威的重要作用，而布摩作为主持各类祭祀的群体，在传统彝族社会中扮演着重要角色。布摩的形成是彝族原始宗教的产物，布摩文化则是以彝族原始宗教为内核的彝族原始思维的文化表征。

---

① 贵州省毕节市专署民委会彝文翻译组翻译，贵州省民间文学工作组编《民间文学资料》第 37 集《西南彝志》6、7、8 卷，贵州省民间文学工作组，1959，第 106 页。

② 贵州省毕节市专署民委会彝文翻译组翻译，贵州省民间文学工作组编《民间文学资料》第 37 集《西南彝志》6、7、8 卷，贵州省民间文学工作组，1959，第 109 页。

（三）命名文化

1. 人名命名

人名既可反映某一文化群体的价值观念和审美情趣，也可反映某一文化群体的思维方式，因此，常常被人们看作思维甚至是文化的缩影。彝族人对于人名命名非常重视，在他们看来，人名和人密切相关，人名在某种程度上甚至影响着人和其所在家族的命运，正是如此，人名也被看作人生起点和人的未来表征。鉴于此，彝族先民在给小孩取名时通常会按照彝族传统举行隆重的仪式，并将美好祝愿寄托于准备为小孩取的姓名之上，再为其取名。

彝族人名的命名受到其语言文字、宗教信仰、道德准则和生活理想等的影响，虽突显出不拘一格、百花齐放的特色，但人名命名所体现的思维方式是极为类似的。以民族图腾物命名、与祭祀相关的命名、与传统习俗相关的命名是彝族较为常见的几种命名方式。

（1）以民族图腾物命名

彝族先民对图腾的崇拜心理源于他们应对险恶的生存环境和增强生存能力的极大需要。他们的图腾崇拜主要有对虎、龙、竹、鹰等图腾的崇拜。远古时期，彝族社会生产力极为低下，且大多生活在猛虎或其他猛兽出没的崇山峻岭之中，他们对大自然中的动植物或是自然现象都存有敬畏之心。由于无力抵御各种自然灾害，彝族先民就将"虎"这种勇猛果敢、体形庞大、凶悍无比的动物当作自己的精神支柱。史诗《梅葛》载："虎头作天头。虎尾作地尾。虎鼻作天鼻。虎耳作天耳。左眼作太阳，右眼作月亮。虎须作阳光。虎牙作星星。虎油作云彩。虎气作雾气。虎心作天心地胆。虎肚作大海。虎血作海水。大肠变大江。小肠变成河。排骨作道路。虎皮作地皮。硬毛变树林。软毛变成草。细毛作秧苗……"[①] 这种对天地创造的描述体现了虎图腾在彝族先民心目中的精神支柱地位。《苏巨黎咪》中"牌位如英雄排列，上下犹白虎躺卧，天地头脚端正，谱系如碧水流畅……"（第 59～61

---

① 云南省民族民间文学楚雄调查队搜集翻译整理《梅葛》，云南人民出版社，1959，第12～13 页。

页）、"尊贵如虎的祖宗您……"（第 134 页）、"天地之骄子，面带雄鹰相，胸怀猛虎胆"（第 364 页）、"本领通天者，跨骏马，披长氅，老虎样端坐，独竖（树）一帜，能独挡（当）一面。天下有本领者，乘坐骑，披长氅，老虎样站立，独竖（树）一帜，能独挡（当）一面"（第 13～14 页）等表述也体现了"虎"在彝族先民心目中的重要意义。可见，人的称呼与虎的称呼相一致，是虎图腾对于确立彝族人的民族身份与个人身份的重要作用的体现。如人名"阿木拉体"（老大猛虎）、"拉泥"（黑虎）都是用虎图腾为个人命名。彝族先民崇拜龙，他们以龙为图腾，龙象征着神圣、平安、吉祥、富有以及生命，所以彝族人常用"龙"取名，如"鲁且"（龙跃）、"鲁义"（神龙）、"鲁达"（威龙）、"鲁哈"（百龙）、"鲁萨"（幸福龙）等。竹因具有旺盛的生命力、繁衍力、数量繁多而得到彝族先民的崇拜，这种崇拜源自母体崇拜，即生殖崇拜。与竹图腾相关的人名有"马惹""马莫惹"（皆指"竹之子"）以及"马莫""马阿木""马莫莫"（皆指"竹之女"）等。此外，还有很多与鹰、狼等图腾相关的名字，如"揪惹"（鹰之子）、"揪莫"（鹰之女）、"拉惹"（狼之子）等。

（2）与祭祀相关的命名

如前所述，彝族原始宗教包括自然崇拜、祖先崇拜和图腾崇拜等多种形态，它作为彝族社会中具有统一性的意识形态，常常被看作那一时期社会生活的写照。在逐步进入奴隶制社会以后，彝族先民的社会意识形态悄然发生改变。从苏尼文化中萌生的毕摩宗教作为一种更加先进的宗教文化，成为彝族宗教的主体，对彝族先民的思想、文化发展产生了重要影响。

"毕摩"即祭司，是彝族祖先崇拜仪式的主持者。"毕"表示做法术祝赞诵经，"摩"则表示尊称，所以"毕摩"就指有天命神权的长老。其地位高于匠和民，仅次于兹和莫，故有彝谚云"土司到来毕摩不让坐，毕摩起身反使土司失体面"。在彝族传统社会中，毕摩被看作介于神和人之间，进行人神沟通的使者，拥有被神灵赋予的特殊技能。彝族人在小孩出生后常根据其母亲的八字推算其八字，如果小孩的八字较大，与其兄弟姊妹相克，而且父母的八字也压不住他的话，就会请毕摩用自己名字给他取名，以保平安健康。如"毕摩阿木"（毕摩老大）、"毕摩惹"（毕摩儿子）等。

在毕摩教发展的过程中，虽也受到道教、佛教等的影响，但其产生于彝族奴隶制特定的政治、经济、文化背景下，故仍具有显著的自身民族宗教的特征，而毕摩宗教活动在彝族社会生活中的重要地位，在人名命名中亦有所体现。一般来说，按毕摩活动命名与其他命名方式的特点不同，这种命名方式是因为小孩出生时正巧碰上家族或邻居正在做大型的超度祖灵仪式，为顺应此情况，便以祭祖或者祭祀活动命名，如"尼惹""泥拉""泥他惹""尼木莫"等祭祀名。

（3）与传统习俗相关的命名

彝族社会古朴独特的风土习俗在人名命名上亦有所体现。主要包括以家族宗法观念为基础的命名、以生辰八方为基础的方位命名以及贱名习俗。

彝族自古崇尚尊老爱幼，其宗族内部的等级森严。这在人名命名上主要体现为根据排行命名和起"雅名"，根据排行命名即分别按男、女的长幼顺序进行命名，具有较为稳固的格式。第一胎男婴就叫"阿木"，老二叫"木乃"，老三叫"木呷"，老四叫"木基"；第一胎女婴就叫"阿依"，老二叫"阿呷"，老三叫"阿芝"，老四叫"阿格"。"雅名"又叫作"尊名"，限于同辈间使用，是排行小的人对排行大的人的称呼，如弟弟、妹妹对哥哥、姐姐的称呼，表弟、表妹对表哥、表姐的称呼。若排行小的人直呼排行大的人的通名，就会被视为没教养、没礼貌。如仅限男性使用的布布（哥哥）、木依、木勒、木呷、木果、木且，男女兼用的阿依（姐姐）、伍萨、伍阶、伍勒、伍且、伍呷等。

方位命名即根据母亲的命宫方位进行命名，婴儿出生时母亲的命宫方位在哪里，就以该方位给孩子取名。彝谚云"生男之年命宫在南方，生女之年命宫在北方"，由于居住环境的限制，彝族先民有南、北分制为水源、水流的观念，北为水源，南为水流。东、西方则以日出和日落来确定方位，东为日出，西为日落。除了这四个主要方位，东南、西南、东北、西北则以动物命名，东南为龙方，西南为羊方，东北为牛方，西北为狗方。其具体命名方式为：先按照彝族的生辰生年八方推算，北方为起点，男性按照顺时针方向推，女性按逆时针方向推（北、西北、西、西南、南、东南、东、东北，再回到北），八年循环一轮。之后在八个方位后加上"惹"（儿子）和"莫"（女儿）以区分性别，这样婴儿的名字就构成了。比如：母亲在 29 岁时生产，当年的命宫在北方，婴儿是男孩就叫"日哦惹"（北方之子），是女孩就叫"日哦莫"（北方之女）。按照此种方式命名的名字还有"布都莫"（东方之女）、"布都惹"（东方之子）、"布吉莫"（西方之女）、"布吉惹"（西方之子）等。

彝族人名命名方式与其宗教思想和传统习俗密切相关，以民族图腾物命名和与祭祀相关的命名反映了以宗教信仰为支撑的原始思维，与传统习俗相关的命名则是以祖先崇拜和家支道德为精神内核的亲族思维的体现。

2. 地名命名

地名是人们在生产和生活中用以辨识地理实体而约定俗成的一种表达，它不仅与群体生活、社会活动紧密联系，还是群体文化、风俗习惯、思维方式、心理特征的集中反映。彝族地名所寄托的彝族情感和原生文化主要体现为彝族家支文化、社会习俗、民间传说和十二地支文化等，在思维层面上则主要体现为以家支观念为基础的亲族思维、人与自然和谐相处的共生思维、知识与实践相结合的求真思维以及以宗教信仰为支撑的原始思维。

（1）以家支命名

彝族很多地名都因某家支居住而得名。这体现了一种根深蒂固的价值观念，这种观念在彝族世代传承。事实上，很多民族的氏族或者族群能够团结，很大程度上都因为氏族血脉的传承，民族语言、思维、文化能够得以继承和发展，也与这种浓厚的民族情感以及对祖先的敬仰之情分不开。如"哲觉"就以哲觉家支名来命名，"迤那"曾为迤那家支的居住地，"野窝""倮格""结嘎""诺着""龙姑拖""米儿河""麻乍"等地名也都为彝族家支名。此外，地名"认谷"，俗称"四火头"，彝语中的"认"表示狼，"谷"表示嗥叫。因当地树林茂密，常有狼大声嗥叫的声音而得名，后有彝族阿底家支迁居到此地，建造了四火头大房，所以改称"四火头"。地名"晒普秋"因晒土甫目家曾住在此地而得名；地名"本着"因土木本着家曾住在此地而得名；地名"柴摩卡"因柴摩家曾居住在此地而得名；地名"阿姐卡"因阿姐家曾经居住在此地而得名；地名"曷克"因曷克家（乌撒后裔）居住此地而得名；地名"吃底"因吃底土目家居住此地而得名；地名"斗谷"因斗家居住此地而得名；地名"迭摩"因堂迭摩家支居住在此而得名；地名"姆始扣一啥"中，"姆始"为彝族的家支名，"扣"表示边缘，"一"表示水，"啥"表示交叉，地名之含义为"姆始家旁边的河水交叉处"。①

（2）以社会习俗命名

并非任何地方都有地名，只有对人类来说具有方位意义，且本身具有可被辨认的自然（或者人为）特征的地方，才可能被命名。彝族悠久的历史文化使得彝族地名常常具有不同寻常的寓意。据汉、彝史籍载，如阿侯、洛嘎、索昭、朱尼等家支的贵州彝族，常将村寨建在平缓山坡或山间盆地上。各家支不仅有自己的居住地（地缘联系），还通过父子连名制，用血缘关系将成员聚拢在共同地域内。彝族家支成员生活在一个地域内，为预防天灾人祸，常将余粮存放起来，于是就建立了一些仓库，这就形成了彝族历史上著名的则溪制度。这些社会习俗丰富了彝族地名的内涵。此外，彝族地名的命名还是彝族先民对美好生活期许的体现，如"吉租"（"吉"表示星星，常用来比喻漂亮，"租"表示坝子，"吉租"就是美丽的坝子）等，在某种程度上凸显出彝族人与自然和谐相处的共生思维。

（3）以民间传说命名

彝族的一些地方因其民间的传说而得名。如"洛姆独"（仙马脚）因为圣人支嘎阿鲁骑着仙马路过，将同马蹄相似的三个蹄印留在石板上的传说而得名。"母区打"（乏马坡）因为该地有高岩，曾经有人骑马路过此地而不下马，人马均被吸挂在半岩上，直至饿死的传说而得

---

① 禄绍康：《威宁彝族辞典》，贵州民族出版社，2009，第 241~252 页。

名。"待勾"（"待"即田地，"勾"即大雁）指大雁歇息之地，此名也源于民间传说，即被勾愁阿泰射中的飞雁落在夸都坝子上，从此以后大雁就不再来待勾歇息，也不飞过夸都。"甫戛"则源于彝族人设计烧死害人的狂龙，狂龙在临死前一直低吟"甫戛、甫戛……"的传说。

（4）与十二地支文化相关的命名

彝族先民关于十二地支的认识是："从前的时候，天有十二层。清浊二气现，空空虚虚。后来又变了，出现十二地支，乃子丑寅卯，乃辰巳午未，乃申酉戌亥。这十二地支，它代表了，天的十二角，管天地大事，凡有生命的，直到现在啊，各有其宇宙，各有其根源，说是这样的。宇宙的四方，子午卯酉管，乾坤的四隅，丑辰未戌管，寅申与己亥，天地的福根，其上生五行。"① 因此，彝族有很多以十二地支文化命名的地名，诸如兔街、狗街、龙场等。不难看出，彝族十二地支文化与汉族十二生肖文化是有相通之处的。

古代彝族有按照十二地支来排列赶场时间的习惯，若一个地方排在某个相对稳定的时间赶场，该地便以这一时间命名。如地名"发窝诺秋"，"诺"即猴，"秋"即场，猴场逢"申"赶集，所以称"发窝诺秋"；地名"阿秋"，"阿"即鸡，"秋"即场，在属鸡日子赶场，所以称"阿秋"；地名"火姆戛鲁秋"，"火姆"即竹子，"戛"即上方，"鲁"即龙，"秋"即场，所以意思是"在竹林之上的龙场"，究其缘由，曾经有彝族阿底家支何磨戛（"火姆戛"）住在此地，习惯按照十二地支来排集市时间，因该场逢"辰"日赶集而得名。按地支命地名的方式，既体现了彝族宗教思想中的图腾崇拜思维，也体现了他们带有古代朴素辩证思维特征的传统宇宙观。

三　彝族制度文化与思维

《苏巨黎咪》是一部以维护君长权威为主要目的的文献，其中的诸多论述（尤其是对君、臣、师、民的告诫和规定）必然与当时的彝族

---

① 贵州省民族研究所毕节地区彝文翻译组编译《西南彝志选》，贵州人民出版社，1982，第428~429页。

权力制度及其政治文化息息相关。在《苏巨黎咪》成书的唐朝，彝族社会已经步入阶级社会（彝族约于公元前后进入阶级社会），并构筑起包括各种部落和地方性政权的规模不等的权力体系。总体来看，其社会权力体系以政治权力制度和宗法家支制度为支撑。故此，本部分主要对其政治权力制度和宗法家支制度进行讨论。

（一）政治权力制度

彝族政治文化和权力制度的形成源远流长，《苏巨黎咪》开篇提出："作为君长，要有仇叩皮耐的风范，君长的形象，必须保持；作为慕魁臣子，当效法毕余毕德，臣子的职责，必须尽到；作为布摩，当效法始楚乍姆，布摩的职责，必须尽到。"（第1~2页）对于彝族君主制、王治的形成，《彝族源流》"君臣师根源"亦有阐述："一代希密遮，二代遮窦古，三代古珠舒，四代舒雅黎，五代黎雅恒，六代恒扎耿，恒扎耿时形成了君长制。""一代希堵左，二代左额武，三代额武齋，四代齋赫赫，五代赫赫投，六代投扎悉，投扎悉时代形成了王制度。"希密遮即希慕遮，据记载生活在公元前1350年前后，恒扎耿生活在公元前1250年前后，由此可推算，彝族君主制至今已有3300多年的历史。对于君、臣、师的始祖，《彝族源流》"君臣师根源"载："窦仇诃成了恒仇诃，度皮耐成了投皮耐，布始楚成了恒始楚，夒乍姆成了投乍姆，齋毕余成了恒毕余，卧毕德成了投毕德，够阿娄成了恒阿娄，葛阿德成了投阿德。"[1] 其中，"恒仇诃"（也作仇扣）、"投皮耐"就是彝族文献中常提到的"扯肯""匹乃"，他们是彝族由母系时期过渡到父系时期的最早的君王，被看作天地君王之始祖；"恒毕余""投毕德"是彝族文献中常提到的"比额""比德"，是彝族社会最早的大臣，被看作天地官吏之始祖；"恒始楚""夒乍姆"则是彝族文献中常提到的"史楚""乍姆"，是彝族社会最早的军师（兼祭师），被看作天地呗耄（毕摩）之始祖。《苏巨黎咪》说道，"君长和重臣，布摩三者是人杰"（第42页），所以告诫人们"要忠于他们，如奴仆遵命，似妇女持家。要忠于他们，顺从如牛马，把他们忠于"（第42

---

① 王明贵、王显编译《彝族源流》（汉译散文版），民族出版社，2005，第139~140页。

页），并强调"君为大令如天高"（第54页），要求臣和师忠于君长、恪尽职守、尽职尽责。《彝族创世志》记载，君、臣、师的职责分别为"君施令""臣司事""师祭祖"①。

这种政治权力格局实则源于"神权""王权"的合二为一。综观彝族古代的社会政治格局，宗教在政治中的渗透由来已久。吕大吉曾言："从原始时代起，宗教就渗透到人们的一切行为之中……没有宗教的神化，人类的道德行为，价值准则，以及社会秩序，政治制度、律法体系是难以维持和巩固下来的。"②

从政治统治的合法性来看，神权在给政治蒙上神秘面纱时，也起到了充分论证以提高政权合法性、强化统治的作用，而这又势必进一步加快它与王权的结合。在彝族社会，这种权力关系更甚。《新唐书》卷二百二十二《南蛮下》载："夷人尚鬼，谓主祭者为鬼主，每岁户出一牛或一羊，就其家祭之。送鬼迎鬼必有兵，因以复仇云。"③ "大部落有大鬼主，百家则置小鬼主。"④ 可见其以神为断、以祀为大、以政为用的特点，鬼主借助神权控制军政大权，将政、军、教三权集于一身，鬼主不仅能够世袭其职，世守其土，世长其民，还拥有按本民族习惯法处理部落内部事务的权力，在权力的具体运行中，又形成了"祖、摩、布"（"君、臣、师"）三位一体的政治权力分布格局，这种政治格局既是彝族政治权力体系的基本特点，也是《苏巨黎咪》成书的制度基础和对该文献所蕴含的以忠君观念为核心的等级思维以及以宗教信仰为支撑的原始思维的文化呈现。

（二）宗法家支制度

家支组织对血缘群体之间利益关系的持续调节以及家支成员对于家支的权力认同与政治情感，是彝族政治权力体系的另一个显著特点。

---

① 参见易谋远《彝族史要》，社会科学文献出版社，2007，第202页。
② 吕大吉：《宗教学通论新编》，中国社会科学出版社，1998，第710页。
③ （宋）欧阳修、宋祁：《新唐书》卷二百二十二《南蛮下》，中华书局，1975，第6315页。
④ （宋）欧阳修、宋祁：《新唐书》卷二百二十二《南蛮下》，中华书局，1975，第6317页。

家国同构是我国古代政治关系的基本内容之一。家族宗法制度及在此基础上形成的大宗小宗网与国家政治权力体系的结合，是家国同构的政治组织体系的制度保障。以血缘为纽带的国家行政制度和宗法制度的覆盖面上自朝廷、下至乡里，协调着社会各个阶层的利益关系。[1] 此现象在彝族政治权力关系中更为显著，不仅如此，彝族先民们还创设了一种极具特色的父系世系群，即"家支"。家支取代了彝族社会中的地域组织，成为彝族先民血缘群体利益关系的协调者。它作为一种父系宗族集团，是彝族社会的根基和基本政治单元。彝族社会在历史上的两大特点，一是等级结构，二是家支组织，它们就像经线和纬线，结成了一张比较稳定的彝族政治结构网。在这张网中，彝族传统社会既依赖于严格的等级制度，又在各个等级内部以世系父系制高度组织化。直到新中国成立以前，彝族传统社会从来没有形成过一个真正意义上的统一的权力组织，在这种社会形态下，家支就是其最稳固的政治单位，几乎所有的政治和经济活动都以家支为依托进行。需要指出的是，在这种政治单位的内部还存在极为严密和健全的类似于政治设计的规范，如家谱、家规和家族议事制度等。

围绕家支形成的权力关系主要有三种：一是家支头人对成员利益关系的协调以及对家支事务的管理。家支内部通常通过推举的方式产生头人，即"苏易"或"德古"，作为指挥者，他们负责整个家支的政治运营。二是家支成员对家支的政治认同和情感。由于彝族传统社会中的成员与家支有着共同的命运，他们都以家支的利益为先。彝谚"树靠树皮，人靠家支""不能不养的是牛羊，不能不吃的是食粮，不能不有的是氏族"以及《苏巨黎咪》对亲族关系"如线头线尾，延伸到天上，牢固而不断"（第20页）的阐述均是对此的体现。三是家支成员之间互相援助的关系。一般来说，家支内部成员间的互相援助是责无旁贷的。这不限于家支内部，在处理家支外部事务时也是如此。《苏巨黎咪》中关于家庭伦理的规范和要求亦源于此，详见附表5，在此不做赘述。

---

[1]　柏维春：《政治文化传统——中国和西方对比分析》，东北师范大学出版社，2001，第132～133页。

正是彝族独特的宗族意识和运作方式，使得作为基本政治单位的家支成为其权力体系的重要部分，这种以血缘为纽带的权力组织对于凝聚宗族成员、推进守望相助具有重要作用，不仅与彝族社会中森严的等级关系一起维持着彝族传统的政治体系，也是彝族传统社会以家支观念为基础的亲族思维的文化表征。

第三节　彝族传统思维生成机制

思维方式作为思考问题和解决问题的方法，是思维主体与其社会实践互相作用的产物，也是人类认识事物本质及其发展规律的前提。作为社会历史产物的思维方式经常被贴上历史的标签，"在不同的时代具有完全不同的形式，同时具有完全不同的内容"[①]。可见，思维生成具有鲜明的时代性和实践性。

一　思维生成条件和路径

人类认知的五层级理论将人类的认知划分为神经、心理、语言、思维、文化五个层级，它们由低级到高级依次形成"神经认知、心理认知、语言认知、思维认知、文化认知"的序列。在五层级的序列中，较低层级的认知是高层级认知的基础，较高层级的认知又包含和影响着较低层级的认知。人类的认知迄今为止只能且必须包含于以上五个层级中。[②]

在以上五个层级中，神经认知、心理认知为人类和其他动物都有的低阶认知。神经认知主要是由左半脑（"意识脑""学术脑"）负责的记忆、时间、排列、分类、书写、分析、判断、五感（视觉、听觉、嗅觉、味觉、触觉）、抑制和由右半脑（"潜意识脑""本能脑"）负责的情感、想象、顿悟、灵感、音乐、美术、身体协调等。心理认知主要指作为基本心理现象的感知觉、注意、表象与记忆。感觉是通过感

---

① 《马克思恩格斯文集》第 9 卷，人民出版社，2009，第 436 页。
② 蔡曙山：《论人类认知的五个层级》，《学术界》2015 年第 12 期。

官获得的直接认识，知觉是大脑对感觉信息的重新加工，以获得事物整体认识的心理过程，它们都是通过感官获得的认知，两者紧密联系，互相交织在一起形成感知。注意是对知觉进行再加工，并导致知觉的局部意识刺激和选择性集中的一种形式。表象是大脑对感知觉进一步加工而获得的经验认识形式，它具有形象性、直观性和概括性。心理学认为表象是在头脑中再现以前被感知过的形象的过程，哲学认为表象世界即对象，精神范畴即理念。记忆则是表象的特殊形式，表象常常表现为记忆的效果。在人们的思维过程中常伴有事物的表象，甚至依赖于表象来解决一些问题，可以说，表象在某种程度上已可以被看作思维的一种雏形，基于它形成的表象思维也就是形象思维，即凭借表象直接进行的思维过程。

语言认知、思维认知、文化认知为高阶认知。蔡曙山教授为文化研究提出高阶认知理论，高阶认知理论源于"五层级认知理论"，相对于低阶认知，高阶认知致力于研究人类特有的认知。

语言认知是人类认知的基础。语言是人类思维的载体，特定思维形式总是与特定语言形式相对应。马克思说，思维"受到物质的'纠缠'，物质在这里表现为振动着的空气层、声音，简言之，即语言"①。不同结构的语言，决定了人们对于客观世界不同的看法。语言既具有统一性，也具有特殊性。统一性在于所有的语言均为自然和社会进化的结果，特殊性在于不同的语言具有自身的特点。人类特有的表意符号语言则具有抽象性、任意性和可产生性，正是人类特有的语言和文字使其最终进化为人。之后的人类进化主要不再是生物意义的进化，而是语言、思维以及文化的进化。这也是本研究以高阶认知的第一个层级——语言为起点，从语言、思维与文化的角度探索彝族传统思维生成机制的原因之一。思维认知是人类认知的最显著特征，也是人类最高层次的精神活动。所有的人类进步和成就都是人类思想活动的产物，文化、科学、技术、文学、艺术的发展都是人类思维的结果。笛卡儿"我思

---

① 马克思、恩格斯：《德意志意识形态》，《马克思恩格斯选集》第 1 卷，人民出版社，2012，第 161 页。

故我在"的论断甚至将思维和存在之间的关系视为因果关系，孟子的
"耳目之官不思，而蔽于物。物交物，则引之而已矣。心之官则思，思
则得之，不思则不得也。此天之所与我者。先立乎其大者，则其小者
不能夺也。此为大人而已矣"（《孟子·告子上》）也是对思维的精辟
论述。传统意义上的思维形式属于逻辑学的研究范畴，逻辑学所研究
的思维形式有概念、命题、推理和论证，它们也是认识的高级阶段，
与其相对应，隶属于心理学研究范畴的感觉、知觉、表象和记忆等则
为认识的初级阶段。认知科学建立后，逻辑学和心理学不断交叉融合，
并重新统一在认知科学的框架之中，它们的融合不仅产生了思维心理
学、心理逻辑等新兴学科，还告诉我们：人们的思维和认知活动与经
验密切相关，具有普遍性的、与经验无关的、无个体差异的思维是不
存在的，或者说它们只存在于理想模型之中，而这种理想模型在实际
应用时因受不同的语言环境、社会发展和历史文化等因素影响，不可
避免地呈现差异性。

文化是一个与自然相对立的范畴，是人的创造物，既包括物质存
在和社会存在，也包括精神存在。因此，文化即是人化。文明与文化
密切相关，它在文化发展到一定程度后出现，也是人类实践活动的产
物。文化影响思维和认知，这是当前的逻辑学和认知科学最为关注的
研究论题。本章第二节将文化分为精神文化、行为文化、制度文化和
物质文化四种，在这四种类型中，前三种文化尤其是精神文化中的宗
教和哲学对于思维的影响最为深远。

综上，根据五层级理论，思维的生成以神经、心理和语言为基础。
基于语言认知对于人类认知的基础性（尤其是对于思维的基础作用）
和特殊性（人类认知与动物认知的分界线），本研究主要以高阶认知理
论为依托，将语言作为其生成的研究起点，将思维生成路径描述为
"以语言认知为基础和条件，与文化认知持续相互作用"的过程。

二 彝族传统思维生成条件和路径

不同民族的思维在不同的世界观、自然环境、历史发展、风俗习惯
等文化因素的影响和制约下，逐渐形成一定的模式和习惯，即该民族的

思维方式。思维方式存在于语言并表现在该文化群体的各项社会活动中。不同语言的民族具有不同的思维方式，这些思维方式反映出该民族对于自然和社会的认知和态度，是该民族文化的内核。事实上，文化作为人类社会的基本形式，既浓缩在语言和思维中，又依靠语言和思维来延续，而具有民族性的语言表现和思维方式，在长期的发展和应用过程中又形成一种较为稳固的关系，即语言是思维的载体，思维赋予语言表达的内在含义，两者相伴而生、相伴而行、互相影响。彝族传统思维的生成及其思维特征和思维风格的形成与语言和文化密切相关。

将高阶认知理论运用到彝族传统思维的研究中，基于基础关系、包含关系和影响关系的传递性，得到如下结论：彝族传统思维以彝族传统语言为基础，同时又与传统语言一同构成传统文化的基础；彝族传统思维向下包含并影响彝族传统语言，彝族传统文化向下包含并影响彝族传统思维和传统语言。彝族传统思维的生成路径可概括为"以彝族传统语言认知为基础和条件，与彝族传统文化认知持续相互作用"的过程。

三 基本图示

根据以上分析，《苏巨黎咪》彝族传统思维生成过程如图 3－1 所示。

由于神经认知和心理认知属于低阶认知，而本研究以高阶认知的第一层级——语言为起点，从语言、思维与文化的角度探索彝族传统思维生成机制，故图 3－1 不涉及彝族先民神经认知和心理认知能力、内容和趋势，而仅对普遍意义上的神经认知和心理认知作简单描述。其中，彝族传统语言、思维和文化在彝族漫长的社会发展过程中互相作用、互相制约、不断变化。彝族传统思维既生成和发展于这种动态交互之中，也作为联系语言和文化的中间环节发挥着重要作用。

《苏巨黎咪》中的彝族传统思维虽不能蕴含整个彝族传统思维，却是彝族传统思维不可或缺的部分，且因其成书于彝族社会发展的特殊时期，具有一定的代表性。它在彝族传统语言的基础上生成，在与传统语言和传统文化的互动中发展变化的同时，通过社会实践得到先民

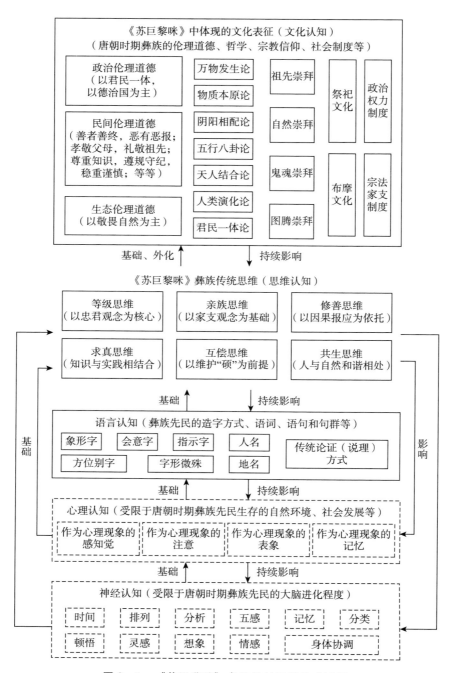

图 3 - 1　《苏巨黎咪》彝族传统思维生成过程

们的共许，并以其传统语言为载体语言，借助传统文化表现出来。它与彝族传统语言一同构成彝族传统文化的精神内核。彝族传统文化作为传统思维生成和发展的关键因素，被视为思维发展和应用的必然结果以及思维社会功能和价值的实现途径。

第四章

彝族传统思维在当代的继承、发展与价值

必须承认，彝族传统思维因其保守性和落后性对当今彝族地区社会发展存在消极的影响。如《苏巨黎咪》中过分强调家支利益的亲族思维既忽视了个体的自主性发挥又忽视了国家和社会的整体利益；为维护等级特权而产生的等级思维与先进的社会主义民主平等思想之间存在质的区别；由原始思维的唯心主义本质所产生的依附性人格使人们的生产活动脱离实际；以达成合意为目的、带有"息事宁人"特征的互偿思维更阻碍了"公平公正"在习惯法实施过程中的实现。这些都是彝族传统思维与国家观念之间存在鸿沟的重要原因。但与此同时，彝族传统思维中诸多与社会主义道德和法治建设相契合的元素应得到认可和尊重，如《苏巨黎咪》亲族思维中蕴含的顾全大局、团结互助、尊老爱幼、孝敬父母等观念不仅仍存在于当今彝族地区，还在社会主义的更高层次上得到了发展；互偿思维作为彝族习惯法赔偿制度的深层元素至今在遏制坑蒙拐骗、卖淫嫖娼等不良行为以及处理纠纷中发挥效力，相对于国家法，其结果往往更符合彝族人的心理预期，在维护其原有社会秩序和人际关系中发挥着不可或缺的作用；人与自然和谐统一、爱护环境、保护生物以及将开发自然和保护自然有机结合等共生思维是构建新生态伦理价值体系的思想资源，这些合理因子为彝族传统思维当代价值的发挥提供了可能。

第一节　彝族传统思维的继承与发展

新中国成立后，党和国家的价值引领和社会主义文化的持续深入虽使彝族人的生活方式发生了巨大变化，但长期以来为彝族人社会生活提供支持的彝族传统思维在彝族社会的继承和发展脚步仍在继续，并且以彝族人普遍认同的方式对他们的行为进行着约束和规范。本节主要从亲族思维、等级思维、修善思维、求真思维、互偿思维、共生思维六个方面，阐述《苏巨黎咪》传统思维在当代的继承和发展。

一　亲族思维的继承与发展

如前所述，亲族思维以祖先崇拜和家支道德为精神内核，以家支观念为基础，对内解决家支内部纠纷、加强家支内部协作和团结，对外抵御外来侵犯、维护家支利益，并在与现代主流思维，以及藏、苗、傈僳、纳西等思维的碰撞中不断发展，且是世界上保留较为系统的传统思维。虽然在民主改革以后彝族地区的奴隶制和等级制度不再存在，但家支仍是彝族人参与社交活动的主体，传统的家支观念和亲族思维被很好地保留了下来，每个社会成员仍生活于其家支群体中，家支利益也仍关联到个体成员的生命、婚姻、地位、财产等具体利益。家支为其成员提供帮助和庇护，成员也为家支尽他的义务（包括接受家支习惯法约束和帮助其他家支成员等），权利与义务的对等延续着家支成员对家支群体的热爱，以及对家支利益的重视程度。新中国成立后，彝族人尤其是凉山彝族人对于家支关系的认同程度仍然很高，甚至在改革开放以后，在经过先进的文化教育和思想洗礼之后，他们还是更愿意以家支的形式参与到社会交往和生活中去。家支制度作为彝族地区最重要的交往方式发挥着处理事务、调解纠纷、设施建设、帮扶救济等作用，是亲族思维在当代彝区得以继承的外在表征。

首先，家支议事制度作为商议、制定以及处理家支内部事务的会议制在传统彝族社会长期存在。民主改革以前凉山彝族一般有"基尔基天""蒙格"两种家支议事方式。"基尔基天"是小型议事会议，一般处理波及范围较小的事务。"蒙格"是大型议事会议，由家支的几乎全部男性或各个分支的代表参加，人数可达数千，主要处理家支内部或家支与家支间的重要矛盾。这种议事制度也传承至今，如彝族人在处理家支内外部事务时，仍习惯通过"基尔基天"或"蒙格"来集合其家支成员，而且在传统的亲族思维的驱使下，在处理民事纠纷，甚至刑事案件时都需要作为彝族司法调解人的"德古"来进行调解。"德古"至今仍然活跃在凉山地区，并在彝族人的法律生活中扮演着重要角色，他们通过唇舌和记忆宣讲向人们传递着古老的惯法规范和判例，在维系彝区安宁，维护彝族乡土社会的秩序上发挥着重要功能。

其次，谱系作为家支的基础，是确定辈分高低和长幼顺序的准绳，任何家支内部成员不孝、不尊的行为都会受到本家支甚至是其他家支的批判和不齿。彝族以"代"记录其历史，以"辈分"区别其长幼，又根据家谱来推算其代数，代数少则为长辈，代数多则为晚辈。代数相同则按祖先分支之长次来论资排辈。分支的时候为长兄，其子孙也为长兄；分支时为次子或幺弟，其子孙也为次子或幺弟。谱系制度对彝族人尊敬长辈的要求延续至今，譬如到彝族人的家里做客，坐在上方的一般都是长辈或者兄长，坐在下方的则是晚辈或者小弟，他们早已将长幼秩序融入自己的生活之中。家支成员一般在一片区域中共同生活，共同遵守伦理道德。

再次，按彝族谱系建立的家支制度习惯法使作为社会活动参与主体的家支仍鲜活地存在于彝族群众的生活中，无论在家支内部还是在家支与家支之间、无论在道德人伦方面还是经济社会交往方面都发挥着规范与约束作用。家支制度习惯法的内容非常丰富，涵括彝族人生活的政治、经济、社会交往等各方面，随着彝族社会及其文化的变迁，逐渐演变成较为完善的惯法体系。该体系及其规则至今仍为维护彝族地区秩序发挥着作用，并以其独特的规范约束着彝族人的生产生活。家支制度习惯法分为民事、刑事和程序习惯法，民事习惯法包括土地所有权、其他财产权、商品交易、债务、家庭、婚姻、继承和礼节等；刑事习惯法包括侵犯财产权、侵犯人身权利和刑罚等；程序习惯法包括德古处理案件的程序和方式、证据、神明裁判和其他纠纷的解决方式、执行、监督、德古调解纠纷所获的报酬等。①

最后，现代文化背景下的彝族家支文化还有了新的发展。第一，彝族家支成为彝族人创业时互相帮助的纽带。由于今天的彝区已打破封闭的社会格局，越来越多的彝族人民渴望通过吸引外部先进技术来创业或外出工作以改变贫穷的生活。而彝区乡镇企业的发展所面临的最大困难就是"资金"和"技术"的短缺。新时代赋予了彝族家支文化新内容，创业者最先想到的求助对象就是本家支的其他成员，在互帮互助的亲族思维的驱使下，被求助者一般都会尽力帮忙、共渡难关。而外出务工的人大多先去寻求同一家支先外出的人帮助，形成一种"打工先投奔家支"的新现象，以实现在生活和工作中相互支持。第二，家支的聚会增添了新的内容。一般来说，传统的家支聚会大多发生于解决宗教信仰、军事战争、伦理道德和婚丧问题等家支纠纷中，而新时期的家支聚会则多以"宣传科学进步""抵制落后愚昧"等为主题，譬如通过仪式来实现禁毒、向大家普及儿童接受教育的重要性等，在配合国家的法制建设和彝族地区民生发展中具有积极作用。第三，家支文化城乡发展的不均衡性。由于彝族先民长期居住于封闭的区域，家支文化在彝族地区的影响具有普遍性。改革开放以后，由于城乡经济发展不均衡、与现代文化的融合和碰撞程度不同等因素，家支文化也呈现不均衡的继承和发展态势。大体上看，居住在城区周边的彝族人家支观念较为淡薄，而边远高寒地区的彝族人家支观念较为强烈，亲族思维较为明显。另外，从受教育水平来看，受教育水平越高，家支观念越弱，反之则强。

随着我国乡村城市化的进程和人口流动速度的不断加快，彝族人已居住到许多不同的城镇。但对于他们中的很多人来说，虽离开了家乡，但依然以家支为其精神故乡，心理的归属感使他们关心家支发展，甚至千里迢迢回家乡参与家支聚会，不仅如此，还在城镇召集家支成

---

① 巴且日火、陈国光：《凉山彝族习惯法调解纠纷现实案例——诺苏德古访谈记》，中央民族大学出版社，2012，第16页。

员，组织家支聚会，以增强凝聚力。他们不仅编撰家支谱系，还在谱系上更新家支发展的新情况，修订、宣传家支制度。家支制度所涉及的内容除了传统的以维护家支团结统一为核心的内容以外，还新增了维护国家和社会利益，遵纪守法，重视文化教育，禁止赌博、打架、吸毒、参加邪教等。以上发展既展示了家支在彝区社会转型中的因势利导，也体现了亲族思维在新时期的自我调适，它不是对传统思维的简单复刻，而是在现代社会新环境下衍变出的更先进的思维模式。

二 等级思维的继承与发展

《苏巨黎咪》中蕴藏的彝族传统等级思维仍存于当代彝族社会，并通过作为其外在表征的民族文化体现出来。以贵州黔西北彝族为例，直到民主改革前都将其成员分为土目、黑彝、自由民和娃子。土目在彝族社会具有极高的地位，一般人称土目为官家，根据新中国成立初期对威宁县等地的调查：经济上，土目占有大量土地，拥有大批娃子，他们不从事劳动，通过出租土地等方式来维持生计，比如龙街子土目几乎占了龙街附近的所有土地。军事上，土目养有大批军人和教练，设有正大队长、副大队长、中队长、分队长、小队长和班长等职，其武装的任务就是维护土目势力，镇压人民反抗。行政上，土目家中设有一个头人，专管家内一切事务。头目下还设有若干名管事，具体数目视土目政治和经济势力而定，一般来说，土地和事务多，所设管事就多，土地和事务少，所设管事就少。管事也有分工，他们分别承担出租土地，收租、催租、农活、家务，以及市场管理等工作。在管事下设有大催，大催下设有小催等。一些土目还专门设有场头，负责管理市场和收税。由于土目在彝族社会的等级非常高，无论是黑彝、白彝，还是红彝，有事求见土目都要带礼物，和土目说话时不能坐着，也不能和土目一同吃饭，他们分别称土目及其妻、子、女为官老爷、官大娘、官少爷、官小姐，土目一般只和土目开亲，不和其他等级的人开亲。黑彝（也叫"哪苏"）分两种：一种是有大量生产资料的当权派的黑彝。他们的社会地位仅次于土目，一般也占有土地，出租的土地为活租，有的黑彝家中设有管事，养有娃子。另一种则为贫穷黑彝，他们在政治上没有特权，有的因为没有土地只能租种黑彝地主家的土地，交纳租子和押金，并接受土目和黑彝地主的监管。但这类黑彝拥有人身自由，可以自由迁移和外出、自由选择职位和选择租佃关系，不种"人租"地，不做娃子。黔西北彝族中的绝大部分人属于自由民，他们虽租种土地，但不是娃子，不种"人租"地。西北的自由民大多为白彝自由民（"勾则"），虽然没有土地，但占有部分生产工具，他们从土目或黑彝地主那里租入土地后，除了每年按照规定纳粮和羊猪，还需要进行无偿的劳役。娃子分为家外娃子（"陆子"）和家内娃子（"柏者"）。一般来说，土目给家外娃子一小块地，让他自由种，既不交租子也不交押金，但每代要选一人给土目作"人租"，"人租"为主人所有，父母则无权过问。家外娃子除了每代交纳一个"人租"以外，每年还要为主人干一段时间的活儿。家内娃子则是主人的财产，既没有人身自由，也没有任何权利，因此主人可以随意地使用、赠送和陪嫁等。

凉山彝族的等级观念尤为突出。原始社会中晚期第一次社会分工时自然形成的"兹""莫""毕""革""卓"五个职业阶层在进入奴隶社会萌芽时期以后，由于社会生产力发展产生了富余的劳动产品，并进一步产生了私有制，由"兹""莫""毕"融合成统治等级"兹莫"，"革"和"卓"融合成被统治等级"诺合""曲伙"。正式进入奴隶社会后，"曲伙"等级又根据各自的社会地位和贫富程度分化成"曲诺""安加""呷西"阶层，这种阶层关系在民主改革前普遍存在于彝族社会。

据调查，直到民主改革前，凉山彝族社会各等级人口所占比例为："兹莫"和"诺合"占10%以下，"兹莫"和"诺合"都是属于高等级的成员，但从阶级成分上来说，并非全部为统治阶级成员；"曲伙"占90%左右，其中"曲诺"约占"曲伙"的70%。"曲诺"从等级上看虽不如"兹莫"和"诺合"，但从阶级成分上讲，大多都属于统治阶级，他们也过着剥削阶级的生活。少数虽然不属于统治阶级，但也非被统治状态，其阶级成分应是劳动者。"安加"约占"曲伙"的20%，虽在一定程度上受主人的支配，为主人承担一定的劳动，但是仍可租赁少量土地和开点荒地耕种，其阶级成分显然不是奴隶。"呷西"占"曲伙"的10%以下，"呷西"受压迫最深，几乎没有人身自由，他们被"兹莫""诺合""曲诺"占有，一无所有，终年为主人劳动。

可见，无论是贵州彝族还是四川彝族，直到民主改革前夕，都具有明显的等级特征。1956年的民主改革运动提出"废除奴隶制度，实行人民的人身自由和政治平等"。自此，彝族社会的等级制度不再合法。然而，等级思维作为其固有的思维模式不可能立即灰飞烟灭，如在生活和交往中仍对低等级的人存在偏见或歧视，在处事时习惯于考虑别人的等级背景等。民主改革运动以后，凉山彝族各等级势力虽有变化，黑彝遭受极大打击，曲诺迅速崛起，安加和呷西仍处劣势，但彝族人的等级思维仍然存在，如经济状况得到较大改善的曲诺不但没有反对等级势力和观念，还试图在不改变彝族固有价值观念的前提下提高自身的社会地位，他们编撰自己祖先的历史，说自己的祖先原是"兹伙"（古代凉山彝族的世袭首领，包括黑彝在内的所有居民都归其管辖）的百姓，与黑彝地位相同。这不仅反映了彝族人的传统等级观念（彝族人富有不代表一切，有钱而无等级的彝族人就如少了一条腿的人，无法站立），也是其传统等级思维继承的体现。

显而易见，为维护等级特权而生的等级思维与先进的社会主义民主平等思想之间存在质的区别。固有的"贵贱"差别，以高等级为贵、低等级为耻，家支大为贵、家支小或无家支为耻的思维习惯必然对彝族社会发展造成不良影响，比如使其社会成员之间产生相互排斥的心理，破坏其成员之间的团结，甚至可能导致等级冲突的出现；使低等级和小家支的农民在社会活动和经济活动中受到歧视，以造成农民内部的不和睦，最终导致彝族农村经济发展缓慢，拖慢彝族地区的现代化进程；等等。但与此同时，等级思维在提高彝族在现代化过程中的适应性上也曾发挥过积极作用，如在1981年以后的彝族地区农村经济体制改革中，彝族人按等级或家支组织和联合起来以适应竞争机制的需要，一些家支通过筹集资金支持本家支的子弟上学、结婚、开店、开矿等，在某种程度上促进了彝族地区的经济发展。然而，在此氛围下，个人在竞争中的成败被看作其所在等级或家支的荣耀或羞愧的事，这又使与其传统价值观相符的等级思维以及等级内部的各家支关系更加牢固，尤其是受到资助的个人，由于更需要和依赖等级势力，他们对它充满敬意。此外，相对于彝族传统社会，现代经济的发展、交通的便利使等级势力走出原先狭小的村、乡，实行跨村乡和跨县合作，参与社会政治活动和经济活动，这在一定程度上赋予了等级思维新的适应能力和发展空间，以及在较长的时间内存于彝族社会的可能。

等级思维在漫长的彝族发展史上维护民族团结，促进彝族社会发展，但与先进的社会主义民主平等思想明显是相悖的。它束缚了彝族人民的思想、生活、行为和个性发展，通过社会舆论和个体的内心信念干预生活，让人们遵从统治阶级的意志，服从统治，淡化自我意识，牺牲自我。在这种长期的束缚下，必然导致民主平等意识的丧失，影响彝族人民的社会心态，阻碍彝区的现代化发展。

三 修善思维的继承与发展

善与恶，既是彝族伦理思想和道德观念中的最基本范畴，也是彝族人对其个体行为进行评价的最基本标准。彝族人自古爱憎分明、善良淳朴，对善与恶的认识具有明确的界限。他们热爱并追求美好事物，憎恶并唾弃丑恶现象。以"善"为首是彝族千百年以来的传统美德，修善思维是彝族最传统的思维模式之一，《苏巨黎咪》中的修善思维通过不可心狠行恶、不可背信弃义、不可存心不良、不可偷盗行骗、不可搬弄是非、不可贪婪昧心、不可祭祀不周、不可不通情理等行为规范和要求表达出来。在其他典籍中也包含了很多彝族人修善的伦理观念。早在南北朝时期，彝族先师举奢哲就强调做人应具有基本的善恶观："人生在世时，好事要多做，坏事要少行；善事要多做，恶事绝不行！"① 并以此来劝诫他人戒恶扬善。明代的水西彝族也有许多碑记涉及扬善，一些碑文反映了彝族人认为建桥、修路等善举是高尚的事，行

---

① 彝文经卷《经书的写法》，转引自昆新、（维）多里坤·乌斯满江、刘佳宁《彝族伦理思想管窥》，《新疆师范大学学报》（哲学社会科学版）2007 年第 4 期。

善者不仅自己会有好报，子孙也能受"荣荫"。很多彝族老人在其弥留之际，总会去回顾自己的一生，并为自己多做善事而欣慰，为曾做过的错事而自责，可以说"善"是彝族人一生追求的人生价值和目标。

彝族修善思维在当代的继承和发展主要体现在尊敬老人、诚实守信、重义轻利、团结互助等方面。其一，尊敬老人。尊老是社会最基本的公德，在彝族社会亦是如此，由于彝族人认为老人懂的知识和祖辈传下来的规矩多，甚至把老人看成其民族智慧的象征。因此有"长者在场，小者不要说话；哥哥说话，兄弟不要争先；大马在的地方，小马不要踢脚"等谚语，以教育人们尊敬长辈、敬爱老人。尊老敬老的思想一直流传至今。今天的彝族地区还保留着许多尊老敬老的礼节，比如招待客人的时候由家里的长老优先陪客，且座位十分讲究，年龄最高、辈分最大的老人坐在正位，即堂屋上方，其余的人依次就座。斟酒、敬烟、倒茶要先给老人，在吃饭时碗筷先递给老人，杀鸡宰猪时，鸡头、鸡肝和猪肝也要先给老人，以表示把最好吃的部分都给老人享受。在一些人家还要给七十岁以上的老人开小灶，把装饭菜的锅一整天都置于火塘边，以保证老人随时有热乎的饭菜吃，充分体现了彝族人对老人的尊重和关心。彝族人生活中的很多细节都体现了他们尊重老人的传统思想。彝族年轻人若是骑马遇到老人，要下马让道，并向老人问候。此外，家庭、家族和村寨的大事比如婚礼和丧礼等都应由老人主持和协商，家族和村寨的头人一般也由老人担任。他们常把老人比作锁，家里有老人，出门就不用锁门，把家里一切托付给老人。这种对老人的信任无疑是彝族尊老思想的具体践履。其二，诚实守信。诚实守信是彝族人"善"的行为规范之一，也是彝族在长期的文化积累中形成的优秀民族品格，他们把诚实守信看作人和人交往的基础和民族生存的基础。因此，诚实守信在彝族伦理体系中占据着重要地位，是对人进行评价，衡量一个人是否具有"善"的品质的重要标准。说谎的人和不讲信用的家支都会遭到众人唾弃和抛弃。在彝族社会交往中，充满着诚实守信的教育故事，如彝族叙事诗《癞蛤蟆娶妻》等，其中蕴含的关于诚实守信的思想在彝族社会作为无形而宝贵的教育资源代代相传，沿袭至今。此外，很多教育人们诚实守信的民间谚语，在今天的彝族地区还广为流传，如"过河莫丢拐杖，相逢莫要撒谎""诚实处家族""诚实处亲戚"等都教导彝族人在生活中要坚守信誉、诚实待人。他们讲求信誉，恪守诺言，无论是划分家支地界、缔结婚姻、交换商品、买卖土地，还是解决民事纠纷、往来民间债务都仍坚决实践着守信的原则。诚实守信的优良传统使彝族人民在社会交往中备受其他民族的信赖和尊重，特别是在市场经济越来越发达的今天，这种传统美德更为他们带来无限机遇。其三，重义轻利。作为"善"的另一个标准，重仁义、重道义要求彝族人的言行与道德相符，而不要过于计较功利或者物质利益。彝族家支社会作为一种泛道德主义的社会，习惯于用家支的道德标准衡量事物和行为，因此，他们往往以家支道德的价值观来取代经济价值观。这种观念在当今社会，从社会效应的方面看，具有重人情、亲乡里、行共济、讲友爱的特征，对于维护社会安定和稳定，克服见利忘义、唯利是图的倾向具有积极作用，但从经济发展的方面看，处处顾及亲友和家支，一味地把义和利对立起来，必然会抑制竞争意识与效益观念。这种民族心态有可能导致人们自身的需要和民族贫穷被漠视，在一定程度上拖慢彝族经济发展的脚步。其四，团结互助。彝族家支由诸多个体家庭构成，作为以父系血缘和地缘关系为纽带的共同体，彼此间有着密切的感情。在生产和生活的各个方面，家支内都习惯于自发性地团结互助，共同协作，以保障家支的发展。在生产劳动中，彝民种田有"俄撒""俄字"的惯例。前者意为"求助"，即劳动力缺乏的农户请求劳动力充足者帮助，且不付报酬；后者意为"抵偿"，即换工互助。在日常生活中，只要一家有事，全家支来相帮；一家修房，全家支帮工；一家娶亲，全家支恭贺；一家死人，全家支帮忙料理后事、抚养遗孤。这些家支内的协作和互助同样延续至今，一旦哪家有事，全寨都会一起支援，甚至邻寨的人也会赶过来帮忙，互相支援，共同克服困难，这种传统源于彝族特有的思维模式和心理素质，也是彝族民族精神的一种体现，对推动其社会发展起到了重要作用。但是，它与社会主义道德下的集体主义原则是截然不同的，它带有浓厚的血缘性和自发性，重视的往往是本地区尤其是本家支的利益，而不是国家和民族的整体利益，因此，这仍然是一种局限于同一血缘内部的原始性的血缘互助。

除此之外，修善思维在当代的继承和发展还体现在家庭教育领域。在很多彝族家庭中，父母会在小孩年幼时就教他们如何去分辨是非善恶，夸奖鼓励做善事的小孩，严厉批评做错事的小孩。父母把崇善的思想教育贯穿于日常生活中的点点滴滴，让小孩懂得"善"是做人最基本的伦理道德，"行善"是最基本的行为规范。从《苏巨黎咪》中还可以发现，彝族先民对于品德高尚的人是十分敬重的，今天亦是如此，行善事、德行好的人在彝族的威望就高，父母会教育自己的小孩要像尊敬自己的长辈一样去尊敬和信任这些人，与他们交往，而对于行为恶劣、品德败坏的人，大家则会避而远之，同时告诫自己的亲人尤其是小孩不要靠近。这些普遍存在于彝族地区的行为规范和要求共同构成了修善思维在当代的文化表现。

四　求真思维的继承与发展

彝族先民在漫长的社会生产和生活实践中认识到，无论是一个民族还是一个人要兴旺发达，就必须要有知识，所以形成了尊重和追求知识的民族传统。彝族求真思维源于彝族先民对知识的尊重和追求，以及尽可能地将知识应用于社会实践的强烈愿望。与传统意义上的哲学式和科学式的求真思维不同，它表达的是主体的态度、需要和情感，解决的是其在特定历史时期的价值问题和意义问题，而并非真假问题和事实问题。从《苏巨黎咪》中不难发现，彝族先民对于知识的重视程度极高，无论是君长、大臣、布摩，还是百姓、家奴，都要有知识。不仅要求大家尊重知识以及有知识的人（比如作为彝族社会文化主要传播者的"布摩"），还要将知识运用到社会实践中。

彝族人对知识的追求源远流长，它孕育于原始社会时期彝族先民对人与自然的一般意识之中，蕴含如哲学、科学、艺术、宗教等因素。彝族先民基于对宇宙乾坤和自然万物的好奇，形成了一些生命意识与符号思维，为彝族求真思维的形成提供了基本条件。奴隶社会早期，随着彝族宗教意识的逐步加强，宗教体系逐渐建立并完善。到奴隶社会中期，道教、儒学的传播和佛教的传入使彝族人接触到不同的观念和思想，加剧了他们追求知识的愿望，为求真思维的发展提供了文化环境。如《孟孝琚碑》不仅强调仁义、孝道等知识的重要性，还指出知识和教育对于提升个人价值和促进社会发展的重大意义。可见《孟孝琚碑》中体现的求真思想和教育意义在当时已具备先进的时代性。《玛牧特依》作为彝族教育的经典，被人们称为"教育经"或"教贤经"，具有极大的道德教化作用，教导人们尊老爱幼、奋发向上、团结协作、勤劳努力等，教育人们要聪明智慧、勤劳善良，以达"幸福"的目的。此经典中最为突出的特点就是有教无类，提出学习不分性别、年龄和贫富，只要愿意学习，就应拥有追求知识的权利。

求真思维与彝族毕摩教关系密切，毕摩教中多样化的教育思想广泛影响着彝族人的日常生活，具有很强的实用性。其教育范畴包括终身教育、道德教育、教育过程等。终身教育即无论在年幼、青年、中年时期还是老年时期，甚至在过世以后，每个阶段都要通过学习知识来保持教育延续。道德教育即注重对勤劳善良、知恩图报、遵规守法等各种品德的培养。在教育过程中，则要树立好的师生观，运用理论与实践相结合的方法提高学习效率。毕摩教中的教育思想体现了彝族先民学习知识和受教育的愿望，是现代彝族教育发展的源头活水之一。除此之外，诸多彝文理论典籍也蕴含着丰富的教育思想，是彝族人崇尚知识的重要体现，如《彝族源流》对三种教育对象（生而知之者、学而知之者以及教而无用者）的阐述；《彝汉天地》对学习知识的目的（让人生完美无憾）的传递；等等。

当代的彝族人民仍然崇尚知识，认为知识渊博的人品级更高。比如作为彝族文化和知识的传播者以及宗教活动的主持者，布摩因其博学在彝族群众中仍具有极高的声望。布摩文化至今在彝族地区仍具有非常旺盛的生命力。除了布摩以外，尊重老年人的原因之一是老年人见多识广，知识渊博，如"青年力气大，长辈知识多"既说明青年人和老年人各自的优势，更强调老年人宝贵的经验知识，尊重知识就要尊重老人和长辈。此外，"有人无知识，成人威不高""人有了知识，威荣也高了"等谚语在今天的彝族地区广为流传，此处的"威荣"即社会价值和地位。由于知识通过教育来增长，技术通过培训来增强，所以知识丰富、技术纯熟的教师和师傅也更加受人尊重。彝族人认为教育可使人们脱离动物性而成为真正具有社会性的人，可帮助人们获得生存的途径和发展的技能，找到安身立命之所，因此在今天的彝区也流传着"不教不成人，不学不成匠"等谚语，人只有具有丰富的知识，才能展示才能，实现人生价值，成为卓越的人，这是因为"人若走得远，知识比友多；鹰若飞得远，所见比友多"。彝族人传给晚辈的知识大都为彝族祖先或他们自己在生产和生活中的实践经验，如"羊月山上积雪，定是丰收年""鹰啼天要晴，雁叫雨渐稀"等。① 最后，彝族民间文学"克哲"作为传播彝族传统知识的途径也流传至今。"克哲"是当今彝族文艺娱乐活动的重要内容，指在斗智和比口才的过程中运用大量的彝族传统知识和前人经验来论证自己的观点和驳斥对方的观点，语言优美、形式活泼。"克哲"也常用于展现彝族人对知识本身的重视，比如说"铁的起源"时讲到，天上掉下了铁石头，毕摩和老人都不认识，然而"工匠见识广，认识铁石头"，终于"炼出三堆钢和铁""用铁铸铧口""用铁打镰刀"，牛耕、铁镰使荞麦"结籽多又多"，② 可见，即使是工匠，只要有知识，便会受重视。"克哲"对于彝族人自身知识的强调，既是彝族人民对自我素质的要求，也是其传统求真思维在当代的运用和展现。

五 互偿思维的继承与发展

互偿思维是长期存在于彝族人生活尤其是纠纷解决过程中的通过维护"硕"来实现正义与公正的思维方式。在彝族人的核心价值观念中，"硕"是为人之本，因此占有十分重要的地位。有学者认为，在彝族传统社会中，"硕"的核心含义是"尊严"，抑或人们为了维护尊严而采取的行动和由这些行动带来的荣誉。"硕"是彝族人作为"人"必备的内在道德元素和基本品格，失去了"硕"的人就是毫无价值、寡廉鲜耻的行尸走肉。因此，彝族人为了维护"硕"，可以以牺牲自己

---

① 高树群：《彝族传统道德及其现代转型研究》，云南民族出版社，2012，第 52 页。
② 阿牛木支：《彝族文学概论》，电子教材第四章"博葩"。

的生命为代价。

彝族人的"硕"无处不在，无论是夫妻之间、亲戚之间、朋友之间，还是敌人之间，只要是有人际关系的地方，"硕"就是约束自我和对待他人的基本准则，哪怕是面对和自己有深仇大恨的冤家和十恶不赦的罪犯，也会考虑到对方的"硕"，就如彝谚所说，"羞人则死人，跳马则断鞍""人死是一天，羞耻是一世""人死为名誉，虎死留张皮"。可见，与"硕"直接相关的"羞耻感"是彝族传统社会对人们进行划分的重要概念和标准，即将人分为"知羞"（有"硕"）和"不知羞"（没有"硕"）两种，犯了错但知羞者是光荣的，而不知羞者，他们是可耻的。

在彝族传统社会，"硕"早已被内化于彝族先民的内心深处。如果某人的"硕"受到侵害，他会付出一切来挽回。"死给"就是不惜用生命来追寻尊严。造成"死给"的原因非常多，如被侮辱、被怀疑偷盗、婚姻纠纷、被怀疑对丈夫不忠等，很多事虽然看起来很小，但只要伤害到对方的尊严，就会被认为伤害到对方的为人之本，十分严重。"死给"行为是弱势者的武器，是让弱势者改变不利处境的文化设置：通过"死给"对方来证明自身清白，不惜以宝贵的生命作为代价来挽回失落的面子和尊严。彝族先民选择"死给"的目的是：我的尊严受损，我死给你，之后我的家支自然会来找你，你必须为我死这件事付出代价。在此事件中，结束自己生命的行为具有迎合其社会思维模式和文化模式的特征，而并非单纯的无奈之举。而在"死给"发生以后，最主要的解决途径就是赔偿，彝族先民把赔偿看作解决包括"死给"等诸多问题的有效途径，因此常说"地上龙生气，龙不拿龙赔，龙拿钱赔偿。天空雁生气，雁不拿雁赔，雁拿钱赔偿""土司死了也赔偿"。赔偿具备物质上和精神上的双重功效，其内容有多层，如赔偿给父方、夫方或舅方的人命金，支付给调解人德古和参与调解的家支苏易的费用，以及支付给死者子女、姐妹、姨表兄弟或者外祖父家支的亲属安慰金（比人命金的金额要少很多），等等。

除了人命案以外，赔偿也是彝族先民处理劫盗案、奸淫案，以及解决日常人际交往和纠纷的有效途径，在一定程度上具有维持社会秩序的辅助作用（如避免冤家械斗等）。以"赔偿"挽回尊严，达成合意的行为作为一种原始观念的产物在新中国成立后已不多见，但在极少数世居彝族地区仍有延用，它体现了彝族先民以"硕"为内在需求的价值观，也体现了他们通过维护"硕"来寻求心理慰藉，实现内心的"正义"与"公正"的互偿思维。

六　共生思维的继承与发展

彝族共生思维源于自然崇拜。彝族先民把人视为自然物的衍生物，认为人与动植物之间是一种亲属关系抑或血缘关系，以对天、地、山、火、水以及龙、虎、鹰、竹等自然物的崇拜为精神特点，形成了独特的共生理念，并以此为行为习惯的向导，彼此之间和平相待，互相尊重，让自然环境和很多动植物都得到保护，体现出人与自然和谐相处的共生思维。《苏巨黎咪》中关于默遮阿默家治疗风寒（第158～159页），不服教育的阿诺姆诃受山神、岩神、水神惩罚（第118～119页），祭祀不周的布格丽阿旨被水神、岩神、山神惩罚（第134～135页）等的诸多记载体现了彝族先民对自然的畏惧和崇拜之情。

彝族对自然神灵的人格化不仅催生了对自然的畏惧和崇拜之情，还形成了爱护环境的好习俗，如禁踏、禁越火塘，禁止向火塘掷脏物；禁止砍神树或在神树边嬉戏、喧哗；禁止在山神、石神附近砍树或放牧；禁止折马桑枝和杜鹃枝；禁止在沟渠、水池、龙潭边大小便；禁止触摸山神石；禁用脚踢锅庄石；等等。这些对自然的崇拜之情和习俗一直延续至今，且对当代彝族群众的行为具有一定的规范和引导作用。如仍存于当代彝族地区的：其一，天崇拜。云南弥勒西山彝族至今每逢腊月要祭拜天神，禄劝、武定等地的彝村也在山林里建屋以供奉天神；昆明彝族撒尼人每隔三年就要举行"祭天大典"，以求一方平安，祭天仪式分为"大祭"和"小祭"，小祭由各村自行献祭，大祭由四五个村联合公祭。其二，地崇拜。云南巍山县彝族至今每逢正月初一要祭"米斯"，他们以一根树枝代表米斯，献以鸡毛和鸡血，以求丰收；景东、禄劝、武定等地的彝族每逢农历六月二十四祭田公地母，有时合村共祭，有时以户为单位祭，方法是地中立树枝，或者用土块搭建一小楼，烧香祈祷，杀牲敬祭，祈佑襄谷丰登。[1] 弥勒市西山一带的彝族每逢农历九月以白公鸡作为祭品祭地母。其三，山崇拜。云南省弥勒、石林等地的彝族每逢农历一月要杀猪祭山；大姚彝族每逢农历二月八日会用马缨花祭山神；路南彝族每逢农历二月八日祭"密支"；富民的彝族几乎在每个村子都有山神林或山神庙，以供定期或不定期的祭祀；元阳和红河彝族还有自己的祭山经，他们常在象征山神的树下以牲畜祭祀山神，以求风调雨顺，六畜兴旺。其四，火崇拜。彝族司火之神有火神、火塘神和灶神等。一般对火塘神敬而不祭，对灶神则有隆重的祭祀。火神是对自然火崇拜的产物，他们认为自然火既可以带来好处，也可以带来灾祸，因此对自然火崇敬而畏惧。当自然火带来好处时人们就敬奉它，当自然火带来灾难时人们就远送它。火塘神是对自然火加以利用之后产生的神灵，由于与日常生产和生活关系密切而获得彝族群众更虔诚的敬仰，如大多数人家都有火塘，且对火塘非常爱护，如至今还有禁止把脏水泼到火塘里，禁止在火塘边说脏话或大小便，禁止人或牲畜践踏"锅庄石"（火神之所在），过节时向"火塘"献酒、肉、菜、饭等规范或习俗，以求不遭火灾。此外，在举办其他祭祀活动前也要在门口烧上一堆火，在火上放些青树叶，使树叶被烧后冒起的袅袅青烟飘到天空中去，以告神灵。其五，水崇拜、龙崇拜。水是生命的基础，龙作为水神的化身，主宰人们不遭遇水旱之灾。因此龙崇拜是水崇拜的另一种表现形式，彝族很多地方今天还保留着龙王庙，且常以祭龙方式来祈求水源常在、庄稼茂盛。如巍宝山的龙潭殿（文昌宫）就是巍山彝族用于祭龙的场所。《云南通志》记载，龙潭殿早在两汉时期就已修建，每逢旱象严重之时，当地的彝族就会到龙王庙祭龙王以求雨和丰收。巍山彝族自称九隆之后，十分盛行龙崇拜，不仅修了龙池和龙亭以祭龙，现今龙潭殿的亭上还有"鳌岫风云壮，龙池岁月深"的对联，是彝族水崇拜和龙崇拜的珍贵遗迹。其六，虎崇拜。彝族把虎视为自己的祖先，如广西

---

[1] 中国科学院民族研究所云南民族调查组、云南省民族研究所编《云南彝族社会历史调查》，1963，第125页。

那坡县的彝族和云南哀牢山的彝族，从元代起就普遍称为"罗罗"
（"虎虎"）、"罗罗淡"、"罗拉淮"，自明代以后音改为"罗保""保
罗"，新中国诞生以后，当地的彝族还以"保保"作为自称和他称。虎
崇拜还有祈求得到虎的守护，以保牛羊平安、庄稼丰收、村寨安宁的
意思。

当代彝族的共生思维是对自然崇拜观念的继承，更是对在自然崇
拜的基础上形成的"仁爱万物"观念的发展。彝族人不宰杀与他们生
产和生活相关的动物，尤其不可伤害牛、马、狗等牲畜，"胡乱宰杀，
畜粮生命伤多了，也就不行善了。……马可骑驮，上山下山的爬坡代
人力省气力，对人好处多，杀马吃不合理。……黄牛、水牛耕稼给人
吃，犁地耙地栽禾苗，养人利人……杀耕牛吃不合理。……狗呢，是
人的帮手，去野外替主人追逐野兽，在屋周围白天黑夜地守家园，是
人的帮手，吃狗肉不合理"①。不仅如此，还要善待它们，如《劝善
经》中所说："牛马白天呢骑累耕累了，不能睡，不能坐，晚上放工回
来，得不到一块干处睡而在屎里粪里泡，水淹到肚子，一夜站到天亮，
小牛小马淹死在粪里，这样做的人就没有道理了。要粪踩粪的，牛圈
要盖好，水沟要深挖，牛粪干得快，抱草厚厚垫。牛尿牛屎夹中踩，
圈肥就成了，牛马也好睡，不伤其身呢，牛马就兴旺了。……要不断
地喂盐，不断地吃盐，草饱水足，则腊月到正月，降雪天气，圈在暖
圈里，不会瘦死了，到降雨的时候，不用忧心耕牛了。"② 这种对动物
的仁爱之心一直延续到今天，如一些地区的彝族群众现在还保留着给
水牛过节的传统，过节时会给水牛吃腊肉和盐巴，以犒劳水牛这一年
的辛苦劳动。滇池以东的彝族人，每逢农历六月初六就会给牛过生日，
并将这天称为"牛王节"。到了这一天就要停止对牛的役使，让它休
息，并且要用最好的饲料喂它，这是尊重牛和爱护牛的表现。此外，
每年临近春耕，一些地区的彝族人还会按古老习俗，上山采乌桕等的
树叶，做一锅糯米饭，和黄酒、鸡蛋等一起给牛吃。一旦发现家中有

---

① 高树群：《彝族传统道德及其现代转型研究》，云南民族出版社，2012，第151页。
② 马学良、张兴、唐承宗、范慧娟译注《彝文〈劝善经〉译注》，中央民族学院出版
社，1986，第195页。

牲畜染上瘟疫，也会用各种措施进行隔离和防治，而不会随意结束它们的生命。

彝族人对于野外生物也不会无故伤害。《劝善经》中"春天到，野兽怀胎，飞禽下蛋，昆虫蝼蚁则产卵了。我们猎野兽、射飞禽，放野火捕兽，烧山烧谷，昆虫蝼蚁成千上万的烧，不应该了。所以放野火多的没有阴德，子孙会得麻风病"① 的观念同样延续了下来，即使是在必须捕猎野兽时，他们也会注意季节并采取适当的方法，以尽最大的努力去避免伤害野兽，这是他们提倡并赞扬的。反之，则会受到谴责和贬斥。

植树造林、爱护植物是当代彝族共生思维的另一体现。如端午节就是彝族的植树节，很多彝族地区至今延续着"端午植树"的习俗，把端午节视为植树造林的大好时机，认为"端午节，杵臼棒头栽得活"，在这一天，男女老少通常会一起美化环境，大人们挖坑，小孩们浇水；媳妇来植苗，丈夫来培土。此外，彝族密枝节也具有警诫恶行、劝人护林的作用。他们认为密枝神保佑着全村平安，由于此神在密林里独居，不愿意被人畜打搅，所以要爱山护林，不要打扰它。在密枝节时，毕摩常带着村里的男人们边走边喊话，批评村子中品德不好、不守规矩、破坏环境等的人和事，以起到扶正压邪、保护生态的作用。

当代彝族延续的自然崇拜和仁爱万物的观念和民间习俗还有很多，诸如对日、月、星辰、鹰、竹等自然物的崇拜，以及不得在山中鸣枪；不得开山采石；不得侵犯山神林；禁止砍伐山神林及其周围区域的树木；不得开挖耕地；早餐前不得在沟里洗衣（若饮用水与洗衣在同一区域）；在动物繁衍季节封山禁猎，尤其不得捕获幼小的动物（动物繁殖期过后才能解除这些禁止性规定）；等等。它们多与彝族的农、牧等生产活动与生活方式息息相关，具有显著的民族性、地域性特征，是彝族人与自然和谐相处的共生思维的文化反映。

---

① 马学良、张兴、唐承宗、范慧娟译注《彝文〈劝善经〉译注》，中央民族学院出版社，1986，第387页。

第二节　彝族传统思维的当代价值

《苏巨黎咪》中的传统思维体现了彝族传统思维中处理人与社会、人与自然、人与人之间关系的基本方式，是其社会意识形态的内在因子，涉及自然、社会、家庭及个人道德的培养等，具有丰富内涵。本节将从忠义爱国、法德兼治、生态伦理、和谐共生四个方面探讨《苏巨黎咪》传统思维在构建彝族地区社会主义和谐社会中的重要价值。

一　忠义爱国价值

习近平总书记指出："人类社会发展的历史表明，对一个民族、一个国家来说，最持久、最深层的力量是全社会共同认可的核心价值观。"① 社会主义核心价值观在社会主义文化中具有支点作用，是决定社会文化性质的深层要素。"爱国"是社会主义核心价值观的基本内容之一。

《苏巨黎咪》彝族传统思维中蕴含的彝族爱国思想和历史上的彝族地方政权以及地方政权与中央政权的关系密切相关。在地方政权上，彝族通过维护君长权威来实现各阶层政权的统一，如唐代根据"种族部落"进行行政区域划分的鬼主制，担任首领的鬼主不仅能够世袭其职，世守其土，世长其民，还具有按本民族习惯法处理部落内部事务的权力；在地方政权与中央政权的关系上，商周时期，彝族的氐羌和中原的商周政权就保持着一种臣属关系。东汉以后，彝族先民就和别的民族一同在西南相继建立了滇爨和南诏两个地方政权，这两个以彝族为主体的地方政权存续了数百年，且都承认中原政权对他们的统治。东汉初年，益州郡太守文齐修建灌溉系统，受彝族人民爱戴，而公孙叔在占据四川后隔断了内地和益州郡的联系，在危难时刻，正是彝族人民的奋力抵抗让公孙叔分裂的阴谋没有得逞。公元 8 世纪，彝族先

① 中共中央宣传部编《习近平总书记系列重要讲话读本》，人民出版社，2016，第189 页。

民建立的南诏国接受唐中央王朝的册封与赏赐。在历史上，无论建立王朝的民族是汉族还是其他少数民族，只要是利于国家统一和民族团结，他们都会给予有力支持。

彝族先后涌现出很多爱国英雄，其中最具代表性的就是奢香夫人及其丈夫霭翠，他们在明朝初期对于团结彝族各部势力，孤立元朝的残余势力，维护国家团结统一起到积极作用。明朝洪武二十四年（1391），贵州的统军将领马烨故意寻衅，企图消灭奢香势力，把她抓去鞭笞。很多土官和百姓被此暴行激怒，要举兵反抗。关键时刻，奢香劝土官和群众维护统一，主张民族之间友好相处，她亲自前往京师告御状，之后朱元璋定罪马烨，避免了危及西南和国家统一的战争和民族分裂。事件平息以后，奢香还修筑驿站和道路，在推进川、黔、滇、广各族人民的往来，加强西南少数民族与中央王朝的经济、政治、文化等联系，维护民族团结方面发挥了积极作用。清朝嘉庆年间，贵州、四川等地的余氏诗人群体亦是彝族群众爱国的典范。他们通过诗歌反映了当时彝族人民尤其是知识分子维护国家团结的思想状态，表现出了鲜明的爱国主义思想。19 世纪中期，帝国主义入侵，彝族群众纷纷掀起反对英、美、法等帝国主义的斗争，为我们留下了很多可歌可泣的光荣事迹。

现代史上也出现了很多彝族爱国同胞。如云南开远彝族人王有德是"马克思学说研究会"（由李大钊领导）发起人之一，彝族的小叶丹和刘伯承将军曾歃血为盟，并帮助红军走出大凉山，摆脱国民党的围剿，刘伯承还曾任命他为"中国彝民红军果基支队"队长，并发给他队旗和委任状。刘伯承离开后，小叶丹被国民党逮捕，国民党搜走委任状后又屡次来搜队旗，但由于队旗被保护得极好，没被搜走。小叶丹的事迹被广为流传和称颂，是彝族人民爱国主义思想史上的重要一页。此外，抗日战争时期，彝族很多官兵都参与了台儿庄等战役，为维护祖国统一献出了自己宝贵的生命。新中国成立以后，彝族从奴隶制社会过渡到社会主义社会，广大彝族群众取得了平等的社会地位，成为国家的主人。彝族人民的爱国思想在社会主义建设事业中不断升华，他们在各自的岗位上奋发工作，为社会主义现代化建设做出了积极贡献。他们的爱国主义思想贯穿于彝族传统思维和伦理思想之中，是彝族社会传统伦理道德的基本要求。

可见，虽然在漫长的历史发展中，彝族社会经历了多次朝代更迭与时代变迁，但他们对祖国是忠诚的。如前所述，"忠"是彝族传统道德的基本原则，《苏巨黎咪》指出，"君长和重臣，布摩三者是人杰"（第 42 页），所以"要忠于他们，如奴仆遵命，似妇女持家。要忠于他们，顺从如牛马，把他们忠于"（第 42 页）。《南诏德化碑》在歌颂阁罗凤时提出"德以立功，功以建业""至忠不可以无主，至孝不可以无家"等思想，把"德"看作立功建业和处理社会关系的重要因素，而"德"在家外体现即为"忠"。"忠"既是一种社会伦理观念，也是一种政治伦理观念；它与彝族政治格局、阶层结构和社会环境密切关联，是影响彝族人处理地方政权与中央政权的关系的重要因素。需要指出，彝族传统思维中的"忠"具有两面性，一方面，它以忠于君长为核心，具有明显且落后的等级特征，与先进的社会主义自由平等思想相悖，应被摒弃；另一方面，它作为一种道德观念，强调对人们道德品质的内在要求，告诫人们要对国忠诚，这有益于维护国家统一和民族团结，是值得宣扬的。

除此之外，彝族传统思维中突显的忠义爱国价值还得益于其团结协作的道德观。如《苏巨黎咪》载："上下级之间，老年人成群，不乏有高人，何不与之切磋，与之问计？为了国家，号令五方，需要一致。开诚布公，在四方杀牛，善待四方民众，犹如母待子，团结紧如绸。"（第 269～270 页）"奖励得当，政令很规范，亲戚友邻团结，犹如麂子的叫声远扬。当此之际，一声号令，众人都服从。一人讲话，千人都响应。就是这样的。"（第 258～259 页）这种维护国家和民族团结的政治伦理观长期存于彝族社会，至今已发展成为一种宝贵的政治道德，是构建彝族地区社会主义和谐社会的重要思想资源。

二　法德兼治价值

长久以来，道德和法律之间的关系问题极具争议，它们就像硬币的两面，不可能被完全分离。2014 年 10 月，党的第十八届中央委员会第四次全体会议通过了《中共中央关于全面推进依法治国若干重大问题的决定》（以下简称《决定》），《决定》提出全面推进依法治国，其总目标是建设中国特色社会主义法治体系，建设社会主义法治国家。为实现此总目标，必须坚持的一项原则就是"坚持依法治国和以德治天下相结合"。《决定》对该原则进行了如下阐述，"以道德滋养法治精神、强化道德对法治文化的支撑作用，实现法律和道德相辅相成、法治和德治相得益彰"，这意味着，"德治"在新形势下被赋予了新的使命。①

《苏巨黎咪》中蕴含着丰富的彝族传统道德思想，对君长、臣子、布摩和百姓等各类人提出了明确、具体的道德要求，尤其对君长的个人道德修养进行了严格的规范，且基于彝族特有的历史文化背景对这些要求和规范进行了较为系统的论证，如通过列举东部的默遮扯勒、赫海珠舍家的米彼德诺、阿芋陡家的苏能德彻、纪俄勾家的那周阿吉、濮妥珠益家的额哲阿吉几位雄冠六方的君长，指出他们之所以受百姓尊敬，使能人顺从，就是因为"信义"在他们心中占有举足轻重的分量。并且告诫君长应具备仁爱之心，要通情理、有度量、克制欲望、重视宗谱、勤政爱民等，只有具备以上品德，才能成为明君，充分体现了彝族"德治"的政治思想。与此同时，《苏巨黎咪》以彝族原始宗教为支撑向人们传递了彝族驱恶向善、因果报应的价值观，这些观念经过长期的积淀深深地烙印在人们的意识中，化身公认的、传统的权威观念和价值尺度引导和规范人们的思想和行为，是形成彝族法思维和法秩序的重要元素。

《苏巨黎咪》具有原始的"以德导刑、以刑促德"的德刑相济特征，一方面从家庭伦理、政治伦理和个人的道德修养三个方面对彝族人的伦理道德进行了详细规定：先从祖宗秩序、家庭关系、寨邻关系的角度论述了彝族人的家庭伦理观，又通过要求人们顺从君长、重臣和布摩展现了政治伦理观，再以"善者善终，恶者恶报"为中心告诫

---

① 李交发、李天助：《"以德治国"与"中国特色社会主义法治体系"》，《湘潭大学学报》（哲学社会科学版）2016 年第 3 期。

人们要有教养，不可行骗偷盗、不可不通情理、不可存心不良、不可搬弄是非、不可贪婪昧心、不可锋芒毕露、不可造谣生事、不可不服教育等，对人们应具备的道德品质作了严格规范。另一方面大量阐述了对违反道德之人的惩罚，如迫维启阿太、恒索启阿欧、德歹怯阿恒、君长麻戈帛、臣子朴阿娄、布摩杜额壁、支尼目柔、阿诺姆诃、弥立武俄、启德阿博等。由于在该文献成书时，真正意义上的彝族法规范还未形成，所以其中的"刑"大多体现为各类神灵对违背伦理道德之人的"惩戒"，对这些"惩戒"的描述起到引导人们向善、守规矩的作用，这些"惩戒"和彝族传统道德之间具有内在一致性和功能的互补性，呈现"以刑促德"的原始思想形态。

除此之外，《苏巨黎咪》蕴含的传统思维中存在大量有益于社会主义道德和法治建设的元素，譬如亲族思维中蕴含的顾全大局、团结互助、尊老爱幼、孝敬父母等观念不仅仍存在于当今彝族地区，还在社会主义的更高层次上得到了净化和发展；互偿思维作为彝族习惯法赔偿制度的深层元素，至今在遏制坑蒙拐骗、卖淫嫖娼等不良行为以及处理纠纷中发挥效力，相对于国家法，其结果往往更符合彝族人的心理预期（彝族传统道德从价值导向上为习惯法规范及其应用提供充分支持），在维护其原有社会秩序和人际关系上发挥着不可或缺的作用；由共生思维衍生的人与自然和谐统一、爱护环境、保护生物以及将开发自然和保护自然有机结合等生态伦理理念是构建新生态伦理价值体系的思想资源；即便是原始、落后的等级思维，也没有赋予君长违背社会道德的权力，而因"各种风气，都先从君长身边形成"（第213～214页）对君长的德才修养和职责义务提出严格要求，这种等级思维作为社会控制的一种思维方式，是权力维护和权力克制的统一，也是彝族先民原始朴素的民主平等思想之体现，虽不能与先进的社会主义民主平等思想相提并论，但其中的合理因子为彝族法观念与国家法观念在彝区的互补协作提供了可能。

彝族传统道德以及在此基础上形成的法观念体现了彝族人民的民族心理情感和民族伦理特色，两者互相补充和协作于彝族社会规范的形成和应用过程中，是彝族传统思维和文化的有机组成部分，我们不仅要从中发掘积极因素，还要循序渐进地引导这些因素创造性地转化，促进它们与现代法治有效整合，发挥它们在中国特色社会主义法治建设尤其是少数民族地区法治建设中的积极作用。①

三 生态伦理价值

"生态文明建设是中国特色社会主义事业的重要内容，关系人民福祉，关乎民族未来，事关'两个一百年'奋斗目标和中华民族伟大复兴中国梦的实现"②，党的十八大把生态文明建设纳入中国特色社会主义事业"五位一体"总体布局中，确立了新时代生态文明建设的基本框架；党的十九大进一步把生态文明建设提升至中华民族永续发展"千年大计"的高度，描绘了加快生态文明体制改革及建设美丽中国的蓝图，并把建设清洁美丽的世界作为构建人类命运共同体的重要方面之一；2018 年 5 月的全国生态环境保护大会又把生态文明建设上升到关系中华民族永续发展的"根本大计"的高度。③

我国少数民族生态伦理思维在历史上对我国尤其是少数民族地区生态环境的保护发挥着不可忽视的作用，对于开展生态文明建设具有重要的价值。《苏巨黎咪》中人与自然和谐相处的共生思维是彝族生态伦理思维的重要体现，也是我国少数民族生态伦理思维的内容之一，为生态文明提供了可吸收的伦理思想和可参照的具体实践，是生态文明建设的宝贵资源。

如前所述，《苏巨黎咪》中关于默遮阿默家治疗风寒（第 158 ~ 159 页），不服教育的阿诺姆诃受山神、岩神、水神惩罚（第 118 ~ 119

---

① 必须承认，"德治"思想在彝族传统社会中由于服务于统治阶级而具有阶级的局限性，对于道德在社会中的作用是夸大的，因此不可避免地走向了"人治"。本节强调的"法德兼治"是对这种"德治"的批判性继承，社会主义的"德治"观所强调的"以德治天下"之意在于恢复道德在国家和社会治理中的应有地位，把它与"依法治国"结合起来，共同促进社会主义现代化建设，而不是通过对道德作用的夸大来弱化"法治"的作用，进而走向极端的"泛道德主义"道路。

② 《中共中央国务院关于加快推进生态文明建设的意见》，《人民日报》2015 年 5 月 6 日，第 1 版。

③ 《坚决打好污染防治攻坚战 推动生态文明建设迈上新台阶》，《人民日报》2018 年 5 月 20 日，第 1 版。

页），祭祀不周的布格丽阿旨被水神、岩神、山神惩罚（第 134～135 页）等的记载体现了彝族先民对自然的畏惧和崇拜之情。彝族先民对拥有巨大意志力的天、山、地、火、水、石等自然神灵的崇拜之情使他们形成了爱护环境的禁忌习俗，如禁踏、禁越火塘，禁止向火塘掷脏物；禁止砍神树或在神树边嬉戏、喧哗；禁止在山神、石神附近砍树或放牧；禁止折马桑枝和杜鹃枝；禁止在沟渠、水池、龙潭边大小便；禁止触摸山神石；禁用脚踢锅庄石；禁止打布谷鸟；等等。它们均是彝族共生思维的外在表现形式。

彝族先民的共生思维既把人作为自然物的衍生物，通过禁忌文化和祭祀习俗来调节人与自然之间的关系，又将自然崇拜和祭祀习俗当作保护自然物的方式，并形成保护自然的习惯法则，对人与自然关系的维护和生态文明建设具有积极作用。它从自然的内在价值论和自然的权利论角度出发，是可持续发展生态价值观的合理性支撑之一，即通过确定人和自然之间的伦理关系、制定生态道德的原则规范来为人类的可持续发展提供道德上的支持。这种在与自然长期的调适过程中所形成的崇尚自然的思维，是一种敬畏生命的思维方式。同时，彝族共生思维中蕴含的信仰文化以及宗教活动在维护生态系统的平衡和保护生物的多样性等方面具有促进作用。尤其是作为其基础的自然崇拜、图腾崇拜以及由其产生的祭祀习俗、禁忌习俗等均以尊重自然和保护自然为基本特征，并通过宗教祭祀等方式，在处理人与自然之间的关系问题上充当了"社会道德"的角色，这种长久以来被彝族人民普遍认同的思维模式，在内化人们的自觉实践行为方面具有突出作用，对于彝族地区生态文明意识的提高具有极大的感召功能，在此基础上形成的行为规则在生态文明建设中具有较高的可行性和适宜性。生态文明建设不单是传统生态观念向现代生态观念的转化过程，也是传统生态实践向现代新型实践的转型过程，而彝族共生思维通过自然崇拜和宗教祭祀文化等把蕴含生态文明建设部分特征的生态伦理观念转化为现实的禁忌文化和活动等实践形态，这种传统观念和传统实践的统一对于生态文明建设过程中人与自然关系的观念性和实践性统一具有一定的借鉴作用。我们应在坚持以马克思主义生态思想为指导的基础上，充分吸收彝族生态思维中的有益成分，通过科学的理论引导，将它们融入社会主义生态文明建设中，在制定相关的法律法规和体制机制保障的同时，促进人民群众生态意识的自觉性构建，开展既具有包容性又具有时代性的生态文明建设。

四 和谐共生价值

除了人与自然的关系，彝族人对于人与社会、人与人之间的关系也极为重视。《苏巨黎咪》从家庭伦理、政治伦理和个人修养等方面对人们的思想和行为进行了引导和规范，其中对（以"善"为中心的）祖宗秩序、家庭关系、寨邻关系的阐述及其蕴含的"孝敬父母，礼敬祖先""遵规守纪，稳重谨慎""吃苦耐劳，勤俭节约""仁、义、德、责"等思想作为彝族社会中处理人与社会、人与人之间关系的基本行为规范和准则，对构建彝族地区和谐社会具有重要价值。

彝族传统社会对于建立在血缘基础上的以家庭和睦与家族和谐为核心的人与人的关系尤其注重，并在社会实践中将其发散、升华为以社会和睦与国家和谐为核心的人与社会的关系。

在家庭层面，家庭作为接受教育的第一场所，对于个人的成长是极为重要的，是否有好的家教家风是决定子女道德水准的重要因素。彝族人对家庭道德教育极为重视，如"千样万件事，孝顺父和母，是头等大事"[1]"父恩比天大，母情比海深"[2] 等要求人们要铭记父母恩情，孝敬父母，"夫妻要和睦，不能撕破襟；从小做夫妻，不能另有心；干活齐出力，吃饭如主宾；不能吃独食，忍饿让双亲"[3] 等要求夫妻恩爱、相敬如宾，"兄弟两个呃，像双金筷子，相互不能离"[4] 等强

---

① 红河哈尼族彝族自治州民族研究所编《彝族礼法经》，云南民族出版社，1997，第13页。

② 红河哈尼族彝族自治州民族研究所编《彝族礼法经》，云南民族出版社，1997，第38页。

③ 云南省少数民族古籍整理出版规划办公室编《云南少数民族古典史诗全集》（上卷），云南教育出版社，2009，第272～273页。

④ 红河哈尼族彝族自治州民族研究所编《彝族礼法经》，云南民族出版社，1997，第78页。

调要兄弟团结、和睦共处。这些丰富的家庭和睦思想不仅存在于文献资料中，更体现于其社会生活的方方面面。彝族人对父母的尊重、夫妇的互敬以及兄弟姐妹的团结体现了他们关于家庭和谐的思维内涵，对于大力弘扬家庭美德具有重要的意义，应把它们扎根于现实中，在传承民族优秀道德文化的同时，将其与社会主义公民道德建设相结合，实现其创新性发展。

在社会层面，人是社会的存在，彝族人对善的追求决定了他们人与人之间存在的互爱、互助、互敬。不仅限于《苏巨黎咪》对此进行的系统阐述和行为规范，彝族史诗文献以及口头传说也蕴含着大量乐善好施的传统思想，如《查姆》中笃慕为救治仙鹤和龙马，割大腿肉，戳心头血；《阿黑西尼摩》中笃慕对沙生和策格兹的热情招待；独眼人时代"地上苦人帮苦人，饿了同我吃野果，渴了和我喝凉水"的好心人。这些例子虽然带有神话色彩，但其中蕴含的互相帮助、待人以诚的道理是值得学习的。在社会交往中，彝族人视互助为美，崇尚乐善好施，要求人们"助人手要勤，对人要交心"①，如"出粮去布施，行善救人命，衣不遮体的，给他衣服穿，讨食要饭的，拿粮给他呃"②"善良的人呃，见死的要救，见活的要放"③等所体现的救助精神和救死扶伤的情怀。这种互助精神还体现在日常的生产劳动中，比如哪家因缺少劳动力或因生病而无法耕作时，其他人家就会自发帮助；哪家有丧事，根据"知道即到"的习俗，其他人家也会主动帮忙。在彝族社会，道德在处理人与人、人与社会的关系，规范社会秩序中具有重要作用，可以说贯穿于其社会生活的方方面面。这种淳朴的品质源于其深厚的道德文化底蕴，为社会主义核心价值观在彝区的贯彻落实创造了一定条件。

在民族层面，彝族人民认为自己和汉族、苗族、瑶族、白族、仡

---

① 云南省少数民族古籍整理出版规划办公室编《云南少数民族古典史诗全集》（上卷），云南教育出版社，2009，第272~273页。

② 红河哈尼族彝族自治州民族研究所编《彝族礼法经》，云南民族出版社，1997，第39页。

③ 红河哈尼族彝族自治州民族研究所编《彝族礼法经》，云南民族出版社，1997，第71页。

佬族等民族具有同根同源的亲缘关系。关于这些民族的来源，彝族传说记载，很久以前，天仙配下了一对男女，这对男女不久又生了九男九女。讲汉话的是汉族的祖先，讲壮话的是壮族的祖先，讲苗话的是苗族的祖先，将瑶话的是瑶族的祖先，讲侬化话、央话、白话、仡佬话的也分别是这些民族的祖先。① 类似的传说有很多，如说兄妹两人结婚时，生下了一团肉，哥哥非常生气，用刀把肉劈开，一块一块的肉溅到树上，形成汉、苗、瑶、白、仡佬等民族。其中，关于彝汉关系，有"彝人离不得汉人，汉人离不得彝人，彝人离不得盐巴，汉人离不得皮货"② 的谚语。在民族心理层面，彝、汉都把自己看作国家的主人，比如白狼夷曾多次派使节向汉朝"举种奉贡""归义为属"。③ 彝族与其他民族也和睦相处，如彝族与苗族互相尊重对方的习俗，若彝、苗两男青年在交谈后发现性格相近，便会结成"老庚"，互相尊对方的父母为爹妈，在对方困难时尽力帮助，"花朵依着叶片片，庚哥依着庚兄弟。我家屋漏你做瓦，你家生病我请医"。彝族在历史上经历了大迁徙，与其他民族尤其是西南各族之间有广泛而深入的接触。此过程中虽有过民族隔阂甚至冲突，但民族团结仍是彝族与其他民族关系的主流。在社会民俗层次和民族心理方面，均可找到他们和其他各族人民团结互助、友好相处的痕迹，这既基于其同根同源的民族思维，也离不开团结互助的伦理观念和善良质朴的民族品质，探索其中与社会主义核心价值观相契合的内容，寻找能兼容其价值理念的认知模式，对于排除狭隘的民族主义思想，培养中华民族"多元一体"格局中彝族人民对国家的自觉认可和感情依附，塑造民族团结共荣理念，促进彝族人民的族际认同和国家认同，推进彝族地区与其他地区共生发展具有重要意义。

---

① 广西壮族自治区编辑组编《广西彝族、仡佬族、水族社会历史调查》，广西民族出版社，1987，第 73 页。
② 四川省编辑组编写《四川省凉山彝族社会历史调查（综合报告）》，四川省社会科学院出版社，1985，第 14 页。
③ （南朝宋）范晔：《后汉书》，中州古籍出版社，1996，第 828 页。

第五章

结束语

"Wittgenstein（维特根斯坦）后期著作表明：可能存在与我们不相容的语言游戏或生活形式，它使用的逻辑规则和推理程序与我们所认可的有实质的区别。……人类学家对边远地区居民思维习惯的研究揭示：我们所接受的逻辑规律只具有局部而非普遍的权威。某些边远地区居民具有与我们不同的逻辑。……对中国（古代）逻辑学的研究得到如下结论：相对于西方传统，中华文明背景下的逻辑具有不同的目标、主导推理类型和推理成分的分析，例如墨家逻辑。绝非巧合地，人们也发现起源于印度文明的佛教逻辑与隶属于西方文明的逻辑具有实质的区别。"[①] 不仅如此，"广义论证""大逻辑观"逻辑学发展方向的转变以及认知科学研究等均为民族思维方式研究提供了极大的可能和宝贵的理论依据。它们共同证明：不同文化群体拥有不同的思维方式。这里的思维方式是指那些经历了"原始选择—正式形成—普遍接受"过程具有相对稳定性的思维模式，它们作为精神象征被所属文化群体内部的成员普遍接受、内化，并推动和制约着该群体的社会实践。从人类认知的角度看，思维作为高阶认知的中间环节而具有极大的研究价值，但因其隐性特征而较难触及，往往通过具有外显性特征的语言和文化表现出来。因此对任何群体的思维研究都不可避免地涉及其语言和文化研究。

《苏巨黎咪》作为一部关于彝族传统伦理和法规的文献，充分体现

---

① 鞠实儿：《逻辑学的问题与未来》，《中国社会科学》2006 年第 6 期。

了古代彝族独特的思维方式。以逻辑学为基础，结合民族学（人类学）、认知科学等学科，根据《苏巨黎咪》所涉内容从七个方面分析其蕴含的传统思维方式和论证模式，提炼《苏巨黎咪》中的传统思维和论证特征，把彝族传统思维置于相应的语言文化情景中，探索彝族传统思维生成机制，发掘其当代价值，对于彝族传统思维研究具有一定的参考性。本研究主要得出以下结论：

第一，论证。包括论"君长"、论"臣子"、论"布摩"、论"百姓"、论"伦理与道德"、论"知识与实践"、论"人生观与价值观"。论证特征：一是以类比论证、比喻论证和"类比—比喻连续统论证"为主要形式；二是非理性因素和理性因素的紧密结合；三是在作为逻辑学基础的"类"与"相似性"、作为心理学基础的"直觉"和作为认识论基础的"实践"的共同作用下完成，是在其文化群体中生效的论证。

第二，思维。彝族传统思维包括以家支观念为基础的亲族思维、以忠君观念为核心的等级思维、以因果报应为依托的修善思维、知识与实践相结合的求真思维、以维护"硕"为前提的互偿思维以及人与自然和谐相处的共生思维。思维特征：一是以（以原始思维、形象思维和经验思维为主的）非理性思维为主导；二是逻辑思维尚不成熟（如受当时彝族社会的发展水平以及彝族先民认知能力和知识结构限制而导致的类比推理中相似点少、比喻推理中"比"的属性相似度低等问题）；三是具有以"发现并认识事物的矛盾双方"为前提的朴素辩证思维特征。

第三，语言（文字）与思维。首先，象形字、会意字大多具有直观性的表象特征，是形象思维的直接体现；其次，指事字对抽象符号的使用说明当时的彝族人已具备一定的抽象思维能力；最后，方位别字和字形微殊以"形象"作为媒质，在"形象"中进行思索和联想，是形象思维的联想形式。

第四，文化与思维。首先，关于精神文化与思维：一是彝族传统的伦理道德观念与《苏巨黎咪》中蕴含的传统思维方式相互印证；二是彝族古代哲学思想与彝族传统思维方式有着同根同源的密切关系；

三是彝族宗教信仰既是其传统思维的生成要素，也是其传统思维的重要体现。其次，关于行为文化与思维：一是彝族祭祀文化呈现彝族人以自然崇拜、鬼神崇拜、图腾崇拜为主的原始思维和依赖于猜测或设想的跃进性的直观思维。二是传统思维和原始宗教产生了祭祀习俗和礼仪，祭祀习俗和礼仪又进一步保留了传统思维和原始宗教。三是布摩是彝族原始宗教的产物，布摩文化是彝族原始思维的文化表征。四是彝族人名命名与以其宗教信仰为支撑的原始思维和以祖先崇拜和家支道德为精神内核的亲族思维紧密联系；彝族地名命名是其以家支观念为基础的亲族思维、人与自然和谐相处的生态思维、依赖于习俗和传说的经验思维以及以图腾崇拜为主要内容的原始思维的体现。最后，关于制度文化与思维：三位一体的政治权力分布格局与以忠君观念为核心的等级思维，血缘为纽带的权力组织与以家支观念为基础的亲族思维密不可分。

第五，思维生成机制。其一，彝族传统思维以彝族传统语言为基础，同时又与传统语言一同构成传统文化的基础；彝族传统思维向下包含并影响彝族传统语言，彝族传统文化向下包含并影响彝族传统思维和传统语言。其二，将彝族传统思维的生成路径概括为"以彝族传统语言认知为基础和条件，且与彝族传统文化认知持续相互作用"的过程。

事实上，任何民族的思维系统均可分解为不同层面，每一层面都包含诸多思维元素。在漫长的历史发展过程中，虽具有较强的继承性和稳定性，但随着所属群体及其所在社会的经济、政治和文化环境的改变，思维方式及其适用性也会发生变化，即发生"思维方式的变迁"，在此过程中，有的思维元素经过与新思维方式的磨合和适应而被纳入新的思维系统；而有的思维元素既不能脱离原思维系统，也难以融入新的思维系统，这些具有原始性和落后性特征的思维元素是必然走向消亡的。这就要求在提炼和总结彝族传统思维当代价值的同时，理性地看待其中落后、狭隘元素，紧密结合当前社会需要，以客观的态度、辩证的眼光和科学的手段对其进行修正、整合和创新。本研究以此为原则，进一步探索、挖掘了《苏巨黎咪》传统思维与社会主义核心价值观相契合的积极因子，提炼出其在构建彝族地区社会主义和谐社会中的忠义爱国、法德兼治、生态伦理、和谐共生价值，以期加快彝族传统思维在社会主义文化背景下的创造性转化和创新性发展步伐。

最后，作为中华民族传统思维的一部分，彝族传统思维虽有其特性，却在某些方面与中国古代主流思维极为相似，譬如它与中国传统思维一样长于综合和直觉，弱于分析和逻辑，凸显出中华民族传统思维的经验综合型整体思维和直觉性思维特点。这种一致性应缘于作为思维认知基础的神经认知、心理认知和语言认知的类似，并与伴随民族交往产生的古代中原主流思想和传统思维在彝族地区的传播和影响密切相关。对此，将进一步借鉴适当的方法和手段，把彝族传统思维纳入中华民族传统思维体系中，系统研究它的认知基础、文化环境以及形成和演变过程，以期为中华民族传统思维和中国古代逻辑研究提供一得之见。

参考文献

著作

《马克思恩格斯文集》第 9 卷，人民出版社，2009。

马克思、恩格斯：《德意志意识形态》，《马克思恩格斯选集》第 1 卷，人民出版社，2012。

恩格斯：《自然辩证法》，人民出版社，1962。

列宁：《哲学笔记》，人民出版社，1974。

中共中央宣传部编《习近平总书记系列重要讲话读本》，人民出版社，2016。

巴且日火、陈国光：《凉山彝族习惯法调解纠纷现实案例——诺苏德古访谈记》，中央民族大学出版社，2012。

柏维春：《政治文化传统——中国和西方对比分析》，东北师范大学出版社，2001。

毕节地区民族事务委员会编《西南彝志》（13 册 26 卷），贵州民族出版社，1988～2015。

毕节地区民族事务委员会编《彝族源流》（第 5～8 卷），贵州民族出版社，1991。

毕节地区民族事务委员会编《彝族源流》（第 9～12 卷），贵州民族出版社，1992。

毕节市地方志编纂委员会编《毕节地区志·宗教志》，方志出版社，2017。

蔡曙山主编《人类的心智与认知》，人民出版社，2016。

陈波：《逻辑学十五讲》，北京大学出版社，2008。

陈波：《逻辑哲学导论》，中国人民大学出版社，2000。

陈锐：《法律推理论》，山东人民出版社，2006。

陈新夏、郑维川、张保生：《思维学引论》，湖南人民出版社，1988。

陈中立、杨楹、林振义、倪健民：《思维方式与社会发展》，社会科学文献出版社，2001。

程仲棠：《"中国古代逻辑学"解构》，中国社会科学出版社，2009。

崔清田：《墨家逻辑与亚里士多德逻辑比较研究》，人民出版社，2004。

滇川黔桂彝文协作组编《滇川黔桂彝文字集》，云南民族出版社、四川出版集团、四川民族出版社、贵州民族出版社，2004。

（南朝宋）范晔：《后汉书》，中州古籍出版社，1996。

高隆昌、卢淑和、李宗昉：《思维科学概论》，西南交通大学出版社，2004。

高名凯：《语言与思维》，生活·读书·新知三联书店，1956。

高树群：《彝族传统道德及其现代转型研究》，云南民族出版社，2012。

顾嘉祖、陆昇主编《语言与文化》，上海外语教育出版社，1990。

广西壮族自治区编辑组编《广西彝族、仡佬族、水族社会历史调查》，广西民族出版社，1987。

贵州省毕节地区地方志编纂委员会点校《大定府志·旧事志三》，中华书局，2000。

贵州省毕节地区民族宗教事务委员会、贵州省毕节地区彝文翻译组、贵州省赫章县民族宗教事务局古籍办、贵州省毕节地区彝学研究会编《彝文金石图录》（第三辑），四川民族出版社，2005。

贵州省毕节市专署民委会彝文翻译组翻译，贵州省民间文学工作组编《民间文学资料》第37集《西南彝志》6、7、8卷，贵州省民间文学工作组，1959。

贵州省地方志编纂委员会编《贵州省志·民族志》，贵州民族出版社，2002。

贵州省民族研究所毕节地区彝文翻译组编译《西南彝志选》，贵州人民
　　出版社，1982。

贵州彝学研究会编《贵州彝学》，民族出版社，2000。

郭桥：《逻辑与文化：中国近代时期西方逻辑传播研究》，人民出版
　　社，2006。

赫章县民族事务委员会汇编《彝族民间文学资料》（第一辑），1988。

红河哈尼族彝族自治州民族事务委员会编《彝族叙事长诗》，云南民族
　　出版社，1984。

红河哈尼族彝族自治州民族研究所编《彝族礼法经》，云南民族出版
　　社，1997。

（彝）吉克·尔达·则伙口述，（彝）吉克·则伙·史伙记录，（彝）
　　刘尧汉整理《我在神鬼之间———一个彝族祭司的自述》，云南人民
　　出版社，1990。

金岳霖学术基金会学术委员会编《金岳霖学术论文选》，中国社会科学
　　出版社，1990。

李淮春主编《马克思主义哲学全书》，中国人民大学出版社，1996。

李先茂等搜集整理《彝族昔古贤文》，中央民族学院民语所彝族文献编
　　译室。

《凉山彝族奴隶社会》编写组编《凉山彝族奴隶社会》，人民出版
　　社，1982。

林耀华：《凉山彝家的巨变》，商务印书馆，1995。

刘毓庆：《图腾神话与中国传统人生》，人民出版社，2002。

（彝）漏侯布哲、实乍苦木等：《论彝族诗歌》，贵州民族出版社，1990。

禄绍康：《威宁彝族辞典》，贵州民族出版社，2009。

吕大吉：《宗教学通论新编》，中国社会科学出版社，1998。

吕大吉、何耀华总主编《中国各民族原始宗教资料集成》，中国社会科
　　学出版社，1996。

罗秉祥、万俊人编《宗教与道德之关系》，清华大学出版社，2003。

罗国杰主编《伦理学》，人民出版社，1989。

罗曲、李文华：《彝族民间文艺概论》，巴蜀书社，2001。

马佩主编《逻辑学原理》，河南大学出版社，1987。

马学良、张兴、唐承宗、范慧娟译注《彝文〈劝善经〉译注》，中央民族学院出版社，1986。

母进炎主编，王明贵本卷主编《黔西北文学史》上卷·古代文学卷，贵州大学出版社，2011。

（宋）欧阳修、宋祁：《新唐书》卷二百二十二《南蛮下》，中华书局，1975。

邵强进编著《逻辑与思维方式》，复旦大学出版社，2009。

申小龙：《中国文化语言学》，吉林教育出版社，1990。

（汉）司马迁：《史记》，中华书局，1959。

四川民委彝文工作组搜集整理《彝族格言》，四川民族出版社，1981。

四川省编辑组编写《四川省凉山彝族社会历史调查（综合报告）》，四川省社会科学院出版社，1985。

四川省民族研究学会、四川省民族研究所编《四川彝族家支问题（论文集）》，四川民族出版社，1985。

孙伶伶：《彝族法文化——构建和谐社会的新视角》，中国人民大学出版社，2007。

孙中原：《中国逻辑研究》，商务印书馆，2006。

（元）脱脱等：《宋史》卷四百九十六《西南诸夷传》，中华书局，1977。

王继超主编《苏巨黎咪》，贵州民族出版社，1998。

王继超著，贵州省毕节地区民族事务委员会、贵州省毕节地区彝文翻译组、贵州省毕节地区彝学研究会编《彝文文献翻译与彝族文化研究》，贵州民族出版社，2005。

王娟编著《民俗学概论》，北京大学出版社，2002。

王克喜：《古代汉语与中国古代逻辑》，天津人民出版社，2000。

王克喜：《逻辑、语言与文化》，中国社会科学出版社，2013。

王路：《逻辑的观念》，商务印书馆，2000。

王明贵、王显编译《彝族源流》（汉译散文版），民族出版社，2005。

（宋）王钦若等编《册府元龟》卷九百六十，中华书局，1960。

王让新主编《哲学通论》，电子科技大学出版社，2015。

王天玺、张鑫昌主编,中国彝族通史编纂委员会编纂《中国彝族通史》,云南人民出版社,2012。

威宁彝族回族苗族自治县民族事务委员会编《威宁彝族回族苗族自治县民族志》,贵州民族出版社,1997。

吾淳:《中国思维形态》,上海人民出版社,1998。

伍雄武、普同金:《彝族哲学思想史》,民族出版社,1998。

武宏志、周建武、唐坚:《非形式逻辑导论》,人民出版社,2009。

(汉)许慎撰,(清)段玉裁注《说文解字注》,上海古籍出版社,1981。

杨继中、芮增瑞、左玉堂编《楚雄彝族文学简史》,中国民间文艺出版社,1986。

杨勇、龙倮贵:《彝族传统哲学思想研究》,民族出版社,2014。

易谋远:《彝族史要》,社会科学文献出版社,2007。

云南民间文学集成编辑办公室编《云南彝族歌谣集成》,云南民族出版社,1986。

云南省民族民间文学楚雄调查队搜集翻译整理《梅葛》,云南人民出版社,1959。

云南省少数民族古籍整理出版规划办公室编《尼苏夺节》,云南民族出版社,1985。

云南省少数民族古籍整理出版规划办公室编《云南少数民族古典史诗全集》(上卷),云南教育出版社,2009。

云南省社会科学院楚雄彝族文化研究所古籍研究室编《彝文文献译丛》,1993。

张纯德、朱琚元、白兴发:《彝文古籍与西南边疆历史》,社会科学文献出版社,2013。

张岱年、成中英等:《中国思维偏向》,中国社会科学出版社,1991。

张福:《彝族古代文化史》,云南教育出版社,1999。

张光鉴、张铁声:《相似论与悖论研究》,香港天马图书有限公司,2003。

张家龙主编《逻辑学思想史》,湖南教育出版社,2004。

张炼强:《修辞理据探索》,首都师范大学出版社,1994。

张汝伦编选《理性与良知——张东荪文选》,上海远东出版社,1995。

张学立主编《彝学研究》，民族出版社，2009。

张学立主编《彝学研究》（第二辑），民族出版社，2012。

赵杰、田晓黎：《语言人类学》，民族出版社，2015。

赵林：《协调与超越——中国思维方式探讨》，陕西人民出版社，1992。

中国科学院民族研究所云南民族调查组、云南省民族研究所编《云南彝族社会历史调查》，1963。

中央民族学院彝文文献编译室编《彝文文献选读》，中央民族学院出版社，1992。

周礼全主编《逻辑——正确思维和成功交际的理论》，人民出版社，1994。

周山主编《中国传统思维方法研究》，学林出版社，2010。

朱崇先：《彝族典籍文化》，中央民族大学出版社，1994。

〔英〕A. N. 怀特海：《科学与近代世界》，何钦译，商务印书馆，1959。

〔法〕阿尔贝特·史怀泽著，〔德〕汉斯·瓦尔特·贝尔编《敬畏生命》，陈泽环译，上海社会科学院出版社，1995。

〔法〕埃米尔·迪尔凯姆：《迪尔凯姆论宗教》，周秋良等译，华夏出版社，2000。

〔法〕高尔迪埃、维亚尔编著《早期传教士彝族考察报告》，校真译，贵州大学出版社，2011。

〔德〕亨利希·肖尔兹：《简明逻辑史》，张家龙译，商务印书馆，1977。

〔德〕康德：《实践理性批判》，关文运译，商务印书馆，1960。

〔德〕威廉·冯·洪堡特：《论人类语言结构的差异及其对人类精神发展的影响》，姚小平译，商务印书馆，1999。

〔法〕列维－布留尔：《原始思维》，丁由译，商务印书馆，2009。

〔法〕卢梭：《社会契约论》，何兆武译，商务印书馆，2003。

〔美〕露丝·本尼迪克特：《文化模式》，王炜等译，生活·读书·新知三联书店，1988。

〔美〕迈克尔·托马塞洛：《人类认知的文化起源》，张敦敏译，中国社会科学出版社，2011。

〔美〕米黑尔·罗科、威廉·班布里奇编《聚合四大科技，提高人类能力：纳米技术、生物技术、信息技术和认知科学》，蔡曙山等译，清华大学出版社，2010。

〔日〕坪井洋文编《彝族的社会和文化——访问贵州省西北地区的少数民族》，黄才贵译，贵州大学出版社，2011。

〔英〕斯蒂芬·图尔敏：《论证的使用》，谢小庆、王丽译，北京语言大学出版社，2016。

〔挪威〕托马斯·许兰德·埃里克森：《小地方，大论题——社会文化人类学导论》，董薇译，商务印书馆，2008。

〔奥〕西格蒙德·弗洛伊德：《论宗教》，王献华、张敦福译，国际文化出版公司，2007。

论文

蔡曙山：《论人类认知的五个层级》，《学术界》2015年第12期。

蔡曙山：《认知科学框架下心理学、逻辑学的交叉融合与发展》，《中国社会科学》2009年第2期。

陈自升：《彝族图腾崇拜研究评述及再思考》，《宗教学研究》2016年第4期。

崔清田：《关于张东荪的"逻辑与文化"》，《贵州工程应用技术学院学报》2011年第10期。

吉木哈学、苟吉木基、昂凌、阿衣：《关于彝族取名习俗的文化心理分析》，《贵州工程应用技术学院学报》2019年第2期。

鞠实儿：《论逻辑的文化相对性——从民族志和历史学的观点看》，《中国社会科学》2010年第1期。

鞠实儿：《逻辑学的认知转向》，《光明日报》2003年11月4日，第3版。

鞠实儿：《逻辑学的问题与未来》，《中国社会科学》2006年第6期。

昆新、（维）多里坤·乌斯满江、刘佳宁：《彝族伦理思想管窥》，《新疆师范大学学报》（哲学社会科学版）2007年第4期。

李剑：《论凉山彝族的纠纷解决》，博士学位论文，中央民族大学，2010。

李交发、李天助：《"以德治国"与"中国特色社会主义法治体系"》，《湘潭大学学报》（哲学社会科学版）2016 年第 3 期。

刘飞、王克喜：《试析藏族逻辑文化的特征》，《贵州民族研究》2014 年第 7 期。

罗洪蓉芝：《论彝族的自称和图腾及其关系》，《西南民族学院学报》（哲学社会科学版）1996 年第 1 期。

王祥兵、张学立：《彝族传统制度文化及其影响研究》，《贵州民族研究》2017 年第 5 期。

熊明辉：《法律论证及其评价》，梁庆寅主编《法律逻辑研究》（第 1 辑），法律出版社，2005。

姚平、李戬：《论彝族传统家支文化中伦理道德思想的作用——从社会变迁视角考察》，《民族论坛》2012 年第 3 期。

曾昭式：《从语言与逻辑关系看古代汉语与中国古代逻辑思想》，《信阳师范学院学报》（哲学社会科学版）2002 年第 4 期。

曾昭式：《张东荪多元逻辑观试析》，《商丘师范学院学报》2002 年第 1 期。

张晓芒、郑立群：《如何对待中国古代逻辑思想研究》，《湖北大学学报》（哲学社会科学版）2011 年第 1 期。

张学立：《论中国传统文化的逻辑困窘与解蔽——兼论逻辑的文化相对性》，《贵州民族大学学报》（哲学社会科学版）2015 年第 1 期。

赵佳花：《逻辑学视域的类比推理研究》，博士学位论文，浙江大学，2018。

附　录

附表 1－1　论"君长"（德才修养）

序号	核心观点	主要内容（论证/说理过程）
1－1－1	要有谋略	娄娄勾部，有谋有略，好比白马套缰绳，知道把握分寸。阿外惹部，有谋有略，如懂渔猎者，演示渔猎的动作。东部外族天子，有谋略，好比理着打结的银绳，经过大平坝，到大山巅峰，高瞻远瞩。就是这样的。西部的皮罗阁，有谋有略，如白色骏马，卸鞍后见其本色。外面能看见，里面能看见。是这样的呀。纪俄勾（乌撒），有谋有略，熊在远处时，不放出猎狗，不召集猎人，熊在近处时，不让猎狗上，而把猎人召。破狩猎常规，出其不意用兵，如海中蛟龙，使海浪翻腾，就是这样的。古口勾（磨弥），有谋略，如鼓声悦耳，会击鼓的击鼓，会听的来听，精通的去实施。"阿租你呀：稳妥地实施，形象不得损害，别把规章小看！"阿默尼部，如冬季备耕，尚有一月时，牛还闲着时，就布（部）署耕种，就已经做了，田地赤裸裸，任鸡狗践踏，如此可不行！"您布波阿诺，是精明布摩，如城中易行车。如东部燕麦，供不应求，这布摩是谁，非等闲之辈！"*
		所出谋略，爱民施大恩，似大水清澈，离不了细流，从前老祖宗，就如此兴起，传统要承袭，天下才太平，对四方民众，要像母亲待子女，这样的结果，百姓就服服贴贴（帖帖），就受众人拥护。平息事态时杀牛，骏马钱财，轮不到别人，别人纷争四起，轮不到自己出马，动不上干戈。祭奠还愿，也无人可及（第75~77页）
		在录嵯莫嘎地方，与阿外惹联姻结盟；在董姆法娜地方，同益吉部结嫡庶弟兄；在峨吐洪凯地方，与德家联姻修好。一旦这样做，争端的可能性小（第77页）
		祭祀还愿，从根部理起，威势与收获，好比冬天降大雪，落到低洼的地方。掌权管理各族，发挥各部的优势，一旦这样做，扩地盘稳基业，受人民拥护而掌权，开明威望高，没有一个人报（抱）怨，助手和下人，没人有意见（第77~78页）

续表

序号	核心观点	主要内容（论证/说理过程）
1-1-1	要有谋略	以德感化愚顽，用诚心化解成见。君长门庭若市，酒肉殷勤款待，喝上百桶酒，吟诗文声传出君长府，武士待遇好，唯君命是从，出战连胜众人，就是这样的（第78~79页）
		作为君长，不可胆小，依靠谋略，不可有不满足的心。谋略不实在，作为君长，由慕魁臣子作主，凡事都势利，就受制于人，就让人架空（第216~217页）
1-1-2	善思索	为君不加思索而发言，好比仇叩君长运红铜，得不到部下谅解（第92页）
		君长思索后发言，虽然有出入，好比仇叩君运红绸，部下会谅解（第93页）
		谈论战事，考虑不周而出言，好比参天大树，树枝不断地枯萎，考虑周到而发言，寿命就长，且修得道了（第94页）
		思考后发言，所讲符合情理为妙。未思考而发言，不合情理者，君令行不通，好比沟壑深。下属传达的命令走样，好比箭曲射不成，奈何不了野兽，如猎狗被水淹，猎人失去目标，手中只有弓。下情不通畅，犹船去天际，如愚顽的鸟，叫得起劲却无用，听了就像耳边风，是这样的啊。反复思索，反复省悟才妙。利用别人的才能，自己的才高一筹。采纳别人的智谋，自己的智谋高一等。自如灵活，非等闲的智谋，如风经过高山顶，困难吓不住，无所畏惧，像水流刚有所容，不流则平静，应当是这样（第320~322页）
1-1-3	重视知识	贤能君长在位，向远处发令人也服从，都不敢怠慢，再远也无阻。号令重视力大，传得远而广。经纶满腹，虎皮权杖好比栋梁，就当握扇子，民众都服从，实在有作为（第91页）
		头顶着苍天，为人在世，为君为臣，后继有人，看要看得高，听要听得广。才子通历史，懂史为第一，树广林才深，历史同现实巧合，以史为鉴。有祸患，自然顺利克服，避免出差错（第79~80页）
		别顶撞有本领的布摩，别顶撞本领差的布摩。本领差的布摩有人用，杀大量的羊，忙得不可开交，引起了祸祟。高明的布摩上阵，好比云开日出，像天亮一样，是这样的呀（第80页）
1-1-4	要有主张	是非口舌，因出风头而起，利舌巧言，引起是非口舌，咎由皆自取。庸君来施政，严肃当戏耍，臣子自作主张，如破屋置床，布摩自作主张，嚷叫应山巅，是这样的呀（第94~95页）
		混淆了是非，正因如此，不该离开的去远了，耆长泪淋淋，不该接收的接收了，好比锦黯然失色。婚姻起纠纷，做好事适得其反，行正却遭冷落，身既死妻随人去。引发诉讼时，碰上威势显赫者，受攻击而谈判时，又输给对方。自己的土地归他人，牛被人牵走，战斗力弱者不幸（第95~96页）

序号	核心观点	主要内容（论证/说理过程）
1－1－4	要有主张	下等的君长，不发号施令，收取民财，搜刮干净，践踏法纪，形同戏耍（第316页）
1－1－5	遇事果断	天地间的长者，先作决断，然后解释，号令让人服从。先有破，后有立。如日月取信于人，首先听进话为好。兵戎相见分胜负，才肯缴地租。狗把羊吃了，才把羊圈补，先令人憎恨，后与人为善，与世无争，可以从头开始（第211~212页）
		小气的汉子，一夜三个计划，半夜鸡叫时，就掏灰扫地，还不甘心，待到无兴致，对一切失去信心，追求无望，自己费尽心思（第212页）
1－1－6	胆大心细	作为君长，胆子要大，要注意观察，不偏听偏信，要稳重如山，这是对君长的要求（第220~221页）
		为君为臣，先议后行，方为上等人（第243页）
1－1－7	不唯刚为上	依靠青草的动物，角与耳朵在一起，坚硬的角倒先落，柔软的耳朵却常在！依靠嘴巴说话的人，牙齿与舌头在一起，坚硬的牙齿倒先落，软弱的舌头却常在！水与船在一起，坚硬的船挡不住水，软弱的水把船冲。天臣诺娄则说："不唯刚为上。"开化或愚顽的人，都以五谷为食，熟人或者陌生人，都懂祭祀的道理。灵敏或迟钝的人，都要操练语言。离开石沙地筑城，才能筑起权威的城池；离开树林辟乐园，才能辟出权威的乐园。石沙地的城易破，树林边的园易废。就是这样的（第66~67页）
1－1－8	度量要大	肚（度）量大的君长贤明，恩惠施得广，备善跑骏马，如大树荫（荫）庇，善于引经据典，如树大叶茂。宰杀的肥猪，像女毡黑白相间。煮肥牛肉，如茶放入水。臣子受恩惠，深如大海，似大水流淌，影响四方。恩惠得人心，位高威望大，社稷也巩固。亲戚团结，如梳理头发，同外族交往，如苍龙腾空，似蛟龙入水，好比闻一只狗叫，众兽被震慑。一人讲的话，上千人在听，上万人服从，都交口称赞，就是这样（第291~293页）
1－1－9	通情达理	辟出权威的乐园，通情达理是第一，祭祀还愿是第二，骑上骏马是第三。上等之人，说话通情达理，中等之人，倚仗武力，末流之人，因循着旧无主见，如马踏着老蹄印。是这样的啊（第67~68页）
1－1－10	克制欲望	忌求者有三，遇事只会动口讲，见吃只会张口吃，见利只会来独占，要克制欲望。求衣食心别厚，日后自主有作为，贪婪占据心灵，容易被衣食主宰，衣食很贫乏，君长也被困扰，受贫困煎熬时，应当很乐观，把握住志气（第213页）
1－1－11	不可暴虐	贪的人性暴，暴掩盖着贪。暴君未施政，定太阳超出青道，定月亮超出赤道。像孤独的太阳，像孤独的月亮。随时撤更易弦，以邪来压正，有功自己争，君长若暴虐，将领进军营，如猎狗藏着。是这样的呀（第96~97页）

序号	核心观点	主要内容（论证/说理过程）
1－1－11	不可暴虐	无道者统治，当安抚的却挨整，各族人们，如老狗戴枷，老马上僵（缰）绳，老年人拄杖，政令不一致，良策不采纳，好比雷响天不动，就像水浑浊不清，犹如云层厚，不透风一般，像出现鸟王，雄鹰不现身，就是这样的（第97～98页）
1－1－12	要讲信义	有超群六人，拓地声势大。六位高明的君长，雄冠于六方。东部的默遮扯勒高明，启（起）用举足陀尼，信义重于山，让能人顺从，易如耕耘般，信义如此啊，权令如缰绳，他却不去揽。赫海珠舍家，米彼德诺高明，芒布人都服，说出口的话，或一片山林，或一壁大岩，或一条大河，说了就作数。权令如缰绳，他却不去揽。阿芋陡家，苏能德彻厉害，说出口的话，如舌尖的盐，咸到了舌根，说了就作数，权令如缰绳，他却不去揽。纪俄勾家，那周阿吉高明，乌撒人都服。说出口的话，就像好放的牲畜，喜欢外面的草，说了就作数。权令如缰绳，他却不去揽。说他教育德毕的后代，明白自己的职责，有自知之明，说出口的话，即使赴汤蹈火，也在所不惜，说了就作数。权令如缰绳，自己不去揽。濮妥珠益家，额哲阿吉，他说出的话，如天上雷鸣，像地上闪电，有求必应，说了都算数。权令如缰绳，额哲阿吉，一心要去揽。他一时得志，把对手除掉。在皮能地方树权威，濮妥家得天下，是这样的啊（第197～201页）
1－1－13	重视宗谱	自己创立基业，祭祖叙谱，仿照恒投氏，设置神座，仿照恒投氏，照恒氏九代后，投氏八代后，所兴的规矩。布置列祖列宗神位，顶敬自家的祖宗，供奉自家的祖宗。理顺的宗谱，在祖祠之中，清洁的祖祠，为祖宗修建。理祖宗的根，于沽神位中，理沽神的根，于笃神位中，于能神位中。理顺哺神位，有了顺序。给上苍献祭，求地上富贵，就是天地间的大丈夫（第219～220页）
		三件事早为妙，早祭祖，早结婚，早生子。在德歹濮卧地方，有慕魁臣子，叫支友阿踏，虽常带和蔼面容，办的事情多，却不理宗谱。有成群牛羊，却舍不得杀。有成群猪羊，祭祖时却吝啬。君长与百姓分心，长幼无秩序。（第245～246页）
1－1－14	祭奠要勤	为君为臣者，祭奠要勤，为人之表率。启斗阿哼这人，无马他步行，身披裙毡，要去车益阻姆，那个地方。朴格鲁载，将一匹快马，银毡连同衣物，差遣两个人，一并送赶他去。在补雅洪茨，摆渡的地方追上，就送给了他。这件事过后，西部六力士，耐弥克巴地，他们要攻占。被围困，往后撤，无路绕道行，遇大岩阻道，连遇三道大岩，西部六力士，被当地人俘获，曾有过这事。古口勾家，德幡厄濯其人，居高位之时，掌权依传统，谋断入情理。录载阿租，有深谋远虑，像树荫一般，祭奠还愿，愿为别人好，别人记恩情。自己动手，别人冒犯时，自己才犯怒，自己开口，别人开口时，自家话作数。自家先应人，有事人应己，有事可出兵，机遇犹如争渡口，借助于兵甲，自家胜别人，有这种说法（第61～64页）

续表

序号	核心观点	主要内容（论证/说理过程）
1－1－15	听老人言	掌权发号令，要依老人讲的道理，好比做媳妇。如侍候男人，女人操家务，像骑马要先喂马，功夫到了海水也干涸（第64页）
1－1－16	重视稼穑、礼仪分明、练兵习武	建立政权治理地方，重视稼穑是第一，礼仪分明是第二，练兵习武是第三（第68页）
		稼穑第一靠天地，靠风调雨顺；第二靠日月，气候要温和，第三靠君长，动员大量耕种，粮食才充足。要知年景的好坏，先观春季气候。要知春季的气候，得观冬天的风色。要知秋收的气候，在于观察晴时的夜空。政令苛刻的缘由，在于君长的贪财，君长贪财的起因，在于身边的谋臣。为君为臣，后继有人，能人强者，有号召力。贤良之辈，有志释天地奥秘，懂日月运行规律。树权势威力，懂扬长避短，手到祸患除，一部族人幸运，如天空无云，地样不移动。实在是这样（第68~70页）
		妥芒布之女，只要有礼仪活动，就都作应酬，且笑逐颜开，到后来，嫁到录史抽洛地方，贤淑又机灵，善于应付各种场面，众人交口称赞，有入主之才，地域地界都有数，非等闲之辈（第74~75页）
		阿租你呀，身为君长，要胸中有数，轻视武士人才，力量就分散，追随的人，跟君长并非心甘情愿（第75页）

* 王继超主编《苏巨黎咪》，贵州民族出版社，1998，第70~74页。（以下凡引此书只在相应处注明页码）

附表1－2　论"君长"（待人之道）

序号	核心观点	主要内容（论证/说理过程）
		1. 君长与各种人
1－2－1	君长用人	管事的君长，区分时间，支配手下人，一人利用一段时间。世界上的人，勇猛过人的人，这种人要用。主持天下公道的人，这种人要用。亡命的人，持歪理的人，闲人和游人，用这几种人。用石木棍棒，击天地的人，要用这种人*
1－2－2	君长待武士、臣子、布摩、能人、百姓	君长待武士，如身佩宝剑，武士多了势就强。态度要和蔼，武士就争气，君长如大虎，被统治的民众，是君长的鱼虾。清亮的湖水不见底，如鸭有水游，如鸟投密林，君长身边的百姓，就像屏障，就像盔甲与矛戟，君长府边的百姓，就像手足样（第42~43页）
		一位君长贤，四面与之交，谋臣贤则君长明，近臣昏聩，君长也昏庸。慕魁臣子有知识，近臣贤，君长也贤。君长有成就，善分经纬是第一，统领兵马，赋诗杀牛是第二，金银富足是第三（第43~44页）
		有七十般本领，不及有口才者，慕魁臣子靠口才，滔滔不绝说好话，就是这样的（第49~50页）

序号	核心观点	主要内容（论证/说理过程）
1 - 2 - 2	君长待武士、臣子、布摩、能人、百姓	君长待布摩，首先给自由自在，其次给功名利禄，然后给发展机会（第47页）
		君长待能人，第一为传诵美名，第二为了骏马，第三为了借助（第48页）
		君长对待百姓，赐给土地是第一，过得自在是第二，分给奴仆是第三。君长讲的九成话，听不听八成由百姓。有心之人是财主宰心，若财不主宰心，财多主人未必清楚。有计之人财主宰欲望，财若不主宰欲望，也就没有发财人（第49页）
1 - 2 - 3	上下齐心	"……有道是：不亲近奴仆，不宠信下人，这种说法并不正确。上方有九支奴，无一不忠诚。下方有四姓奴，无一不忠诚。慕俄勾家，毕约厄伟忠诚。妥芒布家，布耷遏孜忠诚。乌撒家，益迁阿租忠诚。你纠朵也忠诚，既能文，又能武。迫默家，事事有条理。君臣和睦，见解都一致。你们主奴之间，百姓之间都团结。我所佩服的，还有芒布的臣仆阿侯。还有毕播勒家，也上下齐心，手下人可靠。当今之际，迫默您啊，上下都齐心，人马黑压压一片，为啥不商议，有啥不公平？若有孤独感，请能言的朴布阿乌，开诚布公把牛杀，待民如待客，犹如母待子，使之召（招）之即来，唯命是从。这是你迫默的优势，为啥醒得迟？"阿苦鲁汝一席话，让额苦迫默，听了很乐意。取出披毡，再加上丝绸，还有快马，叫不出名字，都馈赠给他，他们的谈话，是这样的啊（第246~250页）
		有俗话说：地位显赫的人办事，经千百人议论，经十人思考，经五人定夺，由一人决策。孤单的人办事，至半已疲劳，易难俱怕。所有的人，个人的努力，到不了山脚，百人的努力，可攀至山中，千百人合作，能攀越山顶，是行得通的。不专心专意，办不成事啊（第263~264页）
		"我顶佩服的，是芒布的臣仆阿候（侯），至今不遗忘。迫默有条件，上下级之间，老年人成群，不乏有高人，何不与之切磋，与之问计？为了国家，号令五方，需要一致。开诚布公，在四方杀牛，善待四方民众，犹如母待子，团结紧如绸，像桌子和锅桩（庄）石，你迫默负担就轻，号令有人服从，何故觉醒迟？"他讲这番话，额苦迫默，听了很满意。聪明人懂礼，将阿苦鲁汝，毡领拥着，手腕牵着，安排入首席，赠六匹快马，这是额苦迫默，钦佩阿苦鲁汝，在帐前直言不讳，授起群策略，得的酬谢啊（第269~271页）
1 - 2 - 4	部族内君长、臣子、武士和兵卒各司其职	如秋天分明，一个部族像一张弓，百姓就如弓背，君长是弓弦，臣子是箭袋。武士和兵卒，是箭杆箭头，各司其职，作用有时间。君长英明，百姓有前程，若君长无能，百姓就背井离乡。君长恶则百姓迁，主子恶则奴仆逃。人心不可轻视，是这样的啊（第65~66页）

序号	核心观点	主要内容（论证/说理过程）
1-2-4	部族内君长、臣子、武士和兵卒各司其职	额苦迫默，领着阿恒纠朵，避开慕魁臣子，住到布洪阻姆。有阿苦鲁汝，进毡帐中来，看阿恒纠朵。君长迫默说："睡是缺点吧？"阿苦鲁汝，开口就说道："昼与夜相连，一团漆黑形出，一团亮光产生，由一团漆黑，产生了黑夜，由一团亮光，揭开黑天幕。三对叫堵旺舍的动物，有足又有蹄，有一对酣睡，它又肥又壮。有一对觅食忙，得一身膘肉。蛇长伸懒腰睡眠，青蛙安稳地睡眠，石头睡眠占地方，狐狸睡觉一方朦，君为发号令而睡，臣为了谋断而睡，布摩为祭祖而睡，黎民百姓的睡觉，是为了生产劳动。本领不弱者，遇事难不倒，吃睡各有作用啊！"（第 243～245 页）
		尚须叙述：娄娄勾部，君长阿娄录则，臣子摩阿卓，布摩额直阿觉，随从禹尼叩。这家君臣四人，为了争地界，这播勒尼家，长幼李代桃僵，正因为这样，地位上升后，始以尊自居，同大姓连（联）姻？制弓制甲胄。贪恋平静，图平静三年，只平静三月，仅一锅米饭，也求之不得，也为之发愁，也要去计较……往阿娄借的地方，当他到那里，陶罐打破了，煮不成鸡腿，长时间背着，阿娄借这地名，因此而得名。饿得发慌，随从无信心。又一次迁移，往洛区益柯，当他到那里，见举足麻弥，正在渡口上，越礼订婚，未经父母之命，娶阿觉妮吐，配举足麻弥，生下了三子。君臣四人，到德歹濮卧，洛乌蒙的家。三年间如天狗犯月，三月里受尽欺凌。像这样过着（第 370～374 页）
		慕俄勾家，阿杰合吐，嫁给播勒家，成亲三天后，不思茶，不进饭，到了第六天，仍不理家务。播勒尼家，召首席布摩谋臣，商议了一番，何故三天后，她仍不思茶，她仍不进饭？到了第六天，不见她烧火，不见她举炊？阿杰合吐说："我的夫家，播勒君长家，君位居首席，君却不执政。臣位居中席，藏身似铜牛。布摩居尾席，像春天雷鸣。奴仆占首席，如点灯耕地。没有尊长在，我何处烧火，我往哪举炊？"说了这番话，似大风无情，女子说直话，在德歹濮臣，这君臣四人，都被打动了。犹草得水浇，闻尼德良言，至此思归切，迅疾赶回去，到播勒本部，建宫立君长，任命了臣子，启（起）用了布摩。百废俱兴，点火举炊，手下忙如穿梭，如骏马奔驰，似鸟叫翻山，百姓有规矩。播勒尼，得以昌盛，仰仗尼德本领好，手段高明啊（第 374～378 页）

2. 君长与臣子

序号	核心观点	主要内容（论证/说理过程）
1-2-5	君长掌权，问臣为上策	政权有秩序，体现君长尊严。君长掌权，问臣为上策。而臣先问才好，臣若先问君，有过失在君，对臣却有利。掌权如女子纺线，臣子有谋略，断事犹如滚线团，就是这样的。君若先问臣，有过不在君，却对臣不利。犹如樱桃花，开晚就被浇，有力使不出，就是这样的（第 2～3 页）

序号	核心观点	主要内容（论证/说理过程）
1 - 2 - 6	君长不可屈从别人，而要使八方服从自己	君臣关系，是因畏惧而从命，失去畏惧就不从；是因威信而从命，失去威信就不从（第 20 页）
		为君为臣的人，屈服最不好。如松不离叶，自己属从别人，只剩下乞求，犹污垢积厚。能人的后代，丢了所有威风，屈从于别人，志让人夺去，仅剩一口气。低贱的人，把权威树立，长自己志气，会成为奇人。别人屈从自己，才是优势啊。就是猫头鹰，都希望别人屈从自己。自己屈从自己，就是上等人。本领通天的安孟余，使八方服从自己，是这样的人（第 250 ~ 251 页）
		古口勾，维遮阿默家，出一位君长，名叫厄铺鲁举，见识广博，知识渊博，是出众之人。在宫中，有位叫局阿史的，为人小心谨慎，出言也文雅，在宫庭（廷）内外，都唯命是从。厄铺鲁举说："我的阿史呀，我的部下里，有德有才者，言听计从者，请问阿史他是谁？有德有才者，究竟在哪里？"额洪德乌说：你的布摩臣僚，言听计从者，你问得好啊！你的慕魁臣子，当以阿芋陡家，臣子为样榜。慕魁臣子要精干，若遇无能者，断不了外事，就有违初衷，决不得内事，就倒置本末。凡事都请示，如早晨骑饿马，政令无巨细，大事认人作主，小事看不起，这是怪慕魁无能。切不可这样！娄娄勾（播勒）家，正因为如此，慕魁霸道，凡事不依理，好高骛（鹜）远，依慕魁之见，播勒三代君长，都不得善终，这是怪慕魁不贤啊！不贤明则恶，恶行有三样，行事都苛刻，利弊都不分，大河也耕种。骑恶马要跌在山上，犁恶牛要跌在坎下。听从恶人语，并与之为伍，就不行好事。如跟着鸡狗，事不成体统。君长说的话，多得像海水，说了不作数。不开化就拙，拙的行为是，茶（涂）炭舅舅，茶（涂）炭外甥，不可教化。即使是君长，抑或是布摩，算不得一代，威势也不大，衣食不富足，得不到名望，像马套笼头，是这样的人家。犹如播种在松树下，只能长成十株草，即使是这样，也仅又两株出穗（第 251 ~ 257 页）
		维遮阿默家，有好建树，励精图治，居于人之上。重视稼穑，世代承传，掌握稼穑，种植有方。人未必亲躬，只发出严令，君长府就门庭若市。吃大片的肉，吃上百坛酒，武士待遇好，武士受优待，骏马得饲养，众臣众布摩，讲话都文雅。不求作恶之人，忌讳助恶人，不苛刻聪明人，不苛刻佣人和妇女。如此引导有方。大度贤明的君长，举行完美的祭祀，蓄养着快马，有好的传统。君长贤明，言辞也优美，行为也高尚，好比悦耳的鼓声，在周围传扬，祭奠还愿，好比大河流水，汇成大海一样。奖励得当，政令很规范，亲戚友邻团结，犹如麂子的叫声远扬。当此之际，一声号令，众人都服从。一人讲话，千人都响应。就是这样的（第 257 ~ 259 页）

续表

序号	核心观点	主要内容（论证/说理过程）
1-2-6	君长不可屈从别人，而要使八方服从自己	为君为臣，有屈从性，是无出息的，像松不离叶，自己屈从别人，如果是这样，犹过路的青鸟，只闻得其声，却徒有虚名。到了子孙辈，做他人傀儡，由他人主宰，自己的理想，见识只及妇女！掌权持纲纪，由周围的人，是这样的人。别人屈从自己，办事才有利。那安蒙余部，别人屈从他，替他人考虑，自己有自由，就能居高位。安蒙余通天，把八方主宰，为一国之主，名副其实，替别人打算，做得周到啊（第 271～273 页）
1-2-7	君长勿让臣专横	纠朵和迫默，你俩不定夺，未作出决断，正因为如此，那录阻录卧地方，阿芋陡家，有章不遵守，有制不执行。虽得到主政，君臣无商议，长幼职不明，国政与家政，都不成体统。作为慕魁，阿都乃索权重，君臣的事务，由阿都乃索包揽。正因为这样，出头露面时，没有人，问题成了堆，就是这样啊（第 264～265 页）
		不单这件事。德歹濮卧地方，乌蒙君长家，作为慕魁，阿踏权重。面少带怒容，听人耳都多，却不理政事，牛马混在一起，乱得无头绪，猪羊不分开。虽得到主政，君臣不商议，长幼职不明，国政理不顺，家政理不顺。晚上讲的十件事，天明有五件难成。是这样的啊（第 265～266 页）
		作为国事，勿让谋臣专横，别由近臣左右。六祖有遗训，是这样说的（第 266～267 页）
		那芒布家，所作所为是，善于创基业，开拓九大山脉，精于统治，统治九大片地方。到了后来，启用的慕魁，名叫阿诺阿古，自始至终，把大的隐患，留给君长，常用悄悄话，向君长进言，欠百姓的债，受百姓控告。领无志男人，到村寨里，杀百姓的牛款待人，牵百姓的马送他人。慕魁自作主张，君长无计可施，取不义之财。正因为这样，等他离开后，黎民妻儿哭，百姓妻儿诉，这样一来，任其掠土地，任其夺财物，君长也无奈，好比马关节有病，就像马蹄有缺陷，像不蒙头收蜂，究其原因，只怪阿诺阿古，并非忠诚的慕魁（第 280～282 页）
1-2-8	精明的君长要用贤良臣仆	臣仆贤良，就有天时地利。多有事例，远处有九贤良臣仆，近处有四贤良臣仆。慕俄勾家，毕育厄伟贤良。赫海珠舍家，布踏额孜贤良。纪俄勾家，益迁阿租贤良。濮妥珠益家，阿恒纠朵贤良。都是大贤人。君长无需（须）亲躬，令如车轮转，君王无须监督，谋断犹如滚线团。既能文，又能武，既精明，又能干。你迫默大驾，大布摩谋臣，何不召了商议？他人为你主奴，排忧解难，已经够多了（第 267～268 页）

序号	核心观点	主要内容（论证/说理过程）
1－2－8	精明的君长要用贤良臣仆	尚须叙述：多鲁达识家道，问他的经验，这多鲁达说："就靠占鸡股骨，鸡股好家道好，占鸡股骨作判断。"精通谋略者，叫局依阿仇，问他的经验，局依阿仇说："占卜鸡股骨作判断，鸡股骨好家道好。"持家有方的人，谋略的基础也形戌。同有知识有探讨，与有预见者切磋（第 273～274 页）
		必须这样做，阿外惹家，召集大布摩谋臣，商议一番后，臣子进府中，迎君长入席，臣按位置坐，以礼待布摩，领尼德夫人，住进华丽宫，贴身的佣（用）人，也进入家中，驯服烈马，拴在成排的马厩里。武将执兵器，臣子执权杖，供贤妻粮吃，供贵子马骑，额苦迫默一时称雄，有四部人纳贡，制订长幼秩序，彝人能言善辩，执纲纪发号令。个中的原因，引导愚顽者开化，为阿恒纠朵所为，进谏得法者，是阿苦鲁汝。这是慕魁臣子贤，懂道理的例子啊（第 274～276 页）
		且说古口勾，维遮阿默家，有番君臣相聚，厄铺鲁举，作高雅辞令，坐在大堂上，臣民阿洪德乌，示文雅篇章，上下级之间，应付差事。厄铺鲁举，领鲁举阿史，问有德行者在何处，教海人的良言，他要去听取。到额洪德乌，居住的大帐，领洪德乌，开口就说道：二位大驾，光临敝人处，海人的良言，请认真地听。一部的领袖，是一位君长，然后才是慕魁，榜样要好啊（第 276～277 页）
		不仅仅这桩事，那录阻录卧家，听信恶言，杀牛斩草，专门这样做。笃则鲁租，锋芒毕露，铸成了大错。在近处莫欠债，债台会高筑，会受制于人，巨细均过问，好比早上骑饿马。事必亲躬，贵为一代君长，民众多不从，是怪慕魁不贤。切莫去效法（第 278～279 页）
		娄娄勾部，播勒得天下。他家的做法是，启（起）用的慕魁，名叫布铺阿吉，此人工于心计，贪得无厌，权欲大，只讲大道理，传统制度，被他抛了，反复无常如同鸡冠。在额直珐坠岩，穷途末路，恐惧死亡，没得到善终，这是慕魁不贤的下场（第 279～280 页）
		维遮阿默家，建树好，展宏图，耕种田地，播种稻谷，掌权统治民众。所重用的人，无一是庸者。国土的四面，受受到侵犯。用阻吉号令四方，无处有障碍。尽得香的吃。只管动勾舀。君长府门庭若市，吃柴块样的肉，喝百坛酒。剑光亮闪闪，武士受优待，武士被敬重，骏马被蓄养，待遇顶优厚。君臣站出来，左右默契传君令，下属召（招）之即来，从君长之命。下属默契传下令，英雄能人召（招）之即来，是这样的啊！不能求助恶人，人恶马必恶。不能借助恶马，恶人难教育。不能苛求聪明人，人善马必善，不能苛求良马，聪明也须开导（第 289～291 页）

续表

序号	核心观点	主要内容（论证/说理过程）
1-2-8	精明的君长要用贤良臣仆	宫中为君者，把一方治理，发号施令，尼德须多谋，依靠有名望的人。君令由臣子执行，道路按选择开通（第314~315页） 慕魁臣子无能，君长昏庸就不好。臣子贤良，办事就公道。四部毕启，五支陇邓，是阿哲尼的，下属各部。政通人和，是因臣子贤明。录叔笃任，送录则阿租，上了大路，调转马头，在益那濯娄停下，与录则阿租，作饯行。"四部毕启，五支陇邓，我的臣民追随你。"录则阿租，作了称赞："阿哲尼部，政通人和，治理有方啊！乌撒家，阿赤阿洪，是贤明的慕魁臣子啊。"如行天马，似骏马的腿。信誓旦旦，在荒山顶上，召集各部头领，阿赤阿洪，是贤明的慕魁臣子。朴格阿额，就按照传统，用上百头牛，取一条壮牛，杀了做四堆。祭天时牛叫马嘶，彝家众头领，都认为，乌撒牛最壮。阿祛阿乃，也到场了。阿赤阿洪，告诉君长那苦，"你到场，是识大体者。"那苦说："在座的，阿默尼家，须使之满意。上等好马，给君长那苦。这是忠臣所为的啊。"先款待阿额时，在座的，对那苦不服气，表面应承却不服君长。心中生怨恨。这是因为，办事虽公道，阿额却不理解。手下的属民，不召而至，这是忠诚而办事灵活（第390~395页）
1-2-9	作为君长，要善用臣子和布摩	阿铺厄额说，"作为幼者，以体谅长者为上，你即是有教养者。掌握政权者，要拜自己的布摩，依靠自己的慕魁。朴娄朴歹，是芒布尼的，掌握决策者，依靠自己的布摩谋臣，因而世袭为君长。百姓拥护，很有威望"。想拜见那苦，崇敬言难表，如子民，中与不中，是两句话。居住的地域，欣欣向荣。划给了阿额，他们弟兄，往啥麼额古嘎，到那个地方，那苦坐上方，见到他一眼，和蔼可亲，哭了一场。原（缘）由是这样，这阿额计巧，阿额爱戴那苦，就是这样的。那苦本人，到了古口勾，建宫立君长，任命了臣子，启（起）用了布摩，听从了教诲，宛若信慈母，阿额有经验，听从教诲，从小教育到成年，肚（度）量大如海，是这样的人。明智的始亲政，且精通典故，影响一百二十年，是这样的人（第395~398页）
3. 君长与布摩		
1-2-10	所用布摩能力要大	尚须叙述：洛措格恒氏，为帮待阿卓的死，主持了葬礼。事毕之后，叫戈里俄濯的，送洛措格恒，来到点苍山麓。戈里俄濯，讲了个故事："在那从前时，雄鸡被鹰捕捉，落在阿俄额濯家，院落的中间。阿俄额濯，把雄鸡救下，犯下了过错。"这是已过之事。犹如林中鸟，有一身本领，就充满自信，无能的人作用小，顾不了自己。这就叫出息。一样的道理，过去说的是：在死界病界，亡灵的世界，有一身本领，就充满自信，无能的人作用小，顾不了自己。如今的事，你请我作布摩，我为你消灾。布有上下秩序的神道，扮演着阵的君长。上边置各神灵位，中间设各样神座，下面放各类供品。君形象是鹤在天，鹤归天时在山上饯行。臣形象是鹃居地，鹃辞世时在地上饯行。君志向如鹤，臣志向如

续表

序号	核心观点	主要内容（论证/说理过程）
1-2-10	所用布摩能力要大	鹃。就是这样的。为你作布摩，功夫要高强，必须能胜任，必须能战，必须善战啊。必须坚如铜，必须坚如铁。在亡灵的世界，有九角独熊，有八尾独鹿，要备一套皮缰绳，在那天际的，鲁朵要安置。周边画满的马鞍，要准备一副。在那地垠的，鲁朵要献祭。在亡灵的世界，松上有鹤鸣，桃上有鹃啼，高山有雄鹰。布摩为除害，要备一对牛马，献给亡灵世界。备一对花牛，往天上献祭。鹤布摩是太阳星，鹃布摩是月亮星，鹰布摩披铁衰衣。三布摩生的日相，三布摩带的月容，三布摩形象高，布摩做事灵验，做事有威力。除害有头绪，除害有结果。布摩善于除害（第171～176页）
1-2-11	不可伤害布摩	惹家制的矛，矛不杀布摩。恩家制利箭，箭不射布摩。恩博铸利剑，不伤害布摩，没有伤害布摩的剑。鄂莫家抓兵，不准抓布摩。毕余撒播的树木，不准用来打布摩，是这样的啊（第176～177页）
		百二十君长，在尼乃博嘎这地方，展开一场会战。杀弥立大汝的，是阿额列歹的子孙，名叫陡俄阿野。弥立大汝说："你是不良之徒，你是个恶人，矛不进布摩的肉！"陡俄阿野说："矛不进布摩的肉，就杀进布摩的腹！"陡俄开杀戒，杀了布摩无人除害，陡俄阿野家，七代不成人，根本的原因，是杀了布摩无人除害，是怪这样啊。后来的人啊，勿伤害布摩，害布摩者没结果，死后无归宿，犹在沼泽地，蛇把鸟侵犯，狗犯绵羊不兴旺（第177～178页）
1-2-12	要请高明布摩	侯家有四位布摩，替诸独俄、侯布阿抽、布硕布伟，他们三人，修养差，都没有肚（度）量。叫布嘎笃则的这位，有修养，又有肚（度）量，因此就失和。四个布摩八种见解，三个布摩六个目标。阿虎陇邓，足不出户，孤单单坐着，如孤单的虎。无奈往北迁，到了沪折河边。有一位十岁少年，说是他的家，以渡船谋生。嘎友笃则说："你家不顺利，你家谱混乱。"嘎友笃则，就用了一对绵羊，把他家谱理顺。后来娶妻，七十七岁时，生一聪明子，取名阿鲁毕旨。嘎友笃则，就定居北边（第137～139页）
		阿虎陇邓，是年得怪病，是月体虚弱，千般治不愈，万种药无效，成了这个样。阿虎陇邓，说他昨晚得梦，见身手不凡的布摩，手持松桃杖，为笃则鲁租家，布神位祭祖，使用了牛牲。深奥的问题，向阿爽阿借求教。他没上天去，却知星运行。他未深入地，却懂地理。专请布摩嘎友笃则。阿虎陇邓，得病九天后，若黎明降临，病痊愈了啊（第139～141页）
		侯友欧娄这人，当年得怪病，当月身体虚弱。就往益旨诺毕地方，请益迁阿租的孙子，叫做尼叩布则的，就在家里面，举行占猪蹄活动。占出路数来，家中大布摩，没有人能解。又连占三次，让人生恼怒，尼叩布则说："有常言说道：占卜现预兆，占野兽可得破解。若用一只野兽，把房屋禳解，病就痊愈了。"侯家的欧娄，就信以为真。他决定就近，进行狩猎。猎狗还没到，未见猎

序号	核心观点	主要内容（论证/说理过程）
1－2－12	要请高明布摩	人时，遇满地的鹿，自行先狩猎。就因为这样，才破得路数。家中设神座，用三对牛马，把家中禳解，这样做过后，侯友欧娄，犹黎明到来，病也就好了（第141～143页）
		益里布朵，有事去西部，遇濮尤直蒙，在必经之地捕鱼。岸边烧有火，两岸火熊熊，燃有三堆火，从三堆火中，取一把火种相送。说他家门不幸，只剩他一人。益里布朵说："并非家门不幸，只是家谱乱。"过了三个月，用一对猪羊，请高明布摩，把家中清扫。后来将益里朴哲，许配濮尤直蒙，生八个儿子。濮家八支始于此，是这样的啊（第143～145页）
		赫海笃尼朵一家，祭祖叙谱规格大。却用了病牛，祭祖叙谱过后，四房四十壮汉，只剩下四人，四十四少妇，剩下四少妇。濮娄那洛，鲁蒙阿史，阿借布咪，朴娄额史，他们四位，用十五马，驮十驮好米，同十角美酒，带十名随从，往觉娄扒洛地方，向勒布额阿抽，把原因请教。勒布阿抽说："我有三道本领，已丧失两道。"得到指教后，他们四人，又往勾楼珐吐地方，到毕德布翁吐，居住的府上。毕德布翁吐，绞尽了脑汁，却事倍功半，得不到良策。"你们四位啊，若要讨良策，须求北部笃杜迂阿欧，他虽未上天，却精通天象；他虽未入地，却精通地理，必须请教他！"鱼（鲁）蒙阿史，因马乏而返。一行三人，来到笃杜迂阿欧，居住的府上。笃杜迂阿欧，以上宾之礼，身着盛装，殷勤地接待。这样了过后，才开口问道："要到哪里去，你一行三人？""我们寻走失的马，找断落的绳！"笃杜迂阿欧说："在我的眼里，蛟龙飞鹤都见过，不单你三位。你们一行是四人，鲁蒙阿史，失去了信心，坐骑漏了蹄，马乏而返回。你一行三人，并非寻马找绳子，是为问良策，因而结伴行，十驮好米，十角美酒，用十人赶马，好比冰冷的水，交汇在一起，遭一次劫难。赫海笃尼朵一家，举行一场大祭祖，活动完了后，四房四十壮汉，仅剩四壮汉，四十四少妇，只剩四少妇。原因是，用了布楚阿德，严肃的祭祀，让男欢女笑扰乱。鲁蒙奢色，白天勾引人，夜里去偷汉，正因为这样，脱下脏衣服，在大河里洗，凡大海中的，所有龙得喝，神座秩序被打乱，龙吞了子星，司命神的规矩被打破。神怪罪祖宗，祖宗怪罪神座，神座加害主人家，为此遭劫难。有过错的女子，是鲁蒙奢色。有过错的男子，就是布楚阿德！要请贤能布摩，要请高明布摩，把家里禳解，把家里清扫。必须这样做，天上才会出现繁星，地上才会人丁兴旺，门户才会生辉！"这是笃杜迂阿欧，说的肺腑话，开的金玉口。为此请能人，请额则阿诺氏，请的高明布摩，把家里禳解，作得很透彻，犹云开日出。得非常好处，是受益于良策啊（第145～153页）

续表

序号	核心观点	主要内容（论证/说理过程）
1 - 2 - 12	要请高明布摩	归势机遇，造就英雄。撮矮布施，对尼奔阿孜说："眼前这地方，麂子獐子横行，唯一株桑树长高。要往东边的葛渚珐叟，去砍伐良材。"来到赫海宰洪地方，遇阿楚额吉，树靶子练射。麂子獐子受惊，撞着尼奔阿孜。这尼奔阿孜，怒从心头起，拔树当弓用，射阿楚额吉，未射中阿吉，阿吉岿然不动，他是一位出众之人。取葛堵珐叟的，一株良材，由撮矮布施，交给阿楚额吉。阿楚额吉作布摩，前程似锦上添花，就是这样的（第155～157页）
		地位的问题，要有所讲究。否则被蜂蜇也伤人，是有事例的。慕俄勾家，额德德初，当年生怪病，当月体衰弱，就去请撮矮布施。有一位少年，在研究医道药方，招了取名为自杞，即额德自杞。招了自杞后，额德德初氏，如云开日出，病就好了啊（第157～158页）
		慕俄勾家，额德德初，家中出祸患，如居深水间。为了除祸患，传本领高强布摩。心事重，的确折磨人。亥索布后裔，名叫布翁纳弟，理当做布摩，除患是义务。就像甩制的缰绳，在手中那样，求解恨，须做到利索，高强的布摩，如置身战场，拼杀般除患。就像战斗啊。须用松，须用桃除患，这不是用松，用桃能对付。在天地背面，巨铜如日状，巨铁形若月。祸不单行，都对准的啊。要大的太平，如水牛耕田，要全部犁遍。要设下战场，皮制的缰绳，拴一副挂上，鱼尾大锁，要放上一把，一把鹰形凿子，一付（副）木叉，放在神位上。鹰动时，凿声如虎啸。处处有布摩经管，到收鹰之时，事已成就。从此以后，祸患根除（第194～197页）
		必须用有本领的布摩，方能处理好所托之事，好比水深源头清，像渡过大海，如遇谷深道险，大水挡道时，有桥搭水上一样。开始的时候，有穗出现，然后花繁籽粒熟，方才获丰收。妻儿有酒喝，妻儿有口粮，山上有树木，山上有生机，五谷才丰收，是这样的啊。神位要清洁整齐，祸害要彻底清除。平等地与神位奉献，从神位中扫除祸害，从神位边没引走祸害。这样做过后，让祸害消失，再来追求体面（第312～313页）
		请有德行的清高布摩，设庞大的神位。先献大绵羊，再献大肥猪。布置好场面，清扫自家住所。送污秽到荒山，送污秽到野外，必须这样做（第319～320页）
1 - 2 - 13	勿听一人言，要问众布摩	默遮阿默家，有人患风寒，由突目布诊断：要用六头猪，到有山神的山，有山神的坳去杀，必须这样做。由直娄布诊断：以林木设神关，禳解就好了。洪德乌的建议是："经两路布摩诊断，既然如此，就依突目布，到六方杀猪，试着去做吧，嫁祸与飞禽，我的主意，是这样出的。或者就依直娄布，摆设席位，有热闹气氛。飞禽与人，把距离拉远。不依一人之言，听各位布摩的意见，不经一人之手，要经过各位能人，有路数之后，设神位神座，宛若鸟巢拉满树枝，献上耀眼的绸锦，用牛马作祭牲，猪羊作祭牲

续表

序号	核心观点	主要内容（论证/说理过程）
1-2-13	勿听一人言，要问众布摩	去消灾，用长的草绳，放到有山神的山下。"这是额洪法乌氏，道的肺腑话，开的金玉口，且通情达理，是这样的啊（第158~160页）
		娄娄勾，播勒君长家，为举行祭祖，由亥索布出主意，布置席位，造热闹气氛。直娄布之见，要周到献祭，依礼设神座。两布摩各持一见。布摩祭祖，由主人家定夺，根据内行人，毕骂额哲的意见，若依亥索布所言，布置席位，造热闹气氛。普遍设灵位，占猪蹄不够规格，分门户也不利，有悖于初衷。若依直娄布周到献祭，依礼设神座，好比惹家制的矛，总有一条不如意，就像恳博铸的剑，也总会有不锋利的。勿听一人言，要问众布摩。勿经一人手，要经众能人。请各家有德行布摩，要从头权衡，权衡首尾弊端，言行一致。替祖灵除隐患，让祖灵有生机，往上把谱续，从中理顺乱谱。把细拧成粗，疏的补为密。美不胜收，必须这样做。就按毕骂额哲，所说的，逐一去实施（第161~163页）
		尚须叙述：布太耷翁氏，为播勒家，掌管太多的机密。成百上千布摩地，都归他所有。设计完整的天门，设计完整的地门。毕骂额哲氏，全听布摩的。要设计天门，要设计地门。祭牲摆成行，摆成了三行。一行摆到松木神座上，排到桃木神座上。开三道天门，开三道地门。设计天门。布太耷翁氏，老得像皑皑白雪，仍如西边挺拔的棕树。阳光明媚的地方，有三家书香门第，为一家所传。说他居其一。为天地庇佑的人，要替将来设计，要为将来打算，富贵荣华无止境，应当这样做。他为四家人祭祖，四家都顺利。这是因为，毕骂额哲有主见，布摩做的灵验（第163~166页）
		尚须叙述：慕俄勾家，洛那阿可，患上了眼疾，视力不清了。就请额启布史，为洛那阿可，来治疗眼病。用一匹白马祭太阳，用一头黑牛祭月亮。又专门去嘎娄地方，祭祀先祖妥阿哲。本以为洛那阿可，眼病好得了，要出面见人，依然办不到。孟德布建议："在祠堂中间，设松桃神位。"他说完之后，亥索布建议："在神台中间，插松桃神座，眼病必然好。"阿诺额迁建议："依亥索布之见，在祠堂中间，按秩序设松桃神位，眼病理应好，祭祀还愿非因人而异。又依孟德布之见，插松桃神座，就看好不好！一地两样天，一方两种地，其实都一样，勿以一人言，听各位布摩说，勿经一人手，要经众能人，在祠堂中间，设日月神座，眼疾就好了！"这是阿诺额迁，开的金玉口，道的肺腑话。阿哲部众人，都认为这样（第166~169页）

序号	核心观点	主要内容（论证/说理过程）
1-2-14	莫同好布摩顶嘴，莫让坏布摩做事	布优额姆，他这人曾说：头顶着苍天，为人在间，防祸患要用知识，贫穷潦倒，因而受苦者，如曲折的箭竹，受蝉虫戏弄，危害是这样，受暴戾之害，犹如豺狼攻猪群。受动乱所害，像光着身子，被开水所烫。被降格为奴，受这种苦，就像大河涨，汇入大海中，不能澄清了一般。被巫（诬）陷所害，好比豺狼进园来，好比骏马落陷坑。受害就这样。贫困潦倒，因而受苦，如野火烧山，山顶火烟冒，火焰超山顶，像水从源头冒出，受苦就这样。被雷神所害，犹半夜三更，豺狼咬住马，或像正午时，豺狼进攻猪群。受鬼怪侵害，像惹着大雕，像摸着虎须，像爱子失散。受害就这样（第 293~295 页）
		莫同好布摩顶嘴，莫同坏布摩顶嘴，解脱贫穷潦倒，切莫做坏。贫与灾为伍，莫用坏布摩除灾，灾与荒为伍，莫用坏布摩解灾荒。饥饿与淫秽为伍，莫用坏布摩除淫秽，淫秽与懒惰为伍，莫用坏布摩破懒惰。懒惰与贪婪为伍，不用坏布摩破贪婪。贪婪与下贱为伍，不让坏布摩驱下贱。下贱与野心为伍，不让坏布摩破野心，野心与分离为伍，不让坏布摩破分离。要清除灾患，不叫自己受害，分离与纠纷为伍，不让坏布摩解纠纷。纠纷与鬼为伍，不让坏布摩驱鬼。鬼与偶像为伍，偶像讨好雷神，不用坏布摩送雷神。雷神经营欲望，雷神护着意气，都不用图它。挖地一样除害，把灾害送到九山外，像天空无云，必须这样傲。让坏布摩做事，就倒行逆施，没前途可言，是这样的啊（第 295~298 页）
		说话多无利，空口无凭，聪明无建树，犹宝剑生绣，像豆浆不见水，就是这样的。聪明有建树，像冶炼铜，就像锁好的箱子，有猪蹄也不用占卜。客房四面，迎四方客人，应款待四方客。在东西南北，四面树敌，四面出击就不利，是这样的呀。有猪蹄占卜，明白如镜，巨细的权衡，像种地一样，是这样的呀。人忙我不忙，好比生活在半夜，像主子欠奴仆的债，如做事不正经，像还未睡醒。人忙我也忙，就体面，就像有教养，像铺开丝绸，如箱子锁好，就是这样的（第 298~300 页）
		4. 君长与百姓
1-2-15	作为君长，不能与民失和	作为君长，与自己人，不可争斗啊（第 217 页）
		身为人上人，勿与百姓斗。侯家阿虎陇邓，为一代精明的君长。先有三家百姓，迁去他乡，到六家迁走时找原因，君与民失和，怪如此原因（第 137 页）
1-2-16	作为君长，不可重赋税	卓罗纪（皮罗阁）家，得到天下，传到七代时，命朴汝阿觉，揽财务。朴汝阿觉，同哀牢鲁哲说："像天狗犯月，现实如此。卓罗纪家，已让人失望，银多靠重赋，金多靠重税，铁多靠苛捐，粮多靠重租，牲多靠摊派，好比受狐狸豺狼驱赶，兔子苦于无角来抵抗。下达严酷旨意，在眼前，灾难将至，现实严峻。"远近各部兵马，跟着朴汝阿觉，向卓罗纪造反，曾有过其事（第 389~390 页）

续表

序号	核心观点	主要内容 （论证/说理过程）
1 - 2 - 17	作为君长，不要限制子民的发展	毕愁阿兜说：管社稷防祸患的人，负责任持公道为好。待黎民百姓，要好言好语，百姓发展得快，基础得巩固。作为君长，要勤于政，心不要大，子民的发展，不要去限制。黑彝富了还超越，白彝富了还创新，别把名声传出去，妻蠢者受饥馑，妻贤者仓廪实。荒年有存粮。犀牛靠吃来生存，飞鸟不择食，在深山林野，虎豹也不例外。做百种生意，上集市即可。随手拴马放，放牧耕地，照样子去做，做了就会。一年有十二个月，一个月有三十天，吃粮要计算。要蒸七百二十次饭，五谷要供求，祭祖或还债，还不在其中，巧妇要吃九把米，孩子要吃七把米。狗食一盏米，猫食一撮米，鸡食一把米，吃粮要节约，穿衣要俭省，若非好坏掺着吃，难度过一年。若非新旧换着穿，难度过一生。养有蠢奴，如林子不大，曾做蠢事，过后难掩盖。若娶得蠢妻，行为像愚蠢的牲畜，好比甲胄大了不合身。养有弱马，就离不开步行，若手生得拙，锄头不耐用，愚蠢无法用药医，如在热处不脱衣，缩者伸不开，偷窃人不齿。笃米的子孙，不生病不横死就好，不被日晒雨淋就好过，不偷不骗就是好人。不幸运的是，君长霸道百姓遭殃，如进入蛇窝，如服下毒药，如此也就不幸了（第 203～207 页）
		一部的人都倒霉，是怪一位君长霸道。一寨人都倒霉，是因寨中有个恶人。一家人都倒霉，是因骗了一回土地。一个人的倒霉，是因不务正业（第 207 页）

* 王继超主编《苏巨黎咪》，贵州民族出版社，1998，第 218～219 页。（以下凡引此书只在相应处注明页码）

附表 2　论"臣子"（职责和使命）

序号	核心观点	主要内容 （论证/说理过程）
		1. 基本要求
2 - 1 - 1	臣子要忠诚、灵敏	做臣子者难，见者容易做者难，像媳妇待公婆，那样听话，像弟弟待兄长，那样信话，需要如此啊。为臣者公正，始终如一是第一，所作所为，发表意见，需要如此啊 *
		对臣子的要求是：反应要灵敏，嘴才要好，如箭在弦上，天地不分时，利箭射日月，如猛虎伴树，为臣要忠诚。这是对臣子的要求（第 221 页）
2 - 1 - 2	臣不可自作主张	手下人自作主张，主人不过问，有这种例子：把灵盘上的红线，绾到灵台后面，本要建祠堂，要安置灵位，灵盘上的肉，要用现宰的，准备齐之后，要用青丝线，备了青丝线，手下人作主张，灵台上要用鸡肉，准备了鸡肉，说亡灵走失，就招亡灵来，因手下自作主张，修不成祠堂，设不成灵位。到了冬三月，灵位边动刀兵，出现刀光剑影。为灵盘发生纠纷，为灵盘出现争夺。因手下作主，主人不过问，怪的是这样（第 227～229 页）

序号	核心观点	主要内容（论证/说理过程）
2-1-2	臣不可自作主张	天君的座位瞿塔邓，天臣的座位哲博姆，布摩的座位栋娄拉。天君地王，集中一宫，由狩度氏作开场，狩格作宣诵，摩狩氏结尾，讲天文，道地理，犹参天松树，从枝叙到叶，就像这样，说地理，却讲成天象。策举祖不悦，狩氏三人，被六将九勇士逮捕，戴上铜铁镣，浑浑噩噩，昏昏沉沉，如雾笼罩，天地不明，造成了混乱，手下自主坏了事，是怪这样啊（第229~230页）
		手下人守规矩，也有例子啊：天君的玄鸟乌默采，察世间的人，揣摸（摩）人们的所想，观察人们的行为。为这事，到了曲祝吕的家，祝吕刚好不在家，出门打鱼去。却受高规格款待，杀牲礼仪重，祝吕伍阿默，当哥的虽然不在家，却由她作主。因为如此，世间的人，在南边打铜，动听的声音传天上。在北边织绸，生辉的绸影映上天。中部的弄恒，修牛羊圈栏，牧成群的马，得天地照顾，善良的心胸中装，凡事都有请示。玄鸟乌默采，把所见所闻，禀告策举祖，举祖满意了，高兴了，要头绪有头绪，要根本有根本，所有有条理的根本，所有能发展的根本，都赐给六祖，举祖优待手下人，大山般的物产，叶子一样的做出，飞鸟不渴得水饮，素羊像山花一样，走兽不饥得食，这是手下人从命，主人虽未过问，却办得满意（第231~233页）
		下等的臣子，不依命行事，只贪图钱财，养猎人猎狗，备强弓利箭，不考虑官宦本职，忘记自己的义务，无信无可言，是这样的啊（第316~317页）

2. 德才修养

序号	核心观点	主要内容（论证/说理过程）
2-2-1	臣子要善于思索	为臣不加思索而发言，如毕余氏卷大幅绸，受同事指责，如青线断了，巧妇接不拢，飘荡在空中，拉开了与贤臣的距离（第92页）
		臣子思索后发言，虽然有出入，如皮耐氏卷大幅绸，同事会照应（第93页）
2-2-2	臣子要出口成章，礼仪完美，主持正义	那慕俄勾家，阿诺额禹，才是好榜样。能说会道，主持正义，是这样的人。同志士仁义交谈，像坝子样坦荡，像园中浇水，常滋润一般，是这样交谈的。同外族交谈，如江水滔滔，汇入大海一般，是这样交谈的。与百姓交谈，像春天的太阳，照遍了四方，像皓月高悬，是这样交谈的。同亲戚交谈，像彩霞满天，像吹芦笙遇知音，如此交谈的。同自己的君长进言，像白尾鸽子，歇进了窝巢，就是生动啊。同朋友交谈，像超越顶峰一样，如此交谈的。同家族交谈，像绸子全部展开。同子、媳交谈，像照谱按笙眼一般。同百姓交谈，如浇灌树木，使恶者向善，记自己的情。同奴仆交谈，如同把牛牵，不误入竹山，不误入堑谷。高高在上，把属下号令，实在是这样。出口成章，礼仪完美，当属阿诺额禹，要向他学习（第282~285页）

序号	核心观点	主要内容（论证/说理过程）
2－2－3	臣不可 无知、吝啬	芒布家的里阿杜，慕俄勾家，名叫杜阿吉的，担任布妥的翁阿素，阿芋陡家，名叫阿列阿乃的，他们共四人，相约一道买丝绸，与勒布阿抽相遇。勒布阿抽问道："尊敬的四位，相约买丝绸，在遥远的异乡，它才可买到！"慕勾杜阿吉："你这大布摩，既然得相逢，要请我们客！"就取一些茶，送勒布阿抽。这四位君臣，为买丝绸齐心协力，同甘苦，患难与共结伴行，天高地远的朋友。遥远的异乡，为尊贵客人。生意做成快返回，慕勾杜阿吉，与他担任慕魁臣子的，名字叫杜欧，马匹盘缠，准备一整套。翁阿素，他的慕魁臣子，是阿布家里，用银毡载盘缠。列阿乃的臣子，叫陡俄布那，背所需盘缠，却不备驮马，勒布阿抽不高兴，怨他慕魁臣子愚昧，吝啬钱财，结伴买丝绸，叫啥依蒙举的街市，还没到达时，列阿乃和里阿杜，就借口卸马歇脚。有放牧耕耘图的，为杜阿吉买得。生花的鞍子，为里阿杜买得。朋友因而反目。他们四人，回到了家中，告诉笃则鲁租，朋友之间，反目的经过。这是怪臣子无知，吝啬钱财啊（第178~182页） 君贤臣有德。臣子无知，吝啬钱财，是无出息的。要叙述的是，额哲布嘎氏，见一对白雄鹤，惶惶不安。在松枝之间，三夜无安宁，松树被雷劈。额哲布嘎说：飞禽有灵性，飞禽知先兆，得白雄启发，豁然开朗了。额则布哲，距大限到来，剩一年零二十五天，在这个时间，额哲布嘎，安排自己的后事，准备自己的后事。来到阿初额吉家。阿初额吉的慕魁，是阿吉阿诺。说他虽有心计，却是鹤鹃手下小鸟，只招待一餐，只杀一个牲，只送一件礼，额哲布嘎不高兴。这是慕魁无知，吝啬钱财啊！额哲布嘎，安排自己的后事，来到慕俄勾，洛那阿可家。阿诺额禹说：这是威望高的人，有造就的人，有知识的人，就以贵宾礼款待，杀九十九条牛，所备的坐骑，挑选最好的，九十九张豹皮，都是顶好的，九十九件礼品，都是上等的。受馈赠之后，额哲布嘎，就开口说道："您让年轻的，熟悉我的著作的，崇拜我的学说的，这样一位把我送！"就让明白人决定，阿诺额禹作决定。备善走坐骑，嘱阿可举娄，送额哲布嘎。来到米雅洛谷，这个地方，额哲布嘎，调转马头，驻足歇下来，就开口说道："从前的今天，左右友邻，都曾经风光。古时候，陇邓柯之女，柯雅咪蛊，嫁到巴底妥太，生妥氏三弟兄，妥芒布居左，妥阿哲居右，阿琪是幼支。妥琪为人差，宛如鹤高飞，在空中盘旋，尚存此传统。实存在纠葛，争纷是事实。先另立门户，骑一匹白马，作骂色领兵，这妥琪的兵，若发生战事，善战求得胜，知您的才能。"阿可举娄，明察秋毫，认为说得对。"以后的战事，又从何处起？"额哲布嘎说："后由芒布挑起，刚刚一周年，两大岩之间，勿阿纳两子，真的起纠葛，确实开了战。芒布的头领，出动六百兵马，额吉鲁立为将，发动了进攻，全部战死了，怪慕魁臣子无能，吝啬钱财啊。芒布人傲慢，过去傲慢，现在仍傲慢。阿哲人谨慎，从前谨慎，如今仍谨

续表

序号	核心观点	主要内容（论证/说理过程）
2-2-3	臣不可无知、吝啬	慎。"洛那阿可，告诉阿初额吉，芒布洛安四头领，受到宠信啊，彼此都不仁。我家阿哲琪，规矩又体面，受影响很深，因此不仁，芒布四洛安，阿可鲁纳时，狂得仅剩一洛安。这是慕魁臣子不贤，吝啬的下场。阿哲孟德琪，同阿初额吉，两人都不仁。而阿诺额禹，虽然是黎民，地位卑微，不仅无不仁，且是贤臣慕魁，是宽容之人（第182~191页）
		3. 对不同官职的要求
2-3-1	摩史	对摩史的要求是：像展开黑绸，犹如锦生辉，像在春天的阳光下，松柏挂繁花，像鹤鹃鸣声悦耳。这是对摩史的要求（第222页）
2-3-2	布妥	对布妥（管事）的要求：不贪得无厌，不势利，说话算数，秋天般明朗，奉命行事，认真负责任。布妥要做到这些（第222~223页）
2-3-3	素总头目	作为素总头目，不能随便开口，言多必失，眼睛反应要快，要谨慎小心，权衡利害，贵贱长幼，要善于协调，就像猎狗循迹印。这是对素总的要求（第223页）
2-3-4	姆色驾色	领兵的姆色驾色，遇悬崖绝壁，要跨马越过，逢江河利用舟船，逢大岩利用缆梯，雷厉风行，心中有谋略，出手有勇气，身体强壮，英勇顽强，爱自己的战马，爱自己的甲胄。这是对驾色的要求（第223~224页）
2-3-5	弄恒	对弄恒（司议）的要求：嘴才好，识各种礼仪，掌握厚薄分寸，恰如牛得草，这是对弄恒的要求（第224~225页）
2-3-6	赤纣	对赤纣〔佣（用）人〕的要求：老练在人之先，像射出利箭，种地放牧犹如剑出鞘，说话言辞都中听。这是对赤纣的要求（第225页）
2-3-7	武士	对有教养的武士，也有条件要求：在武士群中，犹调教猎狗，得心应手，这是对武士的要求（第225页）
2-3-8	唯约助手	对受命于君长的，唯约助手的要求是：要多观察，守口如箱子上锁，欲望有限度，身为众矢之的，居于风头上，见识要广，一旦开口，要注意深浅。要作好表率（第225~226页）

　　* 王继超主编《苏巨黎咪》，贵州民族出版社，1998，第208~209页。（以下凡引此书只在相应处注明页码）

附表3　论"布摩"（职责和使命）

序号	核心观点	主要内容（论证/说理过程）
		1. 基本要求
3-1-1	布摩祭祖要先问主人	宗谱有秩序，布摩先问主人才行。若布摩先问，布摩祭祖，有章有法，功是布摩的。祭祖后人丁兴旺。如大岩布缆绳，大江上搭桥，登高无止境。过是布摩的，功是布摩的，就是这样的。若主人先问，这种前题（提）下，主人家无过，却有碍布摩。布摩祭祖，让人得天时，人口就发展，就是这样的*

序号	核心观点	主要内容（论证/说理过程）
		2. 职业素养
3-2-1	知识渊博，诚心祭祖	对布摩的要求是：掌握哎哺、采舍知识，犹如大柜锁得牢。对叙谱祭祖，如钥匙开锁，要清白洁净。要推心置腹，要毫无保留。这是对布摩的要求（第221~222页）
		下等的布摩，不从事祭祖，严肃的场面，作男欢女笑状，把典籍文献，意思理解错，是这样的啊（第317页）
3-2-2	条理清楚，做事规范	就手段而言，能人来探索，布摩就像大马的嘴，手段好比锄头，办事犹如执火把，每件事都完善，每件都规范。贤如恒阿德，传播有方，条理清楚明白，犹清雨如注。富贵深似江，主人家昌盛，犹星斗满且，像大地广阔，是有前程的。克服祸患，就易如反掌，所有都免除。神座布作长阵，神位设得壮观，依靠贤能布摩的文章，依靠贤能布摩的著作，把祸患战胜，好比雾散了的山秀丽，像流出山谷的水清澈，是这样的啊（第360~362页）
3-2-3	脚踏实地，祭祀清白	乌撒和芒布，在巴雅注益地方，杀牛议事，亲戚同行，笃则那周，陪额借米毕，来到了南边，祭祀土地神，依布摩之礼。这是那周和米毕二人，在南边，如此行祭祀，如此行礼仪。敬天地的人，都要学他俩。阿迭和乌蒙两家，在益舍阻姆地方，亲戚共同举行祭祀，曾经这样做。阿歹阿卓，同布介阿达，在耐恩地杀牛，依布摩礼结盟祭祀（第235~237页）
		在南边请庸贤布摩，为祈雨祭祀，用白羊黑猪各一，该天晴时晴，该下雨时下，如此祈求道，像这样做了，祈求过后，阿达德初，清理一遍宗谱，又用白鸡花羊各一，诵所有宗谱，用一只羊腿，所有神位设做一排，列祖列宗一并祭祀。肥壮的大牛，像山样拴着，众多的君臣，集中一宫，用牛作占卜，共议一条牛，完成一件事，头头是道，百姓呼唤君长名字，七位尼余官，都上了场。这是因为祭祀清白，言辞清楚又动听。默遮乌撒家，踏实专注如愿以偿，有威信有影响，达一百二十年。这是因为，脚踏实地，本领也高超啊（第237~239页）
		作为布摩的，陇邓阿仇此人，脚踏实地，见多识广，影响达一百二十年。慕勾杜阿借，脚踏实地，德高望重，影响达一百三十年。播勒家阿俦，踏踏实实，官运亨通，活九十九岁。益旨能毕地方，益迂阿祖的后代，踏踏实实，是有悟性的人，继承始楚好传统，在芍恒各地，替所有人祭祖。是算有知识的人，影响达一百二十年。属博所能彝家支的，阿苟那勾此人，踏踏实实，得青春之寿，有九十九岁。乌撒家，阿收毕育此人，踏踏实实，官运亨通，得九十九岁。堂琅打弄地方，阿格毕尼，脚踏实地，如愿以偿，祭祖有高招，德高望重，影响达一百二十年（第239~242页）

续表

序号	核心观点	主要内容（论证/说理过程）
3－2－4	善于思索	布摩不加思索而发言，如冬天的野生松柏，树高而枝枯，是这样的呀（第 93 页）
		布摩思索后发言，虽然有出入，沽能祖灵似桃木，树大挂繁花，拜访的布摩多如羊群。鹤鸣一样诵文章，鹃啼一般述见闻，布摩人才辈出，就是这样的（第 93～94 页）
3－2－5	满腹经纶，经验丰富	贤能布摩有作为，经纶满腹，理谱经验足，英雄豪杰也言听计从，并以礼相待（第 92 页）
3. 禁忌		
3－3－1	不可侵占众人祖灵地	克博家二十少女，陇邓家二十少男，为树上雀鸟，见了鹰就射，见了蛇就捉。陇邓的大山顶，阿仁用作供奉祖灵，是这样的啊。卓阿罗纪（罗阁）家，自恃势力强，动辄就出兵，彝家众多诅灵，陷于罗纪境内。阿仁部为供奉祖灵，君臣都用心，背思想包袱，心衰竭而死。布祛布珠氏，只顾讲诵，积劳成疾而死。奴仆喷阿吉，贪得无厌，因手痛而死。罗纪居高位，骄奢淫逸，因而得病死。四人同时得病。是侵占众人的祖灵地，这种原因所致啊（第 169～171 页）

* 王继超主编《苏巨黎咪》，贵州民族出版社，1998，第 3～4 页。（以下凡引此书只在相应处注明页码）

附表 4　论"百姓"（职责和义务）

序号	核心观点	主要内容（论证/说理过程）
1. 基本义务		
4－1－1	百姓要服从君长	百姓对待君长，诚实是第一，租税是第二，君长的恩惠，大山样的重 *
		作为百姓，不要傲慢，莫为自己的利益，交完租赋是第一（第 217 页）
		世间有三条道路，伴随月亮的星星常在，伴随君长的百姓不穷（第 315 页）
2. 下等百姓的三种表现		
4－2－1	惹是生非	姑娘少妇，属于下等者，惹是非口舌，没有涵养和节气。利矛不杀人，口舌把人杀（第 317～318 页）
	游手好闲	黎民百姓，属于下等者，做出放牧的样子，却不扎牧羊鞭，做出犁地的样子，却不理锄头。什么也不做，学狗叫，游手好闲，态度傲慢，妄自尊大，有空就这样（第 318 页）
	妄自尊大	臭名远扬，居于下等者，外强中干，妄自尊大，打着绑腿，有路走中间。衣着讲究，如松柏密实。负弓佩剑，左右交叉着。出头露面，犹白鹤鸣叫，是这样的啊（第 218～319 页）

* 王继超主编《苏巨黎咪》，贵州民族出版社，1998，第 48 页。（以下凡引此书只在相应处注明页码）

附表5 论"伦理与道德"

序号	核心观点	主要内容（论证/说理过程）
		1. 家庭伦理
5－1－1	重视宗谱	宗谱和政权，鄂莫氏先创，却因人而异。重视宗谱者，得到殊荣；重视谋略者，可发展壮大*
		在家里，若子不听从父，弟不听从兄，妻不听从夫，主替奴说话，主信奴的话，斤斤计较，见利忘义，说话无边际，恶语有天地。则众叛亲离，偷盗诈骗，偷骗成风，就是这样的。外族的追求，塑美丽的像，树在世界上，把偶像崇拜，照着书本做，就是这样的；彝人的追求，跨上大骏马，登上山顶，见而后识，实践而后知，就是这样的。家有好传统，而子孙不贤，门风日下者，好比一条船，在河中沉没，像一条缆绳，在悬崖失落。黎明闭塞，百姓愚钝，智谋被割断，一日混乱，千日理不顺，就是这样的（第5~7页）
		宗谱好就有机遇，谋安居乐业是第一，神座如山，布摩随时光临。祭祀清白是第二，祭祖隆重是第三。讲究姻亲的出身根底，这是现实呀。第一代舅舅根底差，让人说是非，第二代舅舅根底差，娶妻无法选择，若饥不择食。第三代舅舅根底差，说话份（分）量轻。第四代舅舅根底差，得不到真传文章，如善马任人骑。第五代舅舅根底差，白日让人作笑料，夜里让人去说嫌。第六代舅舅根底差，好比毡摆拖地，像汗透出衣服，受他人鄙视。第七代舅舅根底差，饥寒起邪念，动手去行窃。第八代舅舅根底差，好比抓饭吃，地位像马镫。第九代舅舅根底差，就受人嘲笑，就遭人白眼。骑马垫的毡样被人欺，就怪舅舅根底差。现实就这样。蠢父养的子，遇到每件事，懒洋洋站着。蠢母生的女，像一条懵懂的狗，不知天高地厚，就是这样的。蠢人的子孙，像一条犟牛，在等待卸犁，要动不动的。游手好闲，就是这样的（第80~83页）
		愚昧不梳洗，热了不脱衣，食物不用煮，三类粗俗要去掉。愚昧的根源，是由祖传。请远方布摩，待以低规格，舍不得牛牲，该出的粮食，用布帛兜着。猪羊做样子，壮马拴了藏着。东南西北，都一团漆黑，愚昧而泄秘（密），拆自家谱牒，送到荒山上，送到野外去，行为是这样（第84~85页）
		贤人的子孙，善于听取意见，贤人的儿子，是有眼光的。舅舅的根底，世间无人能及，舅舅根底第一，妻娶良家女，有女嫁良家。上等人的第二个条件，舅强甥不弱。上等人的第三个条件，子孙不依赖祖宗。上等人的第四个条件，父强子不弱，强者的外甥，闻虎啸不惊，贤人的子孙，不人云亦云，心中自有数，真话选知音。作为妇道，贤淑众人赞，生子名声显赫。如出了名的牛，冲出豺狼群。自出生之后，从小教育至成年，配美满婚姻，如获胜仗，是这样的呀（第85~87页）

序号	核心观点	主要内容（论证/说理过程）
5-1-1	重视宗谱	祖灵有害者，做出有才能的样子，命运却像晒发辫，受害是这样。祖根有害者，就像蛇入腹，好比头离开身子，受害是这样。应该续根时续根，像驾（架）了索梯，如浆同船配合，威势靠祖宗。子孙掌权，源头清清白白，子孙平平安安，就是这样的（第300~301页）
		病灾死灾，把人伤害，就像山谷中，布满蜂一般。被神位伤害，就像大平坝，布满蜂一般，如此受伤害。有神位在，布置得当者，好比斗量谷子，都放入仓中，像皎月冒出，实在是这样。祖宗秩序受伤害，就像一条船，在水中沉没，就像攀索梯，坠下了岩去。适时清理秩序，插大神座设宫位，好比跨上马，像灰鹰爪灵巧，是这样的啊（第301~303页）
		不轨事在身，一代祖来为，殃及十代孙。犹本正源清之水，一代祖来掘，十代子孙受益。一直到将来（第419~420页）
		天地间的愿望有三等，第一是先知与道德，第二是修路筑桥，第三是开荒种地。富贵愿望有三等，第一是尊敬舅舅，孝敬父母，第二是儿女相当，都同样有教养，第三是在周围，显富贵荣华。光耀祖宗有三等，与名门连（联）姻，第一是说话有用，第二是兵坚甲利，第三是人强马壮（第420页）
5-1-2	家族关系不可伤	责任有三件。第一件责任：在祖宗灵位边，要循规蹈矩，忌讳乱讲。祭祀要公平，阴阳如松柏有别，理顺祖灵筒，祖宗如鹿群，地盘如青松，牌位如英雄排列，上下犹白虎躺卧，天地头脚端正，谱系如碧水流畅。生华丽的根，遇上了天时，是这样的啊。第二件责任，勤追求希望，十二岁起求功名，讲道理，志向明，行为先规范。第三件责任，是男向舅舅提亲，是女许配外甥家。把文墨研习，与长者求教，拓一席之地，与家族团结，犹如墙厚不透风，是这样的啊（第59~61页）
		《努讴》上有成就者，有武奢德则、拉氏阿列、德初厄举、那周阿吉四人。《努讴》高手，中部的领袖，基础很雄厚。《努讴》体裁，在古时候，是天宫中的。策举祖、恒度府、诺娄则、额武图、索哲舍、确布色等所创。轻重疏密有致，长短缓急有方。有一位狂人，他到了天庭，看见个金湖，结构合理，布局很得体，设计得精明，有金晃晃，金灿灿效果。由一人布下，设计很成功，后有第二人，说也要设计，却没有成功，没超越前人。再有第三人，知前人要领，仍未超前人，先设计者说，他的技艺被人偷，他看中其人。在尊长面前，如此显能才老练。设计成功那家，已传四代了，技艺授与人，实非他愿，后来学成者，因祖先聪明，影响一家人，如今已传六代（第382~385页）

序号	核心观点	主要内容（论证/说理过程）
5－1－3	不可对祖灵越礼	随便把祖灵惊扰，并非好事情。纪俄勾家，阿收毕约，生病的时候，请厄哲布嘎诊断。把污秽清除，用只青绵羊，把邪祟驱除，用一头黑猪。他这样做了，阿收毕约，病也就好了。用一对猪羊，还是值得的（第125～126页）
		阿芋陡家，举足阿姆此人，生病的时候，去请布直仁邓布摩。布直仁邓氏，信手动用绵羊，随便惊扰祖灵，是这样做的。污秽与邪祟，他不去过问，却清扫住宅，却清扫祖灵，住宅设一神位，清扫祖灵用头黑猪，他自行其是。阿姆病虽愈，住宅与祖灵，都被人看见，收不了场的。阿芋陡家，神位神座大，两般不讲究，随便惊扰祖灵，只怪越礼啊（第126～128页）
		布摩祭祖，草率从事，就无好结果。恒翁地方的峒家祭祖，用平庸的布摩。不向神座献祭，献祭不设神位，有神位也不用祭牲，以空手祭祖，随意越布摩礼，改变了规矩，以应付了事，是这样的呀（第128～129页）
		米祖格孟维一家，占猪蹄排场大。让家中大布摩，占卜问祖灵。应降重献祭牲，却不予考虑。设天尊的神座神位，只朗诵诗歌，不奉告祖灵。在占卜场中，老老少少，应谈论占卜见解，却不是这样，尽说你善战，尽夸我善射，不奉告祖灵。在占卜场中，在座青少年，理应叙占卜见解，然而离了谱，只夸你能杀，只夸我能射，不奉告祖灵。占猪蹄之后第一天，鹰就抓了鸡；刚满第二天，豺狼把猪伤；到了第三天，老虎把牛咬；到了第六天，家中进强盗；到了第九天，儿子被鹰抓。其原因就是，不依规矩占卜，不顺从天意，不向神献祭，占卜离了题，就这原因啊（第131～133页）
		布格丽阿旨其人，制个祖灵桶，刚过了三天，家中公鸡被鹰抓，到了第六天，肥猪被狼咬死，到了第九天，壮牛被老虎逮去。布丽阿旨，好比用羊毛，用力擀毡子，诚惶诚恐，如足踏树叶，求祖灵桶明示："灾难深重的原因，是尊贵如虎的祖宗您，被冒犯所致吗？"在祖灵桶里面，传出铃声似鸟鸣：并非因为安置我，也不是把我冒犯！把我安置三天后，水神向我要饭吃，我只好动鸡；到了第六天，岩神向我要饭吃，我只好牵猪；到了第九天，山神向我要饭吃，我只好牵牛，原因就这样。行好没得好结果，反以怨报德，行正事却失威信，是这么回事。我不得安宁，祖宗与鄂莫相处，由鄂莫摆布，祖宗与鄂莫相处，凭鄂莫支配。人家祖宗会为人，你的祖宗不会为人。祖灵桶以鸟形为装饰，也作了祭奠，祖灵有所图。所有的祖灵，都要奉祀周到。子孙与祖宗冲突，就像大海水，泛滥了一样，挡不住的啊！"（第134～137页）

续表

序号	核心观点	主要内容（论证/说理过程）
5-1-3	不可对祖灵越礼	从前有家人，先住在路边，因要祭路神，嫌麻烦而移居山上，贫穷降临。向长者诉苦，道出了始终。……长者告诉那家人："你这是自讨的，因要祭路神，怪你嫌麻烦，移居山上住，你因此贫穷，你搬回路边住，把路神祭祀，自然就好了！"（第385~387页）
5-1-4	寨邻和睦	寨邻传统好，众志成城。偷盗是邻居，口舌是邻舍。名门失势，门风日下者，像狗被人唆，像马让人驯。就是这样的（第7~8页）
		家庭和睦寨邻亲，寨邻和睦是第一，寨邻和睦地方安宁，地方安宁是第一，地方安宁风气好，风气好是第一。风气好了讲品德，品德好是第一。三般六艺，都出在寨中，即便小儿哭，仅有十之五声。这是指的有教养。出言声响亮，言行一致，注重气度（第87~88页）
		帮助同寨人，比如牵牲口，互相帮助是第一，互相接济，像扫得磨与碓中的残余（第208页）
	2. 政治伦理	
5-2-1	要顺从长者	要顺从长者，君长和重臣，布摩三者是人杰，要忠于他们，如奴仆遵命，似妇女持家。要忠于他们，顺从如牛马，把他们忠于（第41~42页）
		君为大令如天高，臣为大计如地广，布摩为大知识渊博（第54页）
		武士待君长，情同水与鱼，像岩与鹞鹰，争地盘的人是英雄，把地盘扩大（第42页）
		慕魁臣子待君长，如露天的大石头，不移动一般。把车道开通，牛只驮一背，车却载百背。君长计策高，君长想千条主意，臣子要出万条主意，如矛戟锐利，诸事纷繁，贤臣有办法应付，与君长所见略同（第44~45页）
		布摩待君长，要尽职尽责。如腹中挂鼓，像待天地父母，如媳待公婆。岩神山神缠人时，要献祭上苍。布摩有修养，就像油淌成大河。布如星神座，如甲片神座。神座秩序井然，阴阳泾渭分明，犹如河大源头清，主人的地方有生机，宗谱由布摩珍惜，清根理谱，犹如行船，布摩有办法应付，与君长志同道合。犹大小星交相辉映，光明在天空。就是这样的（第45~47页）
		能人对待君长，上租谷赋税。似渡过深水，如越过黑暗，似攀上高峰，如越过障碍。没有前程的人，是不接近权势的，不怕权势的人，是无所畏惧的。根底好则权势牢固，有实权则样样得（第47~48页）
		百姓对待君长，诚实是第一，租税是第二，君长的恩惠，大山样的重（第48页）

续表

序号	核心观点	主要内容（论证/说理过程）
5–2–2	稳重而不草率	笃米的子孙，稳重的不草率，草率的不稳重。庸君发号令，让臣子作主，就像白老鹰，飞落在树梢，驱不动群鸟，庸臣作决断，如鹿群犬吠，兽闻声不动。庸布摩祭祖，就像白公鸡，只是叫声动听。就是这样的。稳重突出有三等：贤君发号令，如水中捞鱼，十股网相连，一股都不松，一股都不乱，如春天太阳，照射在四方。贤臣作决断，如深山猎麂，利用高山大岩，设置包围圈，尽管在山野，猎物逃不了。贤布摩祭祖，如使大船桨，如理乱麻，正本清源，开口说的话，就接近真理。是这样的啊（第 8～10 页）
		慎重有三好：一是开口要慎重；二是观察要慎重；三是考虑要慎重（第 10～11 页）
		快也有三好：第一反应快；第二耳朵灵；第三嘴才灵。先发言，然后再思考，话出口收不回，九年悔不转。先考虑，然后再发言，显得有教养，九代人得益。思考后开口是第一，懂行开口是第二，回忆后开口是第三，就是这样的（第 11～12 页）
5–2–3	天下各种人，均需有谋略	天下各种人，唯有谋略实在。谋略实在是第一，有抱负是第二，有地位是第三（第 14 页）
		谋略有三等，君臣相处，留余地为好，若是无余地，号令无威力，就是这样的。布摩与主人相处，留余地为好，若是无余地，宗谱理不顺（第 18 页）
		家族相处，留余地为好，若是无余地，祖宗心欠欠，祖灵气冲冲。亲戚相处，留余地为好，若是无余地，相互有怨情（第 18～19 页）
		彝外族相处，留余地为好，若是无余地，什勺泪淋淋。人与土相处，留余地为好，若不留余地，大山悲切切。是这样的啊（第 19～20 页）
3. 道德修养		
（1）要有教养		
5–3–1	要有教养	好行为有三，第一语言好，第二办法好，第三衣食好。坏作为有三，第一修养差，第二出言不逊，第三存恶念（第 419 页）
		不仁者有三，长与幼不分，争地盘，宛若松枝缀满刺，如强盗抓人，父子生隔阂，民众都刁顽，兄弟徒有名，这是第一不仁。第二种不仁，神座与神位分开，布摩与主人争价，拔刀相见，诅咒又发誓。第三种不仁，在主客之间，亲戚争财产，刀光如闪电，亲戚动刀兵，犹如野兽带伤，窜入深山。这是第三种不仁。不仁者非人，堪与兽为伍（第 57～58 页）
		无义者非人，奸佞乱仁义，言辞带仁义，是人讲的话。义的标准是：为幼的进言，为长者入耳。能言善者讲道理，不仅人品好，行为也要好（第 58～59 页）

续表

序号	核心观点	主要内容（论证/说理过程）
5-3-1	要有教养	高谈阔论，是不好的呀。好比锅烟不常洗，盛名之下，其实难副。令不出城，大名传得远，声势张得大，道貌岸然而已。无教养的人，骑马进家门，如山间野竹，愚昧无知，不接受长者的教育，不服从主人的分工。鼓一样不自觉，后来的人们，切不可效法。原本受到好的教育，却做出丑来，没有好修养，气壮如牛，干出了蠢事，把利弊颠倒（第98~100页）
		凡是娶妻子，不要娶犟如牛的女子。弟弟压倒兄长，就像鹰在海上飞，当弟弟的人，都不可这样。奴仆做出主人架势，奴仆作主张，所有的奴仆，都不可这样。布摩使唤主人，摆大排场，一做布摩就要人感恩，所有的布摩，都不可这样（第100~101页）
		请人办事，好比随从待君长，态度要谦逊。第一要紧的，勤祭奠天地，品行要修好。对待有修养的人，态度要谦让。逞能自负者，把自己孤立。逞能的人，就是自食其果。腹中的话，只告诉知音。说出三句话，犹如放出马，备上三副鞍，指的涵养（第40~41页）

（2）善者善终，恶者恶报

序号	核心观点	主要内容（论证/说理过程）
5-3-2	不可行骗	向善者得善终，向恶者得恶报（第39页）
		人生在世行诈骗最贱，君长发假令，薨后亡灵不得祭。有君长名叫麻戈帛，为假令所误，死于雄鸡之距。叫朴阿娄的臣子，为假令所诱，让红鼻白马拖着，在洛波大岩上，让风给吹死。布摩杜额壁，叙谱祭祖好作假，被山上的野火烧死。三位都怪作假，就因为作假，没留下声息（第103~104页）
		应当诚实，诚实的君长发号令，一人讲话，调动千人。诚实的臣子作决断，能拨乱反正。诚实的布摩祭祖，细竹可作钥匙，就如锦生辉，绸缎有光彩，金银亮闪闪，如箱锁打开，诚实者永存，如坚固的大岩不垮，就是这样的（第104~105页）
		侯家仲鲁保，骗东边的武陀尼，说西部卓罗纪（皮罗阁）家，出现铜牛怪叫现象，全靠他设法镇住，为此用九百驮红绸，赔偿说谎的损失。又骗西部卓罗纪，说东部武陀尼地方，爆发了火山，说被他堵住了。为此用九百匹青绸，赔偿说谎的损失。骗上方的阿德毕，说左面邻部默氏兴兵，神速开来进攻了，全靠他设法稳住。为此用九百匹马，赔偿说谎的损失。又骗右面德施家，说左面的德毕兴兵，大兵压境时，由他给退了。德施索取了八百条牛，赔偿说谎的损失。从此以后，好比船被大风刮，沉没大江中，侯家制造谎言者，因骗而绝灭（第105~107页）
5-3-3	不可不通情理	通情达理的人，注重观察和思考。一代人通理，九代人效法。在天地之间，就像降大雨，是这样的啊（第50页）

续表

序号	核心观点	主要内容（论证/说理过程）
5－3－3	不可不通情理	古古阿则渡口，启德阿博这人，坐在渡口边，遇巴氏西迁，我眼盯的是鱼，手到拿来的是鱼，成千的细鱼，上万的细虾，发不完的鱼财。我的做法是，由你任意渡，巴布阿古，说一通好话：成千的细鱼，上万的细虾，鱼的财，懂行的人来发。向默遮家请求，如能得到允许，祭天用的九匹白马，取一匹捕鱼时用，祭地用的八条黑牛，取一条捕鱼时用。不仅如此，水的源头住垌氏，垌家只要银子，斗量银子若雾起，给垌家还愿，水的下游住虹氏，称金宛如蝴蝶飞舞。我要这样做！成千的细鱼，上万的细虾，捕无数的鱼，向姆默遮上租子，他就渡过了，过了一坳又一坳，连过了三坳，有铁冠青鸟，飞到渡口边：谁还未祭天，快向天献祭，谁还未祭地，快给地献祭！巴布阿古说：鱼是默遮的鱼，财是默遮的财，水是默遮的水，要还债由默遮，不要还债由默遮！取一串珍珠，系在鸟翅上，给默遮抵债。启德阿博，后来倒了楣（霉），所有财产没于人，是怪不通情理，没有好结果（第107~111页）
		恒索洛义，凿木桶摆渡，正因为如此，默遮大头目，在渡口边说：布摩别忙渡，留下过渡钱，人们常说，我家的奢色，订下好规矩，立下好制度，这里值得光顾吗？看得起就歇下！愿意吗年轻人，开了钱就过，请渡吧布摩！恒索洛义，不肯过渡口，舍不得出钱，铸成了过错。恒索赤脚过河，默遮奢色，两眼巴巴，抬头看天上，羞辱不了我，羞辱了上苍，羞辱不了我，羞辱了大地，羞辱了天君，羞辱了地王！奢色赶紧动卦手，摘一颗佩珠，用叶子包好，扯一匹秀发系好，丢赶恒索去。恒索像珠子孤单，穷如薄叶和发丝。恒索单传了七代，是恒不通情达理啊（第111~113页）
5－3－4	不可存心不良	迫维启阿太，恒索启阿欧，德歹祛阿恒，三人为拜把，举行雅扎仪式，盟誓的礼仪隆重。发誓的话说绝了。若存心不良，亏心者不得好死，亏心者遭雷劈！取一滴诅咒的水，弹在三人身上。他们三人，一样的要求。心狠行恶，使祖宗发怒，可惜了黄牛，犹妇道的见识，使丈夫发怒，使叔子发怒一般，可惜了阉鸡，连累一家人（第113~115页）
		恒索邹阿欧，背信弃义，嘴上挂恶语，犯下了暴行，所有的规矩，被他践踏了。挑起一场争端，直娄德翁氏，被他出卖了。存心不良，九天的械斗为争粮，九天的争斗为同罪。争斗的时候，是恒索出头，是恒索出手，他愿这样去做。恒索邹阿欧所为，抗天的租税，抗地的租税。有天样高的仓廪，有地样厚的家底。存心不良，为雷所劈，生时顶撞天，遭雷劈而死，灵位也被雷击。原因是，既不祭祖，行为也不端（第115~116页）
		有布摩身份的人，叫布吐益迤，到迁吕毕俄家，迁吕毕俄这人，不接受布摩的教诲。迁吕毕俄，七十岁的时候，只因被风吹，坠岩而死了，在古雅恒笃珐大岩，把命丧了啊（第117页）

续表

序号	核心观点	主要内容（论证/说理过程）
5－3－4	不可存心不良	语言美的人，是好人，得到好结果。存心不良，口出恶语，行为坏的人，死后无归宿，不见君王面，根基受侵犯，子孙也卑贱。是这样的啊（第 417 页）
5－3－5	不可搬弄是非	支尼目柔这人，给布吐益里，搬弄是非惹口舌。布吐益里，把他摄到吐尼玞大岩，吊在悬崖上。这是搬弄是非口舌，所造的孽啊（第 117 ~ 118 页）
		影响传得远，是非口舌，搬弄可不好。德歹濮卧家，阿收笃毕，说这样的话："舅舅家额吉，不是善良之辈，是出尔反尔之人。"额吉听到后，如火上烧（浇）油，被人赖帐（账）。发誓要把阿收笃毕，砍头切肢。到了赫海珠舍，芒布给阿收笃毕，佯装待以贵宾礼，杀牛规格大，准备了等着。"杀人的无过，受累反存过，我是出尔反尔的呀！女婿笃毕，是正人君子，可是已经到头了！"这时阿收笃毕，反应过来了，准备脱开身，额吉抽出刀，穿通笃毕的头。德歹濮卧家，有造谣生事者，正因为这样，忠奸不易辨，就在这之后，贾洪姆的糯部，掳侯家牛时，就在隔黎热地方，害死笃毕的三子，这是搬弄口舌的下场（第 191 ~ 194 页）
5－3－6	不可不服教育	德楚额举这人，要到西边去。把阿诺姆诃，耐心地教育，这阿诺姆诃，不听打招呼，也不服教育。德楚额举，求山神鲁朵出力，求岩神斯里帮忙，求水神迷觉相助。阿诺姆诃，就神智（志）不清楚，到愁普玞吐岩上，呆在那里了。像妇女一样，说话无分寸，做事不正经，就没有好结果啊（第 118 ~ 119 页）
5－3－7	不可贪婪昧心	暴戾狠心的人，吝啬钱财，贪占钱财，没有好结果啊。毕家确弄益，领猎人猎狗，备强弓利箭，在欧纳阻姆打猎。大鹿让猎狗逮住，拖到鲁勒侯尼湖边。乍陡阿吉这人，不把麂肉分，毕家确弄益，没得到鹿肉，抽出杀鹿的刀，朝着乍陡阿吉，头上指道："满山的野兽没有主，是有这种说法，你就去捉了来！"乍陡阿吉，怒从心头起："满天飞的鸟，是赛仁邓主宰，鹿是兽中的弱者，是容易逮住的，听见熊叫也惊恐，脸都吓歪了！雄鹿是山神的公绵羊，弱到了极点。各种走兽，都属于我。我没理由败坏，家底不能败坏，善于料理家产就保险！家底也就丰厚，好比树叶茂盛。"毕家确弄益，七十主与奴，尽管正值午时，也觉得夜幕降临。毕家确弄益，问弥立武俄："暴戾之人出言不逊，你有办法治吗？""有办法治的！"主奴七十人，好比黎明时星移。说到家之后，用九匹白马祭天，高高的天上，日出三竿时，越过了九十九山坳，来到家之后，毕家确弄益，备十二对牛马，送给弥立武俄。弥立武俄说："如果主人家舍不得，布摩也不愿接受！"就在大路旁，以松在上桃在下摆布，用松枝桃枝设神座，焚牛毛马毛，他布置妥之后，十二对牛马，作为布摩的报酬领去，到了家中后，就疯疯癫癫了，"昨晚我做梦，梦见青人骑青马，从天而

续表

序号	核心观点	主要内容（论证/说理过程）
5-3-7	不可贪婪昧心	降，来到家门口，声称讨祭天欠债；梦见赤人骑赤马，样子很凶狠，来到家门口，讨祭地的欠债，要还天的献祭，要还地的献祭！"弥立武俄，像空中的雾围住太阳，说不出话来，二十二年间，成了哑巴，后来能开口，却像麂子叫，神智（志）不清楚，只好把洛烘给他戴上，到了山顶上，犹如柴厚冒的烟，已追悔莫及，好比丝线乱，性命保不住了，只怪贪婪和昧心啊（第 119~125 页）
5-3-8	不可露锋芒	阿仁咪笃，嫁到布帕洛洛地方的，勒阿俄家时，上不挡住天，下不避开地，抛头露面。为渡南边补益尼大河，来到渡口。动口又动手，连犯两禁忌。播勒无基础，却兴旺发达。播勒有秩序，要让播勒乱，她要这样做。犹风把鸭抬，鸭子展翅飞，似女子穿裙子，裙子摆动着。希望大如地，雄心勃勃，说到做不到，不付诸行动，不能实现了。阿仁咪笃，去了特吐周朵地方，生了叩格克姆，是这样的了。先把他人害，害阿格奢色，像线线散开，那样地死去。然后害自家，阿仁咪笃，被麻绳勒死。作为人，不可露锋芒，这就是所怪的原因啊（第 129~131 页）
5-3-9	不可造谣生事	造谣生事，是不应该的啊，东部侯家父阿荷，是斤斤计较的人。古口勾家，闻其恶名，贪别人财物，又斤斤计较的在哪？先抓住把柄。西部的毕启阿尼，贪人家的粮，说他只有四块田，种了不够吃，还打着赤脚，狗食样的饭，还不知能不能吃到。阿俄周德听说后，带七位武士，领七十兵马，出动马兵，动了刀兵，攻打东部侯家，父阿荷身首异处。东西两部侯，不明受攻打的原因，像追着狗打，为造谣者所害，还忍气吞声，这是造谣生事，造成的恶果啊（第 234~235 页）
5-3-10	不可斤斤计较	有一位妇女，养猪鸡有方，有只手得毛病，不会痊愈，她也问原因。……"这位女子，午时就赶猪进屋，过于斤斤计较，非常不稳重，你害了德，因此手才痛。不要在午时，要傍晚收猪，莫过于计较，你的痛手会痊愈！"（第 386~387 页）
5-3-11	不可偷盗	还有一条蛇，把门户守护，却断了尾巴，向长者求告，到长者面前。……"你这蛇，守护家门，有一牧（枚）鸡蛋，被你偷盗，因此尾才断，你若不再偷鸡蛋，必须用金银，把断尾续上。"有一条龙，就有一股水。世间手脚不检点者，为上苍所不容，必使其绝后，长者指点迷津，蛇于是用金银，续断尾，有尾巴拖着。成治水龙君，结局这样啊（第 387~388 页）

* 王继超主编《苏巨黎咪》，贵州民族出版社，1998，第 4~5 页。（以下凡引此书只在相应处注明页码）

附表 6　论"知识与实践"

序号	核心观点	主要内容（论证/说理过程）
		（1）关于知识
6-1-1	有知识为大，有威势为强，有机遇为妙	天地之间，各种本领中，有知识为大，有威势为强，有机遇为妙。知识造就人，如苍天辽阔，如青松伟岸。君子修养高，利人也利己。只图利于人，利人则损己*
		祭祖要顺利，靠布摩的造诣，知识深为高。关于婚配，慕魁臣子公道，百姓就从命。贤君培植臣，贤臣尽职守。把握全局，富于预见，不出现错误。楚陀有传统，登高无止境，借用鞍与缆，贤君造就布摩，布摩钻研知识，有知识修养。有十闻，得一见，有一番见解。在天地之间，能人乘飞马，自由自在，如日月经天，光芒四射。君长掌权，与臣问计，高明的布摩祭祖，靠满腹经纶。就是这样的。笃米的子孙，头顶着苍天，为人在世，求寿须求真理，求真理就长寿（第 14~16 页）
		本领通天者，跨骏马，披长鬃，老虎样端坐，独竖（树）一帜，能独挡（当）一面。天下有本领者，乘坐骑，披长鬃，老虎样站立，独竖（树）一帜，能独挡（当）一面。在宫庭（廷）里，在哲博议厅，由自己发庄严号令，由自己作高超决断（第 13~14 页）
		善于把握时机，把握时机者都有所得（第 16~17 页）
		高人一等，在于一时的机遇，有知识者，思考后说话妙。有教养的人，是有威望的。生的时辰好，逢好年好月，机遇好，命运是上等。富贵如愿的人，出生年月好，逢着好日子，逢着好时辰，样样占全。寿命长短，样样都要看（第 242~243 页）
		有三样药方，努力的药是第一，教育好的药是第二，补弱解乏的药是第三。欠债多者命薄，别逼欠债的人，别借给无赖钱物。好比防灾荒，出门要带粮，否则就必求人，吃了嘴就软，被吃所主宰，为吃所支配，若要不挨饿，作为一家人，所为略有一二，如遇着河流，架桥而过。不然如坠岩，名字像蝴蝶消失。有粮食而人显能，有成见嫌冬天暖，又嫌夏日寒，因为不干净，才用水来洗，水都不干净，无干净可言。掌管机遇的大黑龙，高居于九天之上，稳如大山一般，天臣诸娄则，在高高天顶，风吹不动他（第 209~211 页）
6-1-2	知识的重要性	下功夫学习，能避免地上的灾荒，能战胜地上的贫困，是这样的啊（第 319 页）
		君长无学问，权落臣子手，暗无天日，穷途末路，是这样的啊。臣子不认真，断事不分巨细，就同如驾船，行于深水无岸靠，是这样的啊。家奴无学问，号令不能传达，好比路上拖树枝，是这样的啊（第 322~323 页）
		君长有学问，发号令犹太阳出来，照在大地四方。通情达理，使愚顽开化，启（起）用能人强将，好比使用猎狗，手下的无畏壮士，肯为治天下效命，是这样的啊。为臣有学问，如浇活枯木，受

序号	核心观点	主要内容（论证/说理过程）
6-1-2	知识的重要性	恩的人记住他，受恩的人服从他。为臣开导人，犹掘湖疏导水，施展各种才能，发挥全部智谋，是这样的啊。布摩有学问，祭祖有讲究，出口成章，知识渊博。依礼仪作完美祭祀，子孙昌达，知名度很大，威望高如岩，如清澈的大江，实在是这样。百姓有学问，君长只消动口发令，像比翼的鸭，像树林密不透风，如坚固的大岩，是这样的啊（第323~325页）
		施阿武首作诗文。大张旗鼓地批评诗文，确默遮是第一人，天君策举祖主管诗文，天君作的诗文价值大，地王作诗文功底厚，一段诗文，是一通号令，一段诗文，用一次。诗文威严如山（第325~326页）
		求知识，充见闻。哎哺产生后，就重视知识。哎哺无作为，哎哺无成就之时，以斯索为君，以鲁朵为臣，娄娲为布摩，见闻很广，反应很敏捷。健谈如白鹤喉，犹青鹃鸣叫，讲话声如金铃响，发令犹银鼓鸣。见君王风度，召布摩议事，终身做学问，立志求功名，就是这样的。路上行人问：你在挖地吗？如此询问着。年以日计算，终身向高追求（第326~328页）
		种地之道，荒着的是瘦地。知识之道，能人受敬重。在世界上，属于会流淌类，仅得地利流淌为下，得地利而发展为上。属于会开花发芽类，萌芽开花虽得势，花会凋（凋）谢却无奈。属于会动类，会动就有生命，饲养到一定时间，就用刀杀了。这三种都无自我意识。在植物类中，也有佼佼者，青松三百岁，方才衰老，枯死了之后，新树会长出。也有弱者，典型的是，路旁家马桑，岁首青枝绿叶，岁尾枯枝败叶。在飞禽类中，不乏有佼佼者，白鹤就长寿，一千岁之后，方才会死去，在天空中，发出悦耳的声音，高高在上啊。不乏有弱者，桃树丛的画眉，在树丛中飞，飞不过树梢，是这样的啊（第328~330页）
		作为人，其中的强者，哎哺采舍知识，深如大海水，容量如大柜，到老也风光。心计多的人，同时思考十桩事，地位高的人，一步当十步，穿华丽的衣，吃的是美食，有很长寿命，且出人头地。死了也得道，寿衣穿得厚，办丧事"那史"画卷美，魂马摆得岩样高，礼仪也清楚，宫首魂马成排拴，葬礼也隆重，端坐有位置，排列到天上，如愿以偿，子孙也昌达，是这样的啊。其中卑贱者，生时顾不上温饱，死后不得安乐，犹青草上霜雪溶（融）化，无声无息地消失（第330~332页）
		有这种观点：聪明人不用指教，愚蠢人不可教育。有这三样好，原本有机遇第一，得机遇第二，有善终机遇第三。年纪大而不显老的人，寿可比大岩。走得勤的人，像大江不停地流淌。长站的人脚不麻，就像挺拔的松柏。众朋友互相尊重，就像夫妻一个样。诚实讲信义，像毕同默一样和睦。楷模是，使愚顽的子、媳开化。君臣之间的责任，使黎民百姓，像闺女少妇般谦让（第332~334页）

续表

序号	核心观点	主要内容（论证/说理过程）
6-1-2	知识的重要性	笃米的子孙，人生在世，要追求权势，要把发展图，要预知家道，要防备祸患，要钻研知识。在这天底下，人生在世，聪慧是第一，理想是第二，口才是第三。知识是第一，谋略是第二，机智是第三。办法多是第一。祭祀的知识第一，文章是第二，祭祀还愿是第三（第417~419页）
6-1-3	有知识的人有修养	修养有三等：书卷与功名，在大山顶上，属于有修养的人，属于有知识的人。盔甲武器，在大山中间，属于能征善战者。农活用具，在大山下面，属于农耕畜牧者。若精通明白，行行使自己如意。勤俭持家有方，样样财物都是自己的。处处与人为善，人人把自己当朋友。善于运用，篇篇文章都是自己的（第32~33页）
6-1-4	有知识的人能成事	哑酒杆不弯，计浅家贫寒。快语是小人，有计者事成，智足者出众。幸运者财多，家风好而子孙知识足，家风好而有体统。出人头地，有勇有威风，有谋众望归。始终能长久，讲的话实在（第29~30页）
		君长作决断，思路要敏捷，又在于判断。出巡须骑马，事必躬亲，平易近人。慕魁臣子作谋断，有经验第一，讲道理第二，果断是第三。布摩的条件：有知识第一，有规范第二，声音气势是第三。工匠的三个条件：经验足第一，设计是第二，心灵手巧是第三。武士的三个条件：有勇有谋是第一，驾驭骏马是第二，得心应手是第三（第30~32页）
		上等人的知识在心中，中等人的知识在嘴上，下等人只有靠双手，见识只有缰绳长。聪明人的话有分量，反复推敲都有力。志短事不成，有志不专也不成，有计知识浅也不成（第226~227页）
		有知识才能，为君长所用，诚实胆（坦）白，君长也信任（第227页）
6-1-5	有知识的人有作为	有学问的布约那吐，他说的是：岁月以天来计算，人生追求高境界。本事有三般，恶人与我为敌。知识有三类，能人将我开导。在世界上，属于液体类，仅得地利流淌为下，得地利而发展为上。属于发芽类，萌芽开花虽得势，花会调（凋）谢却无奈。属于会动类，会动就有生命，饲养到期限，就用刀杀了。我懂这三样道理（第259~261页）
		作为人，能人有作为。有能力的人，智慧多如星。胸中装哎哺采舍知识，好比粮仓装得满，像梳理整齐的发毛。心计足的人，一时思考百样事。嘴才强的人，一件说出十件来。穿华丽的衣，吃的是美味，活至九十九。有布摩主持丧礼，骑魂马得祭牲。寿衣穿得厚，亡人有归宿。传统被继承，子孙得发展。在世得欢乐，死也顺如风。地位卑贱者，在世无欢乐，死时也痛苦。聪明的人不用教，愚蠢的人不可教。有知识是第一，富有属第二（第261~262页）
		他（霍苦亿古）的学生，有七十二人，强者十二人。第一是卓铁夫友，和乍祝铁黑，名声如雷贯耳，是两位贤人。他们两位，是

序号	核心观点	主要内容（论证/说理过程）
6-1-5	有知识的人有作为	当世人杰，知识上富有，幸运而受益。彝人和外族人，有杜楚翁娄，雅备宾叔，两人继承他们，继承和效法者，还有"六祖"中的乍，是布摩主流。那博所益地方，毕愁阿兜氏，把《努讴》探索，请教布史嫚遮，布史嫚遮传授，六祖乍的学说，布摩的道理，与毕愁阿兜。毕愁阿兜，一千白木神座，削了七百零七块，就布在地上，毕愁自成一家。《保介数》这部书的作者，是毕愁阿兜，就是集中他的观点，彝家的好文章，是毕愁阿兜所作。精于治学的高人，是毕愁阿兜。懂得安帮的高人，是恩合博姆地方的，嶓娄阿纣这人。懂得用兵的人，是德嶓额濯。毕愁阿兜善思索，嶓娄阿纣善判断。他们三位说：为人在世，要注意三件事。第一防饥馑，第二防诉讼，第三防谣言。占主动者有三，第一防贫穷潦倒，第二把握衣食，第三打仗占主动。气愤时，不可露怒容。用心者有三，君长考虑国策，布摩考虑传统，想好防患之策。作为黎民百姓，要考虑好农牧。善于思考的考虑周到，善于思考顶重要，若考虑不周，就像重物背不动，如利矛对着头颅，躲避不开了，首尾都落地，就是这样的（第353~358页）
6-1-6	贤人都重视知识	徐徐的清气，沉沉的浊气结合，完善了阴阳。哎哺出现，采舍形成后，目确发展了。人系天所生，由窦朵所抚育，第一代贤人，第一是笃勒愁汝，第二是支嘎阿鲁，第三是撮矮阿颖。第二代贤人，第一是输打特巨，第二是宏助阿史，第三是姆诺额哥。外部的贤人，第一是陀尼霍古巨，第二是色吞印古巨，第三是舍旺乌夫巨。中部的贤人，第一是杜约阿武，第二是陀尼阿弥，第三是阿古布纪。（皮）罗阁地方的贤人：第一是罗纪实古巨，第二是姆贾阿毕，第三是姆乃阿朵。中部的贤人，第一是笃杜禹阿恩，第二是诺慕苦直欧，第三是额哲布嘎。独楚翁娄地方的贤人，第一是雅备毕叔，博所能彝家支，毕愁阿兜数第二，夜郎勾纪家，奢陡则洛居第三。恩合博姆地方的贤人，嶓娄直洛居第一，作为布摩的，陇邓阿仇居第二，娄娄勾地方，毕骂遏（额）哲居第三。慕俄勾地方的贤人，第一是额待阿觉，第二是拆诺额觉，第三是那洛弥鲁。益旨能毕地方的贤人，第一是益迁阿租，其次是有布摩身份的，叫布奢波遮的人。古口俄勾地方的贤人，第一是布优额洛，第二是额索父额，第三是额洪德乌。德歹濮卧乌蒙家，恒略阿诺居第一，旨堵能彝家支，阿咪阿洪居第二，自身为布摩的人，弥立大汝居第三。慕俄勾家，阿诺额禹居第一，阿芋陡家，朴待布娄居第二，芒布家，尼口布则居第三。觉娄打洛地方，勒布额阿抽居第一，歹洪亥佐勾地方，阿匹伯俄居第二，巴雅勾纪地方，布禹阿武居第三。北边毕德部，布武吐居第一，南面诺伦部，额特依雅居第二，中部阿额额洪居第三。地上面的人，在南北，在东西，在四面八方，处处人杰地灵，没一方例外，都重视知识，文化都发达。这四十七位贤人，都有共识（第404~410页）

续表

序号	核心观点	主要内容（论证/说理过程）
6-1-7	尊重、听从有知识的人	慕俄勾家，德启阿朴，接待纪俄勾家，阿类阿列。如形影一般，陪同着。宛若起了雾，卷丝绸一样议论。馈赠的金银，像肥壮绵羊。行过礼之后，谁的名声好，要请教一番。布德尤、启洪阿抽、尤翁德俄、阿娄阿列，他们这四人，是四个名人。第一是手段高明，第二是本领高超，第三是手段出众，是有功夫的。省佐家长幼，设有客房九十间，打开第二间，把四位安顿。客房富丽堂皇，豺狼虎豹皮，木叶样铺连，锦帛做帷幔，丝绸作帐幕。布置张挂，犹彩虹出现。不到一会儿，花蛇黑蛇十五条，盘在座席上，守护着座席。凶猛虎豹十五只，就站在门口，把大门看守。歪髻的野人，不停地跳舞，骑肥壮麂子。臣猩巨熊，如堆放木头，专门管杀牛。大尾巴狐狸，不停地来回，它专管寻鸡。夜里享尽佳肴，白日喝遍美酒。金银用袋装，铜钱用车载。绫罗绸缎，简直当树叶。他们四位，得丰厚馈赠。他们四人，很快就返回，起身上了路。他们这四位，洪福齐天，有一桩奇遇，说出了奇闻。他们彼此，见识不平凡，曾有此传说（第 335~339 页）
		霍苦仡古，教化有方，霍苦仡古氏，告诫有人听。有一个人，同一条蛇，一只猴子，一条狗，结伴同行，去找霍苦仡古，要向他请教。天黑歇路途，睡在一棵树下，人人睡之后，猴子把人刺，人在梦中哼，就把猴子打，狗把蛇来咬，谁也不例外，全都丧了命。霍苦仡古，也就到了场，带着满腹的遗憾，就将其四者，入敛（殓）厚葬。过了这以后，那四座坟上，长出四味酒药。被采集来酿酒，喝酒不乱者，那是人转世啊。酒性成瘾，为喝酒送命的，那是猴转世。羡慕醉酒者，那是蛇转世。喝酒面露狰狞者，那是狗转世。霍苦仡古，告诫说：酒是毒药啊，喝多了不好，喝得有把握才好。彝人或外族人，霍苦仡古的告诫，都要听取啊（第 351~353 页）
6-1-8	精明的人有发展	人靠的是精明，君长精明，订军事制度，为民精明，注重稼穑，外族的精明，注重取功名。彝人的精明，注重自在与希望。靠精明与机遇，心如天样大。坚硬的甲胄，与武士共生，大房顶上盖实在，仓廪大而基础稳，宛若满天星（第 54~55 页）
		欠精明的人，如源头不好的水汇集，泾渭分不清，无基础就像雨量小，弱者是强者的基础，若没有弱者，强者无基础。一强而三弱，祭祖无粮食，一弱而三强，祭祖排场大。一弱三强者为上。火中放生柴，此火熊熊燃；用生柴发火，此火黑黢黢（第 55~56 页）
6-1-9	勤奋的人有发展	有气力者傲慢，善辩者孤独，事与愿违，追求富有结果贫穷，恩仇分别报，利弊相抵，一应周旋，有发展迹象，收获在后面，勤奋天也乐。勤奋上进第一，志向明第二，有良师第三（第 102 页）
6-1-10	善于判断、善于安排时间学习	登高并不轻松，要修路和挂缆绳。有好主见要开口，识别恶意靠明察。头顶着苍天，为人在世上，思考要合理，韬光养晦，行事须谨慎。自己作主则困难，别人作主则容易。别人的行为，要善于判断。各种本事，在于安排时间学习，没有空则已，有空必须学习知识（第 315~316 页）

序号	核心观点	主要内容（论证/说理过程）
6-1-11	聪明从愚蠢中教出	"天"人足邛拉，奉上苍之命，来到大地上，任征收赋官。赋税收得广。南边收税，加重九匹绸；北边征铜税，加重九驮铜；中部收牛税，多加牛头数。征完税，收完赋之后，到武家地盘，掠武堵（都）阿育，脾气犟如牛。这武都阿荣，手持锋利的矛，杀足邛拉，于武雅洛吐博山上，起了祸端。天上和地上，断绝了交往，什勺家抽去天梯。武堵（都）阿育认为，这大事与自有关。就用文字录下，谁应受追究，写成了状子，呈送给举祖。在天地之间，祭祀断了。天臣怕的是，少了祭天。地臣怕的是，少了祭地，都怕乱了套。人是哎哺的后代，哎哺是天地的后代。世间的人们，应当上行下效的。可他充耳不闻，熟视无睹。武都阿育，是这样的人（第398~401页）
		聪明从愚蠢中教出，没有不懂事的人，没有无过错的人，天君地王认为，既然是这样，命夔阿纪优，前去开导。这夔阿纪优，即是天臣诺娄则，善于开导人。夔阿纪优，如雨从天降，到武堵（都）阿育家，问武堵（都）阿育："你这杀人的阿育，是向谁学的？"武堵（都）阿育说："自家学杀人，没向他人学！性软者不留新脚步，性刚者脚下生风，手轻者摸不成笙，手重者使笙音炸响！聪明靠自己！"夔阿纪优说："既然如此，君的品行就像鹤；臣的品行像杜鹃；布摩品行像雄鹰。事实很明白，说清楚了祸也消。"正因为如此，凡间所祭祀，都为了上苍，还上苍的愿。凡间所献祭，为了向上天求富贵。在天地之间，安排有富贵，祭祀因而不间断，原因是这样。是夔阿纪优，教导有方啊（第401~404页）
		（2）关于实践
6-2-1	遵规矩、守纲纪	有摩史阿列，由他来出头，请布史直娄，一度破了例。他们的做法，首先是，有章不遵循，做得走了样，背离了规章、制度与执行，大相径庭，与其初衷，相去甚远。布摩不高兴，事与愿违，人们常说道："阿娄阿列不高兴，规章欠遵守，制度的执行，也被冷落了。在天地四面，君王聚议时，无长幼秩序。"的确如此（第339~341页）
		乌撒君长家，住在嘎那妥姆时，先是有章不遵守，到了后来，君长濮格鲁载，请布待德俄，把主人指点。摩史阿列，把才能施展，把本领显示。背离了规章，沿袭旧一套，偏离了宗旨。奠酒献茶，也别出心裁。希望君长显赫，希望百姓昌盛。由鲁余鲁觉，监督遵守规章。鲁余鲁觉，无所适从。为乌撒君长家，前途负责任，鲁余鲁觉，很有自信。此后管丧事，只取青松用，用青松焚尸，靠庸人阿列，把焚尸主管，只顾及眼前。鲁余鲁觉有过错。鲁余鲁觉，本是糊涂的，怪的是阿列（第344~346页）
		乌撒君长家，按天地间四个方位，上下设四级台阶，以安祖灵的规矩，在祖祠内，君臣的祖灵，都招了安置。阿娄阿列，四十八篇《努讴》，举一反三似放箭，倒背如流来得快。阿哲君长家，有

续表

序号	核心观点	主要内容（论证/说理过程）
6-2-1	遵规矩、守纲纪	德初惹尤，以通《努讴》著名。约了同他比赛，德启阿朴这人，四十八篇《努讴》，不用思索，能从头至尾背出，所作的祭祀，也挺熟练啊。阿哲君长家，像清洗一样干净，祖灵的秩序清楚，有条不紊的。只因为阿娄，依他所说，祭了祖过后，祖祠也建好。安顿祖宗后，没理顺纲纪，长幼不齐心，君臣互不通，这是与纲纪有关。阿芋陡家，有章不遵守，有制不执行。君王无威望，长幼闭塞。这是因为，六祖的后裔，德毕与德施，举侯三支人，纲纪不统一，就像穗中看，缀满籽粒一般，政权不巩固，不能继承传统，阿娄阿列，是这样说的（第346~349页）
		纪阿太家，有纲纪，由懂理的人来立，杰出的布摩来立，有能说会道的人。只因无能人，到处求学问，能者即为师。阿太君长家，并无好根底，唯有三位女子，个个都贤惠，犹骑骏马行。安居了之后，得阿皮伯俄，订严密纲纪，地方得发展，以纲纪为本，缘由是这样。外族有纲纪，祭拜偶像，照看书本做，祭奠还愿，纲纪也不乱，政令无阻碍（第349~351页）
6-2-2	重谋略、重传统	第一要重视谋略，对于谋略，好比东西风聚起，就像多条江河，汇了一般。无能者来考虑，行船只顾尾，驶向江下游，把船底撞破，是这样的啊（第358~359页）
		善于思考者来思考，如九庹九揹长度，刚好是九圈，只剩下一圈。犹织布掌经纬，就是可行的。山样高谷样深的事，结尾时缺口如发丝，是行得通的。无能者来考虑，只如发丝般的事，结尾时缺口大如松树。就是这样的（第359页）
		第二要重视传统，把传统重视，说话有份（分）量，开口无出入，就是这样的（第360页）
		传统好的人有作为，传统好的人知识足。是这样的啊。跟着有作为的人，衣食有剩余。跟着平庸的人，就受苦受穷。跟着无能的人，线样漂流不定，半夜心欠欠，是这样的啊。跟着英雄豪杰，耳濡目染就学好，聪明有时日。有威荣的人知识渊博，有机遇的人势力强大，有志向的人超凡，有教养的人优秀，有家规的人听话，有谋略的人实在。顺从其父之人，其父母必有德，好比土地不用浇灌，是这样的啊。有根底的人，像锋利的矛，小巧而秀丽。灵活机动的人，如野马生犄角，巧计在腹中，如入地之龙，玩乐到了顶。日月样光明的人，锦一样尊贵。天地之骄子，面带雄鹰相，胸怀猛虎胆。懂阴阳的人，说话娓娓动听。是这样的啊。不仅如此，出生的年月，也有关系啊。在平原十二方的，彝外族君长辩论，辩论过后，以有源头为荣，彝地有源头，外方也有源头。只收录见闻，仅论及利益，只孝敬父母。敬奉得了三代祖，敬奉不了父母。胆子小如马，由主子骑也从，奴仆骑也从。互敬如手足，幼来苛刻，长来斥责都不计较，即使一时落陷井（阱），偶尔任性也不行，这是听辩的内容啊（第362~365页）

序号	核心观点	主要内容（论证/说理过程）
6 - 2 - 3	敢出决策	嫡长的位置，为阿诺布娄操纵，无论嫡长位置，庶幼的位置，族中嫡庶的位置，都分不清了，这是为什么？因阿娄阿列，虽然有知识，却不出决策。第一个原因，依一人之见，听一人之言，眼光过高。第二个原因，言行不一致，各行其是。付诸行动时，问说行不行，阿娄阿列，如表态说行，唯恐有出入，一旦言中，恐害了自家。再一次请示，请示可否行动，如表态说行，唯恐有出入。他自己为人，形同做媳妇。又一次请示，像进入有门的园子，请示行不行，由名人引导，说行方可为，他怕有出入。像小孩，没有用的人，是不会命命的。为这不高兴，事交给他办，把门风败坏。德毕和举侯，理不出头绪，就因此离谱。从此以后，降为庶民，是有由来的（第341~344页）
6 - 2 - 4	善于学习别人的长处	有机遇的人，虽由命运主宰，命运由祖制主宰，神制由天地主宰，但天地不主宰人的行为。别人有长处都取，也就是能人，总结好的经验，作为是这样（第362页）
		天君卧足佐，地王珠通帝，住在宇宙顶，帮助学习者，庇佑聪明人（第416~417页）
6 - 2 - 5	勿耽误时间、勿错过时机	该追荐亡灵不追荐，像地上的两株树，当东西两面风，花繁叶不茂一般。当追荐亡灵时追荐，就像河大水深，松柏叶密实，就是这样的。当招亡灵时不招，畜牧不兴旺，庄稼不丰收，就是这样的。误了给亡灵指归宿，就像鹤在空中盘旋，即时给亡灵指归宿，如河水源头清，如云开日出，像白鹤依松树，杜鹃栖柏树，有安乐归宿，是这样的啊。误了安顿六代祖灵误，如与人办了好事，得不到理解一般，是这样的啊！如期安顿六代祖灵，好比把恐慌，送到山中去一般，是这样的啊。误了清洁的时间，就昏昏沉沉，就好比树梢，被四面风吹。不误清洁的时间，就像欢乐的杜鹃，盼到了春天，自由地飞翔，是这样的啊（第303~305页）
		耽误了农活，种地乱了套，是这样的啊。不耽误农活，就五谷丰登。仓廪盛满粮，是这样的啊。耽误了放牧，好比鸭被水淹没。不误放牧时，强如有清秀的眉目，前程有希望，是这样的啊。耽误了下种时间，麦稷花不繁，禾壮却不敌寒风，是这样的啊。不耽误下种时间，在春季三月，麦稷挂繁花，好比鹤鹃有归宿（第306~307页）
		耽误了婚嫁时间，好比普天布满雾，天空黑漆漆，是这样的啊。不耽误婚嫁时间，好比阵阵风吹开，春光明媚，高山平地生机盎然，就是这样的。误了建祖祠时间，头绪就不清，好比飞禽迷失方向，走兽不辨目标，是这样的啊。不误建祖祠时间，杀牲就清白，好比黎明到来，如树挂繁花，似禾苗苗实，是这样的啊。耽误了理谱的时间，就像高处布着雾，如雄鹰屈着爪子飞，似猛虎夹着尾巴行，是这样的啊。不耽误理谱时间，如风吹苍天，云开日出，春意盎然，风光好，大地也壮丽，如雄鹰猛虎称雄，如鸟盘旋在空中，如满天布星斗，是这样的啊（第307~309页）

续表

序号	核心观点	主要内容（论证/说理过程）
6 - 2 - 5	勿耽误时间、勿错过时机	受土地的害，就像牛见到虎豹，怕得要命一样。受天地之害，好比山顶的松树折断，像跌入悬崖，落在山谷中（第309页）
		引经据典，时机不当，像披的银毡染锅烟，弄巧成拙，害处是这样。引经据典恰当，好比云开日出，像洗发除污垢，是这样的啊。当制鞍鞯时不制鞍鞯，好比绸缎乱放着，是这样的啊。当制鞍鞯时制鞍鞯，辔头和鞍具成套，要用时方便，恰似绸与缎，放在竹箱中，是这样的啊。当布线时不布线，好比盖房不盖顶，造仓不安底一般。当布线时布线，好比日月布轨道运行，像春风吹开，像鸟声悦耳，像虎豹有路行，树木有光彩，动物都喜欢，是这样的啊（第309~311页）
		叙谱祭祖，赶上时机，瘦牛也会壮，赶在牛壮时，杀得肥牛肉。锦袍战甲，也轻易得到，油也贱如水，利戟长志气。金银绸缎，如锁在柜中（第313~314页）
		必须把握时机，按播种的季节播种，错过季节就不行。杀牛趁在牛壮时，错过壮时就别杀（第314页）

　　* 王继超主编《苏巨黎咪》，贵州民族出版社，1998，第21页。（以下凡引此书只在相应处注明页码）

附表 7　论"人生观与价值观"

序号	核心观点	主要内容（论证/说理过程）
7 - 1 - 1	值得片刻者与值得万世者	值得片刻者有三，一是偷盗者，二是抢掠者，三是诈骗者。万世值得者有三，一是为官者，二是为农者，三是为牧者，永远都值得*
7 - 1 - 2	贫贱者与气魄者	贫贱有三等，与愚昧有关，指的弱者，指的是小人。鸟飞靠双翅，双翅有平衡。听的是小话，为的是小事，得的小见识，求的是小事，得的是小惠，身上无好衣，穿着像奴隶，吃的是粗食，像猪食一样，强如马桑树，岁首见叶绿，年末就枯萎，活时无气魄，死了值不得，是这样的呀（第88~89页）
		有气魄者，指的是强者好汉，鸟靠双翅飞，双翅要平衡，听人说一遍，领会要紧的，观察一件事，看得见利害，要求一桩事，得的是满意，身穿的华丽，如拂晓的天空，吃的是美食，如谷深坳大，强者好汉，像松柏一样，严冬碧油油。春日开繁花，夏日明晃晃，秋日光闪闪，在世时欢乐，死了也值得，骑蝗头魂马，虽归葬入山，却永垂不朽，就像这样呀（第89~91页）

序号	核心观点	主要内容（论证/说理过程）
7-1-3	得势有四种	如日中天，永居于人上，有高尚形象，时时显赫，为上等之人，重得势，视若生命与眼珠。二等人得势，重视军事。末等人得势，家中养奴仆。黎民百姓，所谓得势，是得到土地（第24~25页）
7-1-4	令人羡慕有三	令人羡慕有三：君明臣贤是第一，后继有人，品德好是第二。女儿和媳妇，善操持家务第三（第103页）
7-1-5	令人佩服者有三	令人佩服者有三：君长贤明是第一，后继有人，发扬传统是第二，得好田地是第三（第103页）
7-1-6	灾难有三种	笃米的子孙，谨防者有三：第一种灾难，世上降灾荒，日月反常，天气变坏，土地受灾，君长府里设丧场，臣子面前告荒声四起，布摩以鸡骨为食，百姓流离失所，新娘子守寡，蠢人少壮死，贤人也饿死，这样一来，骏马备上鞍，好汉不顾人说闲，他乡借粮食。走投无路后，无奈又返家，来到村寨前。这时候，人熊传送坏话，乌雅（鸦）传送坏话，野猫传送坏话，狐狸传送坏话，任人说闲话。人尸马尸，像横木一样，人血马血，像堤溃水泛滥。怀孕的妇女，让男人杀死，虫爬样认命，好汉上了山，是这般情景（第33~35页） 第二种灾难，好胜起战祸，争强遇劲敌，争一席地方，损价值上千的马匹；争属民奴隶，失去值上万的汉子。边境不安定，遍境无宁日，不还近处债，就高筑债台，债欠多了如盐咸。为树一人威风，征敛至身边，动辄把兵兴，似簸箕扬动，害人妻离子散，如豺狼进猪群，远征往他乡，不见了踪迹，地方空荡荡，树上无鸟歇，塘里无蛙噪，似长夜不明（第35~37页） 第三种灾难：君位虽世袭，让人用武力篡夺，臣位虽世袭，让人用武力夺去，子孙不继承权位，把毕濯丧失。布摩子孙不承袭祖业，维庹成朽木，祖宗勇敢子孙怯，刀把也腐烂。勉强像人样，该活百岁寿减半，其实不是人，不传宗接代。模样还是人，在人世间，虽披着人皮，却贱如木叶。得这种遭遇，是因命如纸薄，分量只及鸡。要请有道有行布摩，把病神死神逐过河，把灾难送过大山。把死归还其主，如培土长出禾苗，还是合算的（第37~38页）
7-1-7	女子有三等	三等女子：心地善良，有远见者第一，从长计议者第二，样样能做者第三。第一等女子：值得十的付一百，娶妻花千金，生子值万金，事关一姓人，遇事有众多亲族，祭祖有众多家族。好比山上的水，把山下冲平；如此鱼得意，把大海占领。宛若满天星，是会如此的。第二等女子：志如山高水清，如平原坦荡，如苍天广大。末等女子：值千金者只付百，娶媳妇，没有生育，像风样消失（第27~28页）

续表

序号	核心观点	主要内容（论证/说理过程）
7-1-8	妇女有三等	卓罗纪（皮罗阁）家，德歹濮卧（乌蒙）家，有两对女子同名。三人还齐名。这是啥原因？两位大的叫奢色。在鲁旺分野内，为彝家生君长，生一位高贵君长，超群绝伦。生下的臣子，是一位善谋断的臣，谋略无人及。生下的布摩，也是善于祭祖的，文章为人传诵。小的两位叫旺依，更不用说。为彝家生的君长，能发号施令。为彝家生的臣子，也善于谋断。为彝家生的布摩，有资格祭祖。这就是因为，妇德盖世，犹用金嵌戈矛把，妇德高尚，好比盾坚固。就这原因啊。在他们之间，四位君长各两人同名。他们为祖宗争光，庙中拴战马，矛搭偶像上，是这样的啊（第153～155页）
		尚须叙述。克搏妥体地方，克耐两部君长互访，在这个时候，克部宣诵摩史，由诺足厄赤担任。耐部宣诵摩史，由阿诺厄禹担任。两人势均力敌，进入主宾席，诺足厄赤，开口来说道："古有十耳兽，其血上生鄂氏，体上生莫氏，牙齿化大河，眼睛化金银，左肾化为虎，右肾化为獭。这六类同源，犹平路好走。趁此好机会，你我二人，就在此对唱。额友娄许，是撮矮阿颖之母。在点苍洛姆，一夜二首歌，尽管开口唱。优美的词曲，颂品德，赞贤人，犹马放在平坝，要小心谨慎！"诺足厄赤所言，阿诺厄禹，心悦诚服。阿诺厄禹问："可娄吐妥她，是啥样的人？"诺足厄赤说："生英雄豪杰，是这样的人。"甸鲁能彝氏，可娄阿格，嫁给博所能彝氏，生阿诺厄禹。可娄吐妥，嫁阿芊陡家，生诺足厄赤。娶妻标准高，择婿条件低，理应如此。应服从君长，应尊敬布摩，应孝敬父母，应抚育子孙，应顶敬舅舅，必须是这样。他曾这样说（第378～382页）
		妇女有三等：第二等懒妇。饭里藏着肉，一年盼到头，等客人进屋。第三等懒妇，种子当饭吃，碗里终无饭。懒妇就这样。上等妇女重知识，贤慧（惠）者人缘好。上等妇女如叶茂（第28～29页）
7-1-9	韬略、理想和表现	韬略是第一，理想是第二，表现是第三。无韬略者愚蠢。愚蠢的行为有三，手熟不摸笙，手生笙怪响，君长不贤，民众就遭殃，主子不贤，奴隶就逃亡。教不灵者，有三种恶行，如沸腾的水停顿，似熊熊火消失，好比稻谷秧，被大水淹没，来不及扒开。骑恶马，翻越不得山，犁恶牛坠坎。口出恶语，朋友分手，不会为人者，步鸡狗后尘，做出蠢事，为君长所追究。粗野无好结果。顽固不化者粗野，粗野行为有三类，圣贤遭粗野亵渎，对粗野无奈。无论为君，还是为臣，或布摩，亲舅舅，亲外甥，亲家族，亲家支，像价高货不实，说话无用，没有衣食，没有机遇，没有名望，如马嘴被套住。即使有上千员人，没有约束，各行其是，就好比松下的草，被阵阵冰雪冻，冻不见了一般（第285～288页）

续表

序号	核心观点	主要内容（论证/说理过程）
7-1-10	对美的追求	美是唯一的，追求美是第一。花一点功夫，可获得百利。如山上有地，犹一个早晨，拴马吃草，水冷草冷，食而味甘，人家就爱好（第395页）
7-1-11	人生各阶段	在这天地间，共同的日月下，有一千零七十二姓人。智与愚分三等，第一等人，天生就聪明，第二等人，经教育聪明，第三等人，教育不成人。出现一个人，自有其天地，自有其宇宙。人生于窦朵，富贵源于天，富贵源于地，从天上滴下，在地上生长。太阳的光朝下，月亮的光向上，如此相配合，犹放水播种（第410~411页）
		九月居母体，用不着吃饭。六个月时抱双手，用不着劳动。降临到世间，如禾苗成长。哭时声震屋宇，乐时如风拂叶。取名排号，按窦朵的传统，给美好的祝愿。到两三岁时，不受雨淋，不被风吹，受母爱恩泽。到了四五岁，说话无好歹，逗父母高兴（第411~412页）
		到了六七岁，不动手拾柴，不动口赶鸡，受循循善诱。十二三岁时，到山上放牧，跟少年朋友，找少年知音，见学问大的人，一二地请教，并以此为荣。十六七岁时，跟青年朋友，向老年求教。会训猎狗，约猎人，还会待亲戚（第412~413页）
		二十二岁时，尽头牙出齐，把衣着讲究，出门就跨马，并以此为荣。三十三岁时，把勇猛施展，把手段显露，所作图效果。披挂甲胄，奋发求上进，祭历代祖先，祖宗安宁根基稳，完善了条理，昌盛兴旺。一旦有权势，就拉拢亲戚，就照顾家族。约家族叙谱，约家族祭祖。五十五岁时，如秋天日明，求功名仕宦，执扇出谋略。六十六岁时，如人凑柴禾（火），积累了经验。享天伦之乐，有目标实现，有计划落实（第413~415页）
		七十七岁时，知兴衰盛败。看淡功名，看重家道，关心后事。接近功名时，行走不自由。八十八岁时，与老年切磋，同青年探讨。猫进食不多，只消吃两勺。九十九岁时，像陈年朽木，猴子推也滚，熊来推也滚，不推自家滚。如浑水不清，似鞋有底无帮，去世如风逝，是这样的啊（第415~416页）

* 王继超主编《苏巨黎咪》，贵州民族出版社，1998，第54页。（以下凡引此书只在相应处注明页码）

图书在版编目（CIP）数据

《苏巨黎咪》彝族传统思维研究 / 李琦，张学立著
. -- 北京：社会科学文献出版社，2022.12
　ISBN 978 - 7 - 5228 - 0064 - 6

　Ⅰ.①苏…　Ⅱ.①李…②张…　Ⅲ.①彝族 - 法制史
- 研究 - 中国 - 古代　Ⅳ.①D929.2

　中国版本图书馆 CIP 数据核字（2022）第 142979 号

《苏巨黎咪》彝族传统思维研究

著　　者／李　琦　张学立

出 版 人／王利民
责任编辑／袁卫华
文稿编辑／公靖靖
责任印制／王京美

出　　版／社会科学文献出版社
　　　　　地址：北京市北三环中路甲 29 号院华龙大厦　邮编：100029
　　　　　网址：www. ssap. com. cn
发　　行／社会科学文献出版社（010）59367028
印　　装／三河市东方印刷有限公司

规　　格／开　本：787mm × 1092mm　1/16
　　　　　印　张：15　字　数：223 千字
版　　次／2022 年 12 月第 1 版　2022 年 12 月第 1 次印刷
书　　号／ISBN 978 - 7 - 5228 - 0064 - 6
定　　价／128.00 元

读者服务电话：4008918866